피르케이 아보트

지혜자의 삶의 원리-토라는 어디서 왔는가?

VOLUME 1

피르케이 아보트
지혜자의 삶의 원리 - 토라는 어디서 왔는가?
RAV LAU ON PIRKEI AVOS

초판 1쇄 인쇄 2018년 1월 23일
초판 1쇄 발행 2018년 1월 30일

지은이	MEIR LAU
옮긴이	하임 편집부
펴낸이	김정희

펴낸곳	하임(the 하임)
등록일	2017년 9월 14일
등록번호	816-91-00330
주소	서울시 마포구 성암로5길 12 101동 1301호
전화	02-307-1007
팩스	02-307-1009
이메일	chaim1007@hanmail.net

표지 디자인	하연디자인
디자인	참디자인

ISBN 979-11-962203-4-1 94230
ISBN 979-11-962203-3-4 94230(세트 전 6권)

* 책 값은 뒤표지에 있습니다.
* 잘못된 책은 교환하여 드립니다.

이 책의 한국어판 저작권은 역자를 통하여 MESORAH와 독점 계약한 하임(THE 하임) 출판사에 있습니다. 신 저작권법에 의해 국내에서 보호를 받는 저작물이므로 무단 전재와 무단복제를 금합니다.

RABBI YISRAEL MEIR LAU

피르케이 아보트

지혜자의 삶의 원리 - 토라는 어디서 왔는가?

VOLUME 1

A COMPREHENSIVE COMMENTARY ON
ETHICS OF THE FATHERS

목차

원전 출판사 서문 • 8
저자 서문 • 11
한글 출판사 서문 • 18
감사의 글 • 21

서문 왜 『아보트』로 불리는가? • 24

프롤로그 ………………………………………………… 35
미쉬나 1절 …………………………………………………… 43
미쉬나 2절 …………………………………………………… 61
미쉬나 3절 …………………………………………………… 79
미쉬나 4절 …………………………………………………… 89
미쉬나 5절 …………………………………………………… 99
미쉬나 6절 ………………………………………………… 115
미쉬나 7절 ………………………………………………… 127
미쉬나 8절 ………………………………………………… 137
미쉬나 9절 ………………………………………………… 151
미쉬나 10절 ……………………………………………… 159
미쉬나 11절 ……………………………………………… 165

미쉬나 12절	171
미쉬나 13절	195
미쉬나 14절	209
미쉬나 15절	229
미쉬나 16절	245
미쉬나 17절	261
미쉬나 18절	275
에필로그	289

본서는 저명한 작가이며 랍비 의장인 '이스라엘 메이르 라우'(Yisrael Meir Lau,)(א״טילש)의 이름으로 영예롭게 바쳐졌다.

'가온의 랍비 이쯔호크 후트너'(Gaon Rabbi Yitzchok Hutner)(ל״זי)는 공동체의 랍비를 높은 곳에 걸려있는 마을의 시계에 비유하길 좋아했다. 그것은 반드시 손이 닿지 않은 높은 곳에 있어야 했는데, 그래야 모두가 볼 수 있으며, 또한 누군가가 자신이 편하도록 시간을 바꿀 수 없기 때문이다. 바꿀 수 있는 시계는 시계가 아니다. 그것은 모두의 노리갯감이 될 뿐이다.

이스라엘의 랍비가 그런 사람이다.
그는 우리의 시계이고 그의 태엽은 토라이다.
그는 지속적이고, 정직하며,
우리의 영원한 유물인 토라와 할라하에 신실하다.

이는 수 십 년간 나의 성실한 친구가 되어준 랍비 의장 라우를 가리킨다. 그의 폭넓은 토라에 관한 지식, 명쾌하고 설득력 있는 표현, 그리고 따뜻하고 관대한 마음은 그를 우리 민족과 세계에서 가장 으뜸가는 토라의 대표자로 만들었다.

여호와 하나님의 은혜로 우리가 그의 지혜와 우정 아래 더욱 보람된 날들을 보낼 수 있길 바라며, 건강하고 풍성한 열매를 맺는 나날이 될 수 있도록 레베친(Rebetzin)(מלכּה)과 함께 계속해서 여호와 하나님의 공동체를 이끌어 가길 바란다.

쯔비(Zvi)와 '베티 리쯔만'(Betty Ryzman), 그리고 가족

원전 출판사 서문

랍비 이스라엘 메이르 라우의 주석이 포함되어 있는 '피르케이 아보트'(Pirkei Avos)를 세상에 내놓게 되어 영광스럽게 생각한다. 랍비 라우는 다양한 경력들을 가지고 있는데, 느타니아(Netania)의 랍비 의장, '텔 아비브'(Tel Aviv)의 랍비 의장, 그리고 이스라엘의 랍비 의장 등이다. 그의 다양한 역할 가운데 중요한 것은, 그가 수많은 유대인들과 토라의 삶의 방식을 조금 이해하거나 혹은 전혀 알지 못하는 비 유대인들을 위한 유대교의 얼굴이 되었다는 것이다.

이 일은 그가 랍비로 활동을 시작하던 초창기에 피르케이 아보트를 장별로 가르치면서 시작되었다. 그의 가르침들은 놀랍도록 인기가 있었으며, 가르침들을 계속해서 확장시켰다. 많은 사람들이 그의 교훈을 글로 써 달라고 요청했지만, 그는 영적인 지도자로서 그의 민족을 이끌고, 율법사(posek)와 민족 그리고 세계를 위한 대변인으로서 너무 바빴기에 그 요청을 받아들일 수가 없었다. 마침내, 그의 마음에 여유가 생겼고, 그는 많은 시간과 노력을 들여 야헬 이스라엘(Yachel Yisrael)이라는 이름으로 이 주석의 히브리어 버전을 출판하였다.

당연하게도, 이 책은 그 내용이 매우 훌륭했기 때문에 모든 나라에서 매우 좋은 인정을 받았다. 그의 다른 재능들에 더하여, 랍비 라우는 여러 종류의 원 자료들(탈무드, 미드라쉬, 고전 주석가들, 하시두스(Chassidus)와 무사르(Mussar)의 문학, 그리고 그 자신이 최고로 높은 랍비 직위에서 겪은 삶의 경험 등)을 모아 집대성 할 수 있는 특별한 재능을 가진 최고의 스승(Master teacher)이었다. 완성된 작품은 훌륭했으며, 영어 버전은 히브리어 버전과 같이 열렬한 환영을 받고 높이 평가될 것이다.

우리는 랍비 라우를 우리에게 소개시켜 주고, 그가 히브리어 버전을 출판할 수 있도록 힘을 더해주며, 그것을 영어권 사람들을 위하여 번역하고 적용하는 것을 가능하게 해준 로스 엔젤레스의 랍비 쯔비 라이쯔만(Zvi Ryzman)에게 감사한다. 그와 랍비 라우는 몇 십년간 가까운 친구였다. 레브 쯔비카(Reb Zvika)와 라이쯔먼 부인은 이 책과 여러 아트스크롤(ArtScroll)들을 헌정하였다. 레브 쯔비카는 뛰어난 학자(Talmid Chacham)였으며, 할라하(Halacha), 아가다(Aggadah) 그리고 여러 독창적인 사상(original thought)의 책들을 저술했다. 라이쯔먼 부부는 LA에서도 가장 사랑받고 널리 존경받는 부부였다.

랍비 라우의 6권으로 된 히브리어 도서를 3권의 영어 번역본으로 정리하는 작업은 매우 어려운 일이었다. 그럼에도 성공적인 결과를 가져오게 된 것은 '야아코브 도비드 슐만'(Yaacov Dovid Shulman)의 공로이며, 그는 이 책을 세련되고 성공적인 책으로 완성하였다. 이 책은 그가 아트스크롤의 저자로서 처음으로 모습을 드러낸 것이다(물론 이것이 마지막은 아닐 것이다).

우리의 존경받는 친구 레브 셰아 브랜더(Reb Sheah Brender)는 자신의 뛰어난 능력과 흠 잡을 데 없는 감각으로 이 책을 디자인했다.

이 책을 만들기 위해 노력한 친구들에게 감사의 마음을 전한다. 이들에 대해서는 이 책의 원 저자도 동일하게 감사하는 마음을 전해 주었다.

현재 이 3권의 시리즈의 그 다음 책을 진행 중에 있다. 완성이 된다면 피르케이 아보트에 대한 대표적인 주석이자 명저로 인정받을 것이라 의심치 않는다.

랍비 '메이르 즐로토위츠'(Meir Zlotowitz) /
랍비 '노쏜 쉐르만'(Nosson Scherman)

Sivan 5766 / June 2006

저자 서문

הַאי מַאן דְּבָעֵי לְמִיהֱוֵי חֲסִידָא – 사람이 참으로 신실하고 경건하게 되기 위해서는 어떻게 해야 하는 것일까? 탈무드는 '불법행위에 대한 율법과 축복에 대한 율법, 그리고 피르케이 아보트의 가르침들에 주의해야 한다'는 세 가지 방안을 제시한다(Bava Kamma 30a). 주석가들은 현인들이 말하는 이 세 가지 접근 방법이 가르치는 것은 사람이 인간 존재 자체로서의 완벽함에 가까워지는지에 관한 것이라고 설명한다. 불법행위의 율법에 대한 적극적인 지지는 한 사람이 다른 사람에게 어떻게 연결되고 공감할 수 있는지에 대해 가르쳐준다. 축복의 율법은 사람이 하나님과 조화를 이룰 수 있도록 돕는다. 아보트의 가르침은 사람의 성격과 인격을 완벽하게 하며, 자기 자신을 돌아볼 수 있도록 한다.

내가 랍비로 활동했던 지난 40여 년 동안 피르케이 아보트를 설명하고, 연구하고, 가르치도록 도와준 '하셈 이스바라흐'(Hashem Yisbarach)에게 감사를 전한다. 15년 전, 미국의 '모세 골드슈미트'(Moshe Goldschmidt)가 나의 강의들을 녹음하도록 권했다. 그는 녹음과 출판에 필요한 자금을 지원해 주었으며, 그 녹음 테이프들은 이 책들의 기초 자료가 되었다.

토라에는 수많은 보물과 같은 내용들이 있지만, 나로 하여금 그 어떤 것들 보다 피르케이 아보트에 관심을 갖게 한 계기는 무엇이었을까? 이 책을 연구하는 '야헬 이스라엘'(Yachel Yisrael)은 이 책이 내가 랍비로 활동하고 있었던 40년 동안 그러했듯이 '슐한 아루크'(Shulchan Aruch)[1]의 네 가지 항목과 연관이 있다는 것을 알 것이다. 하지만 탈무드와 할라하의 전체 범위를 다루어야만 할 책임이 있음에도 불구하고 아보트의 가르침에 대해 특별한 친밀감을 느꼈다. 그 이유는 무엇인가?

의심할 바 없이 그 뿌리는 예시바(Yeshivah)[2] 경험에 있다. 무사르 운동[3]의 창설자인 랍비 '이스라엘 살란테르'(Yisrael Salanter)이후 예시바의 교육과정에는 무사르의 연구(윤리적이고 독실한 행동의 고전작과 토라의 관점[Hashkafah])를 하루에 30분씩, 엘룰(Elul)부터 대속죄일(Yom kippur)까지 45분씩 하는 것이 포함되어 있었다. 추가로 학생들은 그들의 마쉬기아흐(mashgiach, 지도자)로부터 무사르 강의를 듣고 그와 함께 그룹 토론에 참여했다. 어린 시절 이후로 나는 무사르의 고전들과 하시드 사상에 노출되어 있었다. 그 둘은 내 안에 하나님과 토라, 그리고 이스라엘에 대한 사랑의 불꽃을 지펴주었고, 그런 사상의 원천에 다가가고 싶은 열망과 아보트의 연구와 사색에 관여할 지속적인 열정을 일으켰다.

---

1 슐한 아루크는 유대인들의 권위 있는 법전으로 랍비 요세프 카로와 모세 이싸르레스가 1500년에 완성했다. 이것은 다음의 4가지 항으로 분류된다.
  1. 오라흐 하임(매일의 행동, 기도들, 안식일, 축제 등을 다룸)
  2. 요레 데이아(음식에 대한 금기와 다른 문제들을 다룸)
  3. 에벤 하에이쩨르(개인적인 일과 가정의 문제를 다룸)
  4. 호쉔 미쉬트(민사와 행정을 다룸)
2 종교 교육 외에 보통 교육도 하는 유대교의 초등학교와 탈무드 교육과 연구를 하는 유대교 대학교를 일컫는 용어이다.
3 무사르 운동은 19세기에 리투아니아에서 시작됐다. 이 운동은 도덕과 관련된 것에 중점을 두고 도덕적인 자기 개선을 학생들에게 가르쳤다.

아보트의 가르침 가운데 하나는 "לֹא הַמִּדְרָשׁ הָעִקָּר אֶלָּא הַמַּעֲשֶׂה", "연구보다 실행이 중요하다"(1:17)라고 한다. 이 문구는 이 책에 계속 등장하는 구절이다. 단어들이나 책은 개인적인 사례와 실제 행위만큼 사람에게 영향을 줄 수 없다.

"הוּא הָיָה אוֹמֵר"라는 문구는 아보트 안에 반복적으로 나타나는데, 그 의미는 "그가 이르기를"이다. 물론 이 의미가 틀림없으나, 주석가들은 더 깊은 의미를 찾았다. 예를 들면, 본질적인 것이라고 할 수 있는 현자의 인격은 그의 가르침을 나타낸다는 것이다. 또한 그가 설교한 것은 그가 행한 것이다. 즉, 그의 가르침은 내면의 반사이다. 그는 다른 사람들을 교정시키려 하기 전에 먼저 자기 자신을 완성해야 한다. 마찬가지로, 내가 아보트를 이해하고 가르치려 할 때, 연구하고 있었던 무사르와 하시드 작품들뿐만 아니라, 내가 알게 되고 가르침을 받으며 내 삶에 있어서 그들의 발걸음을 따라 걷고자 하게 했던 위대한 사람들에 대해서도 집중했다.

내가 연구할 기회를 가졌던 세 곳의 예시바 학교의 위대한 지도자들(Mashgichim)에게도 특별히 감사의 마음을 전하고 싶다. 첫 번째로 예시바 콜 토라(Yashiva Kol Torah)의 지도자였던 랍비 '게달리아 에이즈먼 슐리타'(Gedaliah Eiseman shlit"a)는 학생들을 50년 이상 가르쳤으며, 내가 성인식(bar-mitzvah)을 치를 나이가 되었을 때, 그와의 첫 만남 이후 그의 어록들과 인격은 내 안에 남아있다. 그의 정신은 그에게 가르침 받은 사람의 마음속에 새겨져 있다. 그는 전문적인 교사이자 심리학자로서 모든 학생의 욕구와 잠재성을 이해할 수 있는 특별한 능력을 가지고 있었다. 그는 토라 안의 위대함과 현인들의 숭고한 사상을 분석하고 설명할 수 있는 능력을 겸비하였으며, 아보트의 가르침을 실현하고자 하는 계획을 구체화했다.

나는 콜 토라에서 '크네세트 치즈키야후'(Knesset Chizkiyahu)에 있는 예시바로 갔으며, 그곳에서 동시대에 무사르의 거장이었던 랍비 '엘리야후 로피안 즈트즐'(Eliyahu Lopian ztz"l) 아래에서 배우게 되었다. 신학교의 창설자인 랍비 '노아흐 쉬마노비쯔'(Noach Shimanowitz)가 '하존 이쉬'(Chazon Ish)에게 가서 예시바의 의무를 혼자 짊어질 수 없을 것 같다고 슬픈 기색으로 말했을 때, 하존 이쉬는 랍비 엘리야가 그의 런던에서의 직위에서 은퇴하여 예루살렘에서 토라를 연구하며 여생을 보내기로 했다는 사실을 말해주었다.

하존 이쉬는 "너의 걱정을 모두 해소할 수 있는 조언이 있다. 레브 엘리야에게 예시바의 마쉬기아흐가 되도록 설득하면 학교가 번영하게 될 것이다. 그에게 내가 제안했다고 전해라"라고 하였다. 레브 엘리야는 하존 이쉬로부터 개인적인 부탁을 받은 이후에야 예시바의 마쉬기아흐가 되라는 제안을 받아들였고, 그 이후 예시바는 발전하였다.

하존 이쉬는 자신이 사는 동안 세 가지 위대한 무사르의 인격을 구체화했다고 한다. 포니베흐(Ponivech)의 지도자인 랍비 '엘리야후 엘리에제르 데슬러'(Eliyahu Eliezer Dessler)의 신념이 그의 마음속에 떠올랐다. 또한 레브 엘리야의 신념이 그의 마음속에, 그리고 랍비 '예헤즈켈 레벤스타인'(Yechezkel Levenstein)의 신념은 마치 손 위에 올려놓은 듯 뚜렷이 눈에 보일 정도였다.

랍비 '슐로모 잘만 아우르바흐'(Shlomo Zalman Auerbach)는 "우리는 모두 하존 이쉬의 발아래 먼지와 같으며, 그는 누군가의 증언이 필요치 않은 사람이다"라고 하였다. 그럼에도 불구하고 나는 세 명의 무사르 거장들의 인격이 그를 형성하고 있었다는 것을 말할 수 있다.

랍비 데슬러를 개인적으로 알지는 못했으나 그의 '미흐타브 메엘리야후'(Michtav MeEliyahu)를 연구한 사람이나, 그의 가까운 제자들, 예를 들어 랍비 '하임 프리에드랜더'(Chaim Friedlander) 같은 제자는 그가 제시한 예리한 분석과 신앙의 기초에 대한 깊은 통찰을 보고 놀라지 않을 수 없었다.

레브 '엘리야 로피안'(Elyah Lopian)은 조금 달랐다. 그는 대단한 수사학적 능력이 있어서 그가 90살을 넘었을 때에도 그의 연설을 듣는 사람들의 마음을 움직일 수 있었다.

그에 반해 랍비 데슬러가 사람이 몸과 영혼이 합쳐진 것이라 증명했다면, 레브 엘리야는 우리의 육체적인 특성이 우리의 하나님이 내려주신 영혼을 짓밟게 놔두어서는 안 된다고 열변을 토해냈다. 그의 말은 지금도 내 귀에 울리고 있다. 하존 이쉬와 랍비 '이쎄르 잘만 멜체르'(Isser Zalman Meltzer)가 보네베즈 예시바를 양도했다는 것에 대한 찬사 역시 50년 뒤인 지금도 내 안에 남아있다. 그가 하이파(Haifa)[4]에서 전한 담론에 대한 인상은 너무 대단하여 네 명의 키부츠(Kibbutz)회원이 매주 안식일(Shabbos)이 끝날 때마다 그를 방문했다. 아보트에 있는 모든 미쉬나를 볼 때, 미쉬나를 예증한 한 남자를 떠올리면 가슴이 따뜻해지고, 그의 카리스마 있는 인격, 그리고 하나님과 그의 친구들과의 관계를 떠올리게 된다.

---

[4] 이스라엘 북서부의 항구도시

내가 아직 콜 토라에서 배우고 있을 때, 예루살렘의 미레르(Mirrer) 예시바의 지도자는 랍비 '예헤즈켈 레벤스타인'(Yechezkel Levenstein)이었다. 그는 매주 금요일 마아리브(Maariv) 전에 무사르 강연을 하곤 했고, 우리의 지도자 레브 게달리아(Gedaliah)도 참석하곤 했으며, 그의 모범을 본받아 나 또한 그러했다. 내 히브리어 실력은 그렇게 좋은 편이 아니었다. 그래서 모든 것을 이해하는 것이 어려웠지만, 레브 게달리아의 집중하는 모습을 보면서 듣는 방법을 배웠다. 나는 그에게서 미쉬나의 지침인 "현인들의 발 밑에 앉아 그들의 말을 목마른 듯 마셔라"(1:4)를 이해했다.

그의 담론 가운데 하나를 듣던 중에, 하존 이쉬가 레브 하스켈(Chaskel)을 묘사할 때, 그의 신념이 그의 손에 있다고 표현한 것이 정확했다고 이해할 수 있었다. 그가 자신의 생각을 표현하기에 적절한 용어를 찾기 위해 멈추어 "영혼은 …, 영혼은 …"이라고 되풀이 했을 때, 어두운 방은 정적이 흐르고 램프의 불만이 방안을 밝히고 있었다. 그는 용어를 선택할 때 언제나 신중했으며, 조금은 더듬기도 했다. 갑자기 그는 눈을 열고 램프를 바라보았다. 그는 생각을 정했다! 그는 "영혼은 몸의 어두움을 밝히는 램프이다"라고 말했다. 그가 어둠과 빛 사이의 차이를 보았을 때 그는 몸과 영혼 사이의 차이점을 표현할 단어를 찾아낸 것이다. 그리고 그가 말했을 때, 그의 신념은 눈에 보였고, 명백했으며, 마치 그가 뻗은 손 안에 들고 있는 것 같았다.

'가돌 하도르'(Gadol Hador)가 표현했듯이, 랍비 데슬러는 '영혼', 랍비 로피안은 '마음', 랍비 레벤스타인은 '신념'을 구현한 인물들이었다. 레브 게달리아의 영향은 이 무사르의 세 장르를 이해하는데 통로를 만들어주었다.

אֲרוֹמִמְךָ ה' כִּי דִלִּיתָנִי, '여호와 내 하나님이여 내가 주께 부르짖으매 나를 고치셨나이다'(Psalms 30:2). 나의 개인적인 단계들을 하나하나 거쳐 갈 때마다 – 남·북 텔아비브, 네타니아(Netaniah), 텔아비브 야포(Jaffo), 랍비 의장(Chief Rabbinate) – 나는 하나님께 "창조주시여, 내가 당신의 유산을 이해하여 전할 수 있도록 도와주소서"라고 기도 했다. 나는 내가 걸어가는 길의 모든 단계에서 이 일을 할 수 있는 최고의 방법은 피르케이 아보트를 통하는 것이라고 믿었다. 나는 지금도 이 책이 하나님에 대한 사람들의 신념과 하나님과 인간과의 관계를 발전시켜 줄 수단이 될 것이라고 믿는다. 현인들이 토라의 빛이 사람들을 회개시킬 것이라 말할 때, 그들이 본질적으로 피르케이 아보트의 빛도 함께 명시한 것이라고 나는 의심치 않는다. 선생들과 학생들이 이 책을 사용하여 지혜를 배우고, "지혜의 시작은 하나님에 대한 두려움"이라는 것을 알아주는 것이 내가 기대하는 보상이다.

한글 출판사 서문

독자들에게

　하나님의 한량없는 은혜로 귀한 책을 우리나라 독자들에게 소개할 수 있는 기회를 주신 하나님께 감사드립니다. 우리 출판사가 독자들에게 소개하려는 책은 구전 토라 63권의 책 가운데 한 권으로, 유대인 선조가 후손들에게 들려주는 삶의 지혜서입니다.

　전 세계에 디아스포라로 흩어져 살고 있는 유대인들은 그들이 어느 나라에 살고 있든지 모든 가정에서 자녀들에게 이 책을 가르치고 있습니다. 책 제목은 '피르케이 아보트'이며 5장의 본문과 1장의 부록으로 구성되어 모두 6장으로 이루어진 책입니다.

　우리 하임 출판사 편집부가 이 도서에 관심을 가지게 된 것은 CBS TV 덕분입니다. CBS TV에서 '변순복의 탈무드 여행'이라는 이름으로 2005년부터 3년여 동안 주 2회의 본방송과 주 2회의 재방송을 방영하는 것을 통하여 귀한 도서를 알게 되었습니다. 우리 출판사 편집부는 212회에 걸쳐 방송 된 '변순복의 탈무드여행'프로그램을 매주 시청하고 함께 나누는 시간을 가졌습니다. 또한 그 때 방송 교재로 도서출판 정금에서 최초로 출판한 '피르케이 아보트' 히브리어 한글 대역본을 만나게 되었습니다.

그 이후 우리 출판사 편집위원들은 탈무드에듀아카데미가 주최하는 토라연구반을 알게 되어 매주 '성문토라'와 '구전토라' 가운데 한 권인 '피르케이 아보트'를 공부하는 즐거움을 누리고 있습니다. 매주 공부시간에 만나는 선생님은 한국인으로서는 유일하게 랍비대학원에서 '토라'를 연구한 백석대학교 변순복 교수입니다. 또한 변순복 교수는 탈무드에듀아카데미의 성경 앤 탈무드 연구소 소장으로 봉사하고 있습니다.

변순복 교수가 CBS TV '변순복의 탈무드여행' 방송교재로 편집하여 출판한 피르케이 아보트는 미쉬나 본문과 미쉬나 한글번역을 대역으로 편집하고 약간의 해설을 첨가하였습니다. 이처럼 CBS TV 방송교재로 출판 된 도서 '피르케이 아보트'는 2006년 2월 13일 초판을 발행한 이후 도서출판 탈무드에듀아카데미로 출판사를 옮겨 탈무드 공부의 가장 기초적인 교재로 지금까지 계속하여 출판되고 있습니다. 백석대학교를 비롯한 몇 대학교에서 '탈무드의 교훈'이라는 과목의 교과서로 이 책을 사용하였습니다.

우리 하임 출판사는 그 책을 대할 때 마다 미쉬나에 대한 충분한 해설과 설명이 있는 피르케이 아보트를 출판할 수 있기를 간절히 소망하였습니다. 하나님께서는 마침내 우리의 기도를 들으시고 우리의 소망을 이룰 수 있도록 길을 열어 주셨습니다.

뿌리와가지 교회 내에 있는 성경문화연구원에서 6권으로 된 피르케이 아보트 책을 발견하게 되었습니다. 이 책은 히브리어로 된 도서인데 마소라 출판사에서 영어로 완역하여 3권으로 편집한 책을 찾는 기쁨을 얻게 되었습니다. 우리 출판사 편집부는 즉시 마소라 출판사에 연락하여 한글로 번역하여 출판 할 수 있도록 허락해 줄 것을 요구하였습니다. 마소라 출판사는 우리의 번역 출판 요구를 흔쾌히 받아들여 한글번역본 출판을 허락하였기에 이처럼 귀중한 결실을 맺게 되었습니다.

우리 하임 출판사 편집부는 이 도서가 세상에 사는 모든 사람들에게 사람다운 삶을 사는 지혜와 방법을 찾는데 작은 도움이나마 되기 원하는 심정으로 이 책을 세상에 내어 놓습니다.

이 귀한 책이 한글로 번역되어 나올 수 있도록 도와주신 하나님께 다시 한 번 감사드립니다.

도서출판 하임 편집부

감사의 글

　유대인들의 지혜의 보고라 할 수 있는 탈무드는 수 천 년 동안 입에서 입으로 전해져 내려오는 구전토라를 중심으로 토론하고 연구한 것을 집대성한 것입니다. 이 탈무드의 본문은 구전토라이며 구전토라를 성문화하여 편집한 것이 미쉬나인데, 미쉬나는 크게 6부분으로 나누이며 63권 책으로 구성되어 있습니다.

　우리 하임 출판사에서는 구전토라를 성문화한 미쉬나의 4번째 부분에 속한 책 가운데 한 권인 '피르케이 아보트'를 우리나라 독자들에게 소개하려고 합니다. '피르케이 아보트'는 성경이 어디로부터 왔으며 어떤 과정을 거쳐 우리에게 전수되었는지를 가르쳐 줍니다. '피르케이 아보트'는 특별히 사람이 어디에서 와서 어디에서 살다가 어디로 가는지를 가르쳐 주며, 그가 사는 곳에서 어떻게 사는 것이 하나님이 기뻐하는 삶인지를 가르쳐 주는 인생 교과서이며 삶의 지혜서입니다. 이처럼 귀중한 책을 우리 하임 출판사가 번역하여 우리나라에 소개할 수 있도록 인도하시고 도와주신 하나님께 감사드립니다.

우리 하임 출판사 편집부가 선택한 '피르케이 아보트'는 랍비 의장을 지낸 라우(Lau)가 히브리어 원문의 깊은 의미 분석과 폭 넓은 해설 그리고 다양한 설명을 첨가하여 6권의 장서로 편집하여 출판한 책입니다. 이스라엘 마소라 출판사에서는 이 책을 영어로 번역하여 3권으로 편집 출판하여 영어권 독자들에게 많은 영향을 주었습니다.

도서출판 하임에서는 이 귀한 책을 한글로 번역하여 출판하기로 결정하고 수개월 동안 준비해왔는데 마침내 그 결실을 맺게 되었습니다. 이 어려운 작업을 할 수 있도록 도와주신 하나님께 다시 한 번 마음 깊이 감사드립니다.

'피르케이 아보트'에 실려 있는 수많은 지혜 자들의 주옥같은 가르침, 원문의 배경, 다양한 토론과 논증 그리고 깊이 있는 해설을 담고 있는 랍비 의장 라우의 책을 한글로 번역하여 출판할 수 있도록 허가해 준 마소라 출판사에 지면을 빌어 감사를 전합니다. 그리고 토라의 학술적인 자문을 해 주신 토라(성문토라와 구전토라) 전문가인 변순복 교수님과 물심양면으로 헌신하고 기도해 주신 나의 사랑하는 뿌리와가지교회 성도님들, 출판을 위해 헌신해 주신 하임 출판사 사장님, 이사님과 편집부 위원들과 원문 번역에 도움을 주신 여러분께 깊은 감사를 드립니다. 그리고 편집을 맡아 주신 참 디자인과 하연디자인과 원고를 꼼꼼하게 읽어가며 수정하여 준 김현진 전도사님과 송은영 전도사님, 황지현 선생님 유지영 간사님께 감사를 드립니다.

이제 1권을 시작으로 하여 앞으로 출판될 총 6권의 장서를 통하여 한글 권 독자들이 하나님을 만나 하나님을 더 깊이 알고 하나님을 닮아 하나님을 보여주는 삶을 사는 하나님의 사람들이 많이 세워지기를 소망합니다.

앞으로 이 귀한 도서가 순조롭게 전권이 출판될 수 있도록 저희 편집부를 위하여 기도해 주시면 감사하겠습니다.

하임 출판사 편집부장
정관창

| 서문 |

왜 『아보트』로 불리는가?

현인들은 민족의 아버지

일반적으로 탈무드 각 책의 명칭은 그 내용을 대변하지만, 때로는 첫 번째 단어나 주제가 명칭이 되기도 한다. 예를 들면, '베이짜'(Beitzah)는 절기를 다루는 책이지만, 첫 번째 단어가 그 책의 명칭이 되었다(beitzah=계란).

그러나 '아보트'의 문자적 의미는 '선조들'(fathers) 또는 '족장들'(patriarchs) 이라는 뜻으로 쓰여져 앞에서 언급된 일반적인 원칙을 따르지 않는다. 그 이유를 추론하기로는, 이 책은 선조들인 '아보트'에 의해 전수된 토라를 위하여 헌정되었기 때문인 것으로 보인다.

물론 이 추론도 이해하기가 쉽지는 않다. 왜냐하면 '아보트'라는 단어는 유대교의 세 명의 창시자인 아브라함과 이삭과 야곱을 일컫는 말인데, 이 책에는 아브라함만이 언급되어 있으며, 그것도 오직 제 5장에만 간략하게 언급되어 있기 때문이다.

람밤은 '아보트'가 넓은 의미에서 유대인들의 영적인 아버지인 유대 민족의 지도자라고 주장함으로써 이 난제를 해명하였다. 이는 타나크(Tanach, 유대인의 성경)와 구전 토라(Oral Torah)의 수많은 사례에서도 그 당위성을 인정받는다.

예를 들면, 엘리야 선지자가 승천했을 때, 그의 제자 엘리사가 그를 "내 아버지여, 내 아버지여"(왕하 2:12)라고 불렀으며, 훗날 이스라엘의 왕 요아스는 엘리사를 "내 아버지여, 내 아버지여"(왕하 13:14)라고 불렀다.

탈무드에서는 힐렐과 샴마이가 '세상의 아버지들'(에듀요트[Eduyos] 1:4)이라고 불렸으며, 이전 세대의 현인들은 '첫 번째 아버지들'(토세프타 [Tosefta], '테블 욤'[Tevul yom] 1:4)이라고 불렸다. 랍비 타르폰(Tarfon)은 '이 스라엘의 아버지'('예루샬미 요마'[Yerushalmi Yoma] 1:1)로 불렸으며, 랍비 이 쉬마엘과 아키바(Yishmael and Akiva) 또한 '세상의 아버지들'('예루샬미 셰칼 림'[Yerushalmi Shekalim] 3:1)이라 불렸다고 한다.

마지막으로, 현인들은 모세를 가리켜 '모든 선지자들의 아버지'(드바림 라바[Devarim Rabbah] 3:9)라고 불렀으며, 대법관은 오늘날까지 '아브 베이 트 딘'(Av Beis Din) 즉, 문자 그대로 '법정의 아버지'라 부르고 있다.

* * *

아보트 1-2장에서 현인들은 우리의 스승 모세로부터 미쉬나의 편집 자 랍비 '예후다 하나시'(Yehuda Hanasi)에 이르기까지 스승에게서 제자로 이어지는 전통의 고리에 따라 연대순으로 나열되어 있다.

이는 토라의 스승들이 그 원천이 되는 말씀에서 끊어지지 않았다는 것 을 보여준다. 더불어 이 책에 자신의 지혜를 기록했던 현인들은 시내 산 에서 주어졌던 토라를 신실하게 전수하였다. 바로 그들이 우리가 지금 걷는 길의 기반을 닦은 것이다.

아버지와 아들

스승이 아버지라고 불린다면 학생은 아들이라고 불려야 한다. 현인들의 가르침에 의하면, 이웃의 자녀에게 토라를 가르치는 사람이 그 아이의 아버지가 된다고 한다. 후마쉬(Chumashe)에 있는 구절이 언급하길, "아론과 모세가 낳은 자는 이러하니라"(민 3:1)라는 구절 다음에는 "아론의 아들들의 이름은 이러하니"(민 3:2)라는 구절이 따라온다고 지적한다. 이는 모세의 제자들이 그의 아들로 인정되었다는 점을 암시한다는 것이다('얄쿠트 쉬모니'[Yalkut Shimoni], 바미드바르[Bamidbar] 688).

'시프레이'(Sifrei, 얄쿠트 시모니, 바에스하난[Va'eschanan] 841에서 인용)는 "네 자녀에게 부지런히 가르치며"(신 6:7)라는 구절에서 자녀가 제자들을 가리킨다고 말한다.

시프레이는 제자들이 아들로 불린다는 또 다른 증거를 제시한다. 열왕기하 2장 3절에 의하면 "선지자들의 아들들이 나아왔다"라는 구절이 있는데, 여기서 '아들들'은 선지자의 자녀가 아니라 그들의 제자였다는 것이 분명하다는 것이다.

그뿐 아니라, 유대인들에게 토라의 모든 것을 가르친 유다의 왕 히스기야는 제자들을 '아들들'이라고 불렀다(대하 29:11).

그리고 마지막으로, 솔로몬 왕은 "내 아들아 네 아비의 훈계를 들으며"(잠 1:8)라고 말한다.

'피르케이 아보트'는 민족의 영적인 아버지들의 이름과 가르침의 교훈을 담고 있다. 우리는 아버지들의 걸음을 비추던 빛을 따라 걸어가고, 그들로부터 흘러나오는 물을 마시며, 그들의 발에서 나오는 먼지 속에서 구르며 살고 있다. 그들이 우리의 아버지였듯이 우리는 그들의 아들이었다.

좋은 성품은 지혜의 아버지이다

주석가들은 '아보트'가 책의 제목이 된 것에 대한 추가적인 근거를 제시한다.

'아보트'가 제목으로 지정된 이유는, 이 책에서 논의되는 주제들이 멀리까지 영향을 미칠 '자손'(offspring)을 가지고 있기 때문이라는 것이다. 이 책에서 주제들을 분류할 때 '아보트'라는 용어가 사용된 곳(안식일에 금지된 일의 종류나 배상의 내용 등)을 보면, 그 주제들 마다 '자손'(offspring)이라고 하는 하위 항목이 있다('바바 카마'[Bava Kamma] 2b).

그렇다면 이 책에서 논의되는 주제들의 '하위항목'(자손)은 무엇일까?

파르케이 아보트는 구전 토라의 방대한 문헌에 수록된 셀 수 없이 많은 윤리적 가르침의 원천 지식들로 구성되어있다. 그들의 교훈의 원천이 모두 여기에 있다는 것이다. 메이리(Meiri)는 "이 책에 들어있지 않은 고상하고 훌륭한 성품은 찾지 못할 것이다"라고 하였다.

무엇보다도 중요한 것은 이 책이 토라 연구의 근거를 이룬다는 것이다. 우리의 현인들은 그 영혼이 온전하여 이를 받아들일 준비가 된 사람만이 토라를 얻을 수 있다고 반복적으로 가르쳐왔다. 그들은 토라가 있기 전에 "'데레크 에레쯔'(Derech eretz, 땅의 길)가 먼저 생겼기 때문에 데레크 에레쯔가 없었다면 토라 또한 없었을 것"(3:21)이라고 가르친다. 이 가르침을 삶으로 구체화할 수 있는 사람만이 토라의 멍에와 그 계명(Mitzvos)을 받아들일 수 있다.

* * *

티페레트 이스라엘(Tiferes Yisrael)의 랍비 '이스라엘 리프쉬쯔'(Yisrael Lifschitz)는 미쉬나에 대한 그의 주석에서 "데레크 에레쯔가 생겨난 지

26세대가 지난 후에 토라가 생겼다"라는 미드라쉬의 구절('바이크라 라바'[Vayikra Rabbah] 9:3)을 인용하여 '아보트'를 소개하였다. 이 세상은 정확하고 논리적인 순서로 기초부터 창조되었다. 식물과 동물들이 세상이 창조되기 전에는 존재하지 못했던 것과 같은 이치로 데레크 에레쯔가 없이는 토라도 존재할 수 없었다는 것이다.

따라서 우리의 현인들은 모세가 오직 그의 뛰어난 인품으로 인해 토라를 받을 수 있었다고 가르쳤다는 것을 티페레트 이스라엘은 지적한다.

베르디체브의 랍비 '레비 이쯔하크'(Levi Yitzchak)는 사람의 성품이 토라를 배우는 태도에 영향을 미친다고 가르친다. 한 사람의 정신과 성품은 그가 토라를 배우는 태도 즉, 그가 어떻게 분석하고 배우는지, 그가 어떻게 추론하고 결론에 이르는 것까지 지대한 영향을 미치기 때문이다.

그러므로 토라 연구자는 악한 성품이 그의 생각을 흐리게 하고 토라의 빛을 그의 눈에서 가려버릴 수 있기 때문에 그러한 성품을 피해야 할 책임이 있다. 연구자는 토라가 인생의 독약이 아니라 특효약이 될 수 있도록 반드시 주의를 기울여야 한다.

하지만 좋은 성품은 토라를 받아들이는 데 필요조건을 넘어서는 의미가 있다. 이는 좋은 성품 자체가 토라이기 때문이다. 고요한 정신으로 얻은 토라와 주의가 산만한 사람이 얻은 토라, 그리고 겸손한 사람이 배운 토라와 오만한 사람이 배운 토라는 서로 비교조차 할 수 없다.

더불어 다른 좋은 자질들 또한 연구자에게 좋은 성품과 다른 영향을 끼칠 수 있다. 예를 들면, 천성적으로 선한 사람이 배우고 내린 결론은 타협을 모르는 강직한 사람이 배우고 내린 결론과 같을 수가 없다는 것이다. 이것이 시대를 거치면서 현인들 사이에 일어난 많은 논쟁의 이유이며, 탈무드는 이것을 "두 의견은 모두 살아계신 하나님의 말씀"(에이루빈[Eiruvin] 13b)이라고 한다.

마하랄(Maharal)은 하나님이 현인들의 가르침들을 먼저 인용하고 난 뒤에 이것들을 모두 동일시한 이유가 바로 여기에 있다고 한다. "그러므로 내 아들 에비아살이 이렇게 말하였다 … 내 아들 요나단이 이렇게 말하였다 …"(기틴[Gittin] 6b). 각 현인이 생각하는 토라는 그의 지능, 성품, 그리고 인격에 따라 서로 다를 수밖에 없다(아보트 6:7에 대한 '데레크 하하임'[Derech Hachaim]의 주석).

아보트의 위치

그렇다면 올바른 행위와 도덕을 주제로 한 이 책의 위치가 주로 금전에 관한 법을 다루는 '너지킨'(Nezikin)에 자리를 잡은 이유는 무엇인가?

메이리는 그의 '베이트 하베히라'(Beis Habehirah)의 서문에서, 원래 '아보트'는 할라하에 대해서는 논하지 않는 책으로써 탈무드의 제일 뒷부분인 '타하로트'(Taharos)에서도 결론부에 등장했다고 한다. 그러나 유대인의 추방과 함께 탈무드 연구는 사람의 일상에서 부딪치게 되는 세 개의 법(모에드, 나쉼, 너지킨)을 중심으로 진행되었기 때문에 피르케이 아보트가 너지킨의 끝자락으로 이동하게 되었다는 것이다.

그러나 람밤은 '아보트'의 위치에 대한 이유를 주제와의 관련성에서 찾았다. 그는 이 책의 많은 내용들이 현인들과 사사들을 염두에 두고 기록되었기 때문에 산헤드린과 관련된 법을 논의한 뒤에 배치되어야 하는 것이 적절하다고 주장한다.

그래서 '아보트'의 첫 번째 가르침인 "판단을 내릴 때에는 신중히 하라"는 당연하게도 법률사건을 판단할 사람들에게 하는 교훈인 것이다.

더욱이 판사가 자신의 윤리와 인품을 다스리는 책임(그의 데레크 에레쯔)은 일반 유대인보다 비교할 수 없을 정도로 막중하다. 뛰어난 인품을 가지지 못한 판사는 주로 자기 자신에게만 해를 끼치게 될 나쁜 성품을 가진 일반인보다 더 많은 사람들에게 해를 끼칠 수 있기 때문이다. 따라서 '아보트'는 산헤드린의 법률 뒤에 위치함으로써 판사들에게 일반인보다 더 높은 윤리성과 인품을 가져야 한다는 자신의 의무를 일깨워 주는 것이다. 판사의 인품은 공동체에서 매우 중요한 역할을 감당해야 하는 사람이 갖추어야 할 필수조건이기 때문이다(람밤은 미쉬나에 대한 그의 주석을 소개하면서 이에 대해 길게 이야기 한다.)

* * *

랍비 '쉬므온 바르 쩨마흐 두란'(Shimon bar Tzemach Duran[Rashbatz, 라쉬바쯔])은 그의 '마겐 아보트'(Magen Avos)에서 '아보트'의 위치에 대해 다른 이유를 제시한다.

바바 카마(30a)에서 현인들은 경건한 사람, 즉 한 사람의 기본적인 의무 너머 스스로 온전한 개인으로 인정받기 위해서는 세 가지 자질을 겸비해야 한다고 가르쳤다.

첫째는 하나님이 베푸신 모든 선한 것에 감사하는 기도를 하는 것이고, 둘째는 이웃의 경제적 안정에 대하여 세심한 관심을 보이는 것이며, 마지막으로는 '아보트'에 기록된 윤리적 가르침에 따라 행동하는 것이다.

라쉬바쯔는 감사 기도문을 마음을 담아 낭송하게 되면 하나님과의 관계에서 더욱 더 경건해지고 감성이 풍부해진다고 설명했다. 이웃의 경제적인 상황에 세심한 주의를 기울이는 사람은 대인관계에서 경건해진다. 하지만 '아보트'의 윤리적 교훈의 지시를 따르는 사람은 앞선 두 분야에서 뛰어난 사람이 된다. 동일한 역량을 가지고도 하나님과 사람에게 동일하게 헌신할 수 있는 진정한 인품을 갖춘 사람을 일컫는 것이다.

라쉬바쯔는 탈무드가 감사의 복과 금전에 관한 법에 대해 논의를 마친 뒤에 사람을 가장 완전한 형태의 경건함에 이르게 하는 '아보트'의 가르침을 제시했다는 것이다. 그러한 사람은 하나님뿐만 아니라 이웃들과의 관계에서도 좋은 관계를 맺을 수 있다.

왜 피르케이 아보트는 여름철 안식일에 배워야 하는가?
피르케이 아보트-토라를 받아들이기 위한 준비

유대인 학자인 '게오님'(geonim)[5]이 언급한 바에 따르면, '피르케이 아보트'는 일반적으로 유월절과 오순절 사이에 배우게 되는데, 주된 이유는 오순절에 토라를 받기 위한 개인적인 준비기간이 바로 이 여섯 주이기 때문이라는 것이다.

우리가 특별히 매우 소중한 선물을 받아들일 때, 우리는 그것을 받고 보존할 준비를 해야 한다.

우리가 토라를 받아들이기 위해 무엇이 필요한가? "여호와를 경외함이 지혜의 근본이라"(시 111:10)가 암시하듯이 좋은 성품이다. '데레크 에레쯔'가 토라보다 먼저 생겨났기 때문이다.

토라를 받기 위해 한 개인을 준비하고 교육시키는 데 '피르케이 아보트'에 비견할 수 있는 책은 없다. 따라서 '피르케이 아보트'를 읽는 것은 토라를 받아들이기 위한 영적인 준비 단계라고 할 수 있다.

* * *

본래 피르케이 아보트는 다섯 장(chapter)으로 이루어져 있었다.

얼마 후에 토라 연구에 관한 주제를 다룬 '바라이쇼트'(Baraishos) 편집본이 여섯 번째 장에 추가되었다(Baraisa[바라이사]는 랍비 예후다 하나시가 편

---

[5] 탈무드에 대한 지식과 지혜가 탁월한 유대인 학자를 일컫는다.

집한 미쉬나와 비슷한 가르침이지만 오늘날의 미쉬나에는 포함되지 않았다). 이 여섯 번째 장이 토라 연구의 가치와 바른 길, 그리고 토라 연구자에 대한 중요성을 주로 다루기 때문에 '토라의 습득'이라는 뜻의 '킨얀 토라'(Kinyan Torah)라고도 불린다.

유월절과 오순절 사이에는 여섯 번의 안식일이 있기 때문에 매 주마다 한 장씩 읽게 되면, 우리는 현인들의 가르침을 통해 온전한 성품에 대해 배우고, 토라를 받기 직전인 마지막 안식일에는 '킨얀 토라'의 장으로 막을 내리게 된다.

역사를 되돌아보면, '세피라트 하오메르'(Sefiras Ha'omer)의 나날들은 랍비 아키바의 제자들이 죽임을 당한 우울한 날이었다(슐한 아루크, '오라크 하임'[Orach Chaim] 493). 탈무드에 의하면, 랍비 아키바는 12,000 쌍의 연구 동역자를 제자로 두었는데, 그들은 유월절과 오순절 사이에 전부 죽었다. 그 이유는 그러한 능력을 가진 사람들에게서 기대할 수 있는 예의로 서로를 대하지 않았기 때문이다(예바모트 62b). 그 결과 그들은 "데레크 에레쯔가 토라보다 먼저 생겼기 때문에"(바이크라 라바 9:3), 그리고 "데레크 에레쯔가 없으면 토라 또한 없다"(3:21)라는 이유로 토라의 습득까지 닿을 수 없었다.

그들이 겪은 끔찍한 형벌은 토라를 받는데 적절한 준비가 필요하다는 것을 강조한다. 현인들은 세피라(sefirah) 기간 동안 몇 가지 추모의 행위를 하도록 지시하여 무엇이 일어났는지를 회상하고, 토라를 받기 전에 '데레크 에레쯔'를 배우고 익히는데 열심을 다해야 한다는 점을 가르쳤다.

결혼과 여러 즐거움을 금지하는 엄숙한 분위기는 사람이 자기 자신을 돌아보게 한다. 이러한 자기반성의 분위기는 윤리적인 가르침과 책망을 받아들이는 것을 수월하게 한다. 이러한 때에 무엇보다 적절한 행동은 '피르케이 아보트'를 연구하는 것이다.

이 기간 동안 '피르케이 아보트'의 가르침들은 연구자에게 깊은 깨달음을 주게 된다. 예를 들면, "이 세상은 미래에 오게 될 세상에 들어가기 위한 대기실과 같다. 그러니 스스로를 준비하여 연회장에 들어갈 수 있도록 하라"(4:21), 그리고 "네가 어디서 와서 어디로 가는지를 알고, 너에게 판결과 심판을 내리게 될 존재가 누구인지를 알라"(3:1)라는 이 세 가지를 기억하고 있으면 죄의 손에 떨어지지 않을 것이다.

여름은 자기반성의 시간이다

몇몇 유대인 공동체들은 세피라 기간뿐만 아니라 신년절(Rosh Hashana)까지 여름 내내 피르케이 아보트를 배우기도 한다. 이 관습은 '투르'(Tur[오라크 하임 282])와 '레마'에도 언급되어 있다(Rema[슐한 아루크 ibid. 2]).

봄과 여름은 자유를 상징하는 계절이다. 자연과 인간이 겨울의 혹독한 제약에서 풀려나는 것이기 때문이다. 비가 그치고 추위는 지나갔으며, 만물이 싱그럽게 소생하고 꽃이 피어난다. 사람들은 제한되었던 일상에서 벗어나 밖으로 나아가 기지개를 켜며 오감으로 기쁨을 맛본다.

그렇기 때문에 이 풍족한 시기에 악한 성향이 사람들의 영적인 결단력을 약화시키려 하는 것은 당연한 것이다. 따라서 우리는 악한 영향력으로부터 자신을 지키기 위해서 피르케이 아보트를 연구해야 한다. 이 책은 '우리가 누구인지', '우리가 무엇을 하는지', '네 위에 어떤 존재가 있는지를 아는 것' 그리고 '계명과 죄를 통해 얻은 것과 잃은 것'이 무엇인지를 깨닫게 하는데 도움을 줄 것이다(2:1).

※ ※ ※

피르케이 아보트를 봄과 여름에 묵상해야 하는 또 다른 이유가 있다. 겨울은 땅을 갈고 씨를 뿌리는, 즉 투자하는 계절이다. 하지만 봄은 이 투자가 열매를 맺기 시작하는 계절이기 때문이라는 것이다("지면에는 꽃이 피고 … 무화과나무에는 푸른 열매가 익었고 포도나무는 꽃을 피워 향기를 토하는구나."[아 2:12-13]).

이른 봄, 유월절은 보리를 수확하고, 그 뒤 따라오는 오순절에는 밀을 수확한다. 그 이후에는 포도와 무화과, 그리고 올리브 등의 수확이 뒤따른다. 이러한 수확에는(오늘날에는 돈을 모으는 것) 전적으로 사람이 참여해야만 한다.

※ ※ ※

그러나 사람이 이와 같은 육체적 노동에 전념하여 성공했을 때 "내 능력과 내 손의 힘으로 내가 이 재물을 얻었다"(신 8:17)라고 생각하게 되어 그 성공이 오히려 그를 타락하게 할 수 있다.

이러한 때에 "네 위에 어떤 존재가 있는지를 알라"라고 하는 현인들의 가르침을 되짚어 보아야 한다. 돈을 모으는 것만이 존재 혹은 인생의 전부가 아니고, 궁극적인 목적도 아니라는 것을 깨달아 알아야 한다. 이 세상은 일시적이며 덧없는 것이다. 우리는 대기실에 서있고, 연회장인 영원한 생명의 땅에 입장하기 전에 회개와 선행으로 잘 준비해야 한다.

프롤로그

다음은 피르케이 아보트의 각 장을 읽기 전에 낭독해야 한다.

(산헤드린 10:1)

כָּל יִשְׂרָאֵל יֵשׁ לָהֶם חֵלֶק לְעוֹלָם הַבָּא,
שֶׁנֶּאֱמַר:
וְעַמֵּךְ כֻּלָּם צַדִּיקִים,
לְעוֹלָם יִירְשׁוּ אָרֶץ,
נֵצֶר מַטָּעַי מַעֲשֵׂה יָדַי לְהִתְפָּאֵר.

모든 이스라엘 백성들에게는 성경에 기록된 바와 같이, 내세에 그들의 몫이 있다.

"네 백성이 다 의롭게 되어
영원히 땅을 차지하리니
그들은 나의 심은 가지요
나의 손으로 만든 것으로서
나의 영광을 나타낼 것인즉"
(사 60:21)

프롤로그

어떻게 모든 유대인에게 내세의 몫이 있는가?

아보트의 각 장을 연구하기 전에 낭독되는 이 구절은 산헤드린의 미쉬나에서 발췌한 것이다(10:1).

산헤드린 7, 8, 9장에는 사형에 처하게 될 자들에 대한 논의가 진행된다. 그 이후의 장에서는 유대교의 울타리 밖으로 떠난 사람들에게는 내세의 몫이 없다고 한다. 그러나 현인들은 "모든 이스라엘은 내세의 몫이 있다"라는 것을 알려주기 위하여 이 두 주제 사이에 있는 이 구절을 선택하였다.

마하르샤(Maharsha)는 이처럼 놀랍게 다른 내용을 기록한 이유에 대해서 유대인 법정에 의해 사형된 유대인이라 할지라도 내세의 몫이 있다는 것을 가르치기 위함이라고 한다(그의 죽음으로 죄의 값을 치렀기 때문이다).

이와 같은 개념의 근거는 미쉬나가 인용한 "네 백성이 다 의롭게 되어 영원히 땅을 차지하리니"(사 60:21)라는 성경구절에서 찾을 수 있다. 문맥상 '땅'이 가리키는 것은 '생명의 땅'인 내세를 말하는 것이다(람밤).

'너의 민족'의 모든 사람, 즉 '이스라엘'의 모든 구성원은 그가 아무리 깊이 타락했을지라도 내세의 몫이 있다(유대교 신앙의 핵심을 거부하여 오직 자신을 유대민족으로부터 잘라낸 사람만은 제외된다).

* * *

이 놀라운 주장은 "과연 이것이 옳은 것인가?"라는 의문이 들게 한다. 어떻게 정의로운 자와 죄를 지은 자가 동일한 보상을 받을 수 있는가? 이것이 사실이라면, 토라 연구를 위해 몸을 바친 사람들의 마음은 약화되고, 자기만족에 빠진 악한 자들의 마음을 더욱 완고하게 할 수도 있기 때문이다.

하지만 이는 그렇게 되지 않는다. 즉 그들에게 주어지는 보상은 동일하지 않다. 각 사람이 받을 보상은 정확히 계산되어 있다. 그러나 미쉬나가 말하듯 모든 유대인은 내세의 몫이 있으나, 그들 모두가 똑같은 몫을 받는 것은 아니다. "각 사람의 행위의 크기에 따라"(3:15) 어떤 사람은 더 큰 몫을 받을 것이고 어떤 사람은 적게 받을 것이다.

더불어 각 몫은 그것만의 '질'(quality)이 있다. '몫'은 히브리어로 헬레크(chelek)인데, 이는 '땅의 터'를 의미하는 헬카(chelkah)에서 파생되었다. 헬레크가 가지고 있는 농사의 이미지는 대단히 중요하다. 땅은 농사꾼의 보살핌에 따라 열매를 맺는다. 농사꾼이 성실하게 아침부터 저녁까지 부지런히 땅을 일구었다면(땅을 갈고, 씨를 뿌리고, 물과 비료를 주고, 제초를 하고), 땅은 철에 따라 열매를 풍족히 맺을 것이고, 농부는 그로 인해 풍성한 과실을 수확할 것이다. 그의 노동의 대가로 이득을 얻을 것이다. "눈물을 흘리며 씨를 뿌리는 자는 기쁨으로 거두리로다."(시 126:5)

반면 같은 땅을 받았다고 할지라도, 그 사람이 땅을 버리고 경작하지 않는다면, 그는 풍성한 수확이 있을 것이라고 기대할 수 없다. 그 땅은 가시나무와 쐐기와 엉겅퀴가 자랄 것이다.

　이와 같이 의인은 풍성한 열매를 맺게 되기 때문에 말 그대로 그의 인생의 수고가 그대로 반영된 에덴동산과 같은 몫을 받을 것이다. 반대로 악한 자는 그가 사는 동안에 저지른 행위에 걸맞은 몫(척박하고 황량하기 그지없는 황무지)을 받게 될 것이다.

＊＊＊

　하시드의 스승들은 "모든 이스라엘은 내세의 몫이 있다"에서 '모든'이라는 단어에 큰 관심을 가졌다. '모든 이스라엘'은 하나의 조직으로 본다. 각각 떨어진 것의 집합이 아니라 하나처럼 행동하는 여러 독립체를 포괄하는 존재이다. 유대인들이 진정 이런 식으로 연합되어 있다면 모든 개인은 내세의 몫을 받을 것이다. 모든 이스라엘이 개인을 초월한 존재로 행동한다면, 전체 안에 속한 개인은 이스라엘 총회의 자격으로 몫을 얻게 되기 때문이다.

　이스라엘의 총회에는 다양한 개인들이 속해 있다. 어떤 사람은 토라 연구에 자기 자신을 바치고, 또 어떤 사람은 '부모를 공경하라'는 계명을 준행하는 데 전심을 다한다. 그리고 사람과 하나님에 대한 계명에 집중하는 사람이 있는가 하면, 다른 사람에게 베푸는 것에 집중하는 사람이 있다. 이스라엘 총회는 토라의 모든 세부항목과 특징들을 지킨다. 그들과 함께 하는 이웃들을 비롯하여, 그들의 다른 구성원과 분쟁을 일으키지 않는 사람이라면, 이 연합된 총회가 최후에 받게 될 몫을 함께 나누게 될 것이다.

　그리고 '모든 이스라엘'(이스라엘 총회에 속한 모든 사람)은 내세에서 각자의 행위에 따른 몫을 받을 자격이 있다.

왜 이 미쉬나가 피르케이 아보트의 각 장을 소개하도록 정해졌는가?

우리의 현인들은 "모든 이스라엘 백성들에게는 내세에 그들의 몫이 있다…"라는 이 구절을 피르케이 아보트의 각 장을 읽기 전에 낭독하라고 가르친다.

이 가르침은 '왜 이런 도입 구절이 필요한가?'와 '왜 꼭 이 미쉬나이어야만 하는가?'라는 두 가지 의문을 갖게 한다.

피르케이 아보트를 풀어 쓴 '피르케이 모쉐'(Pirkei Moshe, 랍비 '슈무엘 디 오지다'[Shmuel di Ozida]의 '미드라쉬 슈무엘'[Midrash Shmuel]에서 인용)에서 랍비 '모쉐 알모스닌'(Moshe Almosnin)은 두 가지 이유를 제시했다.

첫째, 사람이 임무를 수행하고자 할 때에는 반드시 처음부터 목표를 정확하게 파악하고 있어야 하며, 자신이 나아가야 할 방향과 이루고자 하는 바에 대해 분명하게 알고 있어야 한다. 이것을 염두에 두고 있어야만, 하고자 하는 의지와 의욕에서 비롯된 힘을 쏟아 부으며 목표를 이루어 갈 수 있다. 한편 사람이 뚜렷한 목적이나 분명한 목표가 없으며, 절망을 느낄 만큼 심신이 피곤한 일을 하게 된다면 대부분의 사람들은 시도조차 하지 않을 것이다.

피르케이 아보트는 도달하기 어려운 고상한 윤리적 과제들을 모든 유대인에게 요구했다. 단 한 장의 미쉬나에 불과할지라도 성취하기 어려운 과제를 여러 개 가지고 있을 수도 있다. 평범한 능력의 사람은 목표에 대한 뚜렷한 비전을 가지지 못하고, 의지력이 약하다는 핑계를 대며 자신의 의무를 회피하려고 할 것이다. 물론 똑똑한 사람이라도 처음부터 그것에 대한 보상이 뚜렷하지 않다면 굳이 힘든 일들을 할 이유가 없다.

따라서 각 장은 그의 목적지를 일러주는 표지판을 세워놓는 것으로 시작되는 것이다. 만일 너에게 주어진 과제를 완수하고, 네 앞에 놓인 도전에 잘 대처하며, 현인들의 조언에 귀를 기울인다면, 너는 네 목적지에 도달할 것이라는 말을 듣게 될 것이다.

    우리가 처음부터 우리의 목표를 알고, 우리가 가야 할 길을 명확하게 알고 있다면, 우리는 그곳으로 달려갈 힘이 생긴다("너의 이정표를 세우며 너의 푯말을 만들고"[렘 31:21]). 그렇게 할 때 우리는 내세의 영원한 생명으로 연결된 길을 성공적으로 건널 수 있을 것이다.

* * *

    둘째, 랍비 모쉐 알모스닌은 이 미쉬나가 각 장의 서두에 자리 잡은 두 번째 수행하기 어려운 과제를 말하기 전에 듣는 사람에게 의욕을 불러일으키게 하기 위해서라고 한다.

    종종 사람은 자신 앞에 있는 어려운 과제를 보고 시도하지도 않고 미리 포기한다고 한다. 그래서 사람은 반드시 격려를 받고, 그 목표를 성취할 수 있다는 마음을 갖게 해야 한다.

    만약 누군가가 그에게 어려운 과제를 성취할 수 있다고 확신시켜 준다면, 그 과제를 수행하는 데 필요한 노력을 하는 것이 더 쉬워질 것이다. 시험을 두려워하는 수험생이 있다면, 다른 사람들도 다 합격하는 시험이므로 제대로 준비하기만 하면 불합격될 이유가 없다고 이야기해 주면 된다. 이러한 접근은 성취하기 어려웠던 목표가 도달할 수 있는 것으로 보이게 하고, 이에 따른 노력을 더 수월하게 한다.

    그러나 그가 피르케이 아보트의 엄격한 명령을 수없이 마주치게 되면, '어떻게 이 일들을 다 해낼 수 있는 것인가?', '나에게 이것을 헤쳐 나갈 힘이 있는 것인가?', '내세의 내 몫을 어떻게 얻을 수 있을 것인가?'라고 말할지도 모른다.

물론, 모두가 피르케이 아보트에 있는 가르침을 다 따를 수는 없다. 미쉬나 1장에서 "많은 제자들을 세워라"고 요구했을 때, 모두가 제자를 세울 수 있을 만큼 유능하며, 그럴만한 지식과 능력이 있겠는가?

미쉬나는 또한 "보상을 받기 위해 주인을 섬기는 종처럼 되지 말라"(ibid. 3)라고 한다. 하지만 일반적인 사람들은 하나님의 뜻을 행하기 위해서는 보상과 벌이 필요하다. 보상이란 희망 없이 창조주를 섬길 것이라는 기대와 인간 본성에 반대되는 일이다.

이뿐 아니라, 미쉬나는 "네 집을 현인들이 만나는 장소가 되게 하라"(ibid. 4)라는 어려운 요구를 한다. 얼마나 많은 유대인들이 자신의 집을 토라의 대가들이 모일 수 있는 장소로 만들 수 있겠는가?

이와 마찬가지로, 많은 미쉬나들이 대부분의 유대인들의 역량을 벗어난 요구사항으로 구성되어있다.

그러므로 유대인들이 이러한 미쉬나들을 마주치게 되면, 피르케이 아보트는 자신에게는 쓸모없는 것으로써 오직 상위 몇 사람만을 위한 것이라며 이를 모두 무시할 것이다.

물론 꼭 그런 것은 아니지만, 사실, 피르케이 아보트의 몇몇 가르침은 모두를 위한 것이 아니다. 앞서 우리는 경건한 자가 되고 싶다면 피르케이 아보트의 말씀들을 따라야 한다고 하는 현인들의 가르침을 인용하였다(바바 카마 30a). 다른 말로 하면 이 책에 있는 모든 것이 모든 사람에게 적용된다는 것은 아니라는 것이다. 즉, 일부의 가르침은 고상하고 독실한 사람들을 위해 남겨진 것이다.

따라서 "모든 이스라엘은 내세의 몫이 있다"라는 구절은 각 장 앞에 놓이게 된 것이다. 마치 이 미쉬나는 모든 이스라엘인 사람들에게 "절망하지 말아라! 피르케이 아보트에 있는 모든 것을 다 하지 않아도 내세에 너의 몫인 터가 있을 것이다. 그러나 그곳이 어디이며 얼마나 큰지는 너에게 달려있다"라고 말하는 것처럼 보인다.

사람이 유대인인 것만으로도 내세의 자신의 몫이 있다는 것을 깨닫게 되면, 그 몫을 키우고 싶은 의욕이 생기게 된다.

이 미쉬나는 각 장의 앞에 배치되어 내세에 받게 될 그의 몫을 키우고 아름답게 치장하기 위해 자신의 역량을 쏟아 붓고자 하는 결단과 의욕을 불러일으킴으로써 그 사람의 길을 열어 준다고 할 수 있다.

미쉬나 1절   משנה א

מֹשֶׁה קִבֵּל תּוֹרָה מִסִּינַי, וּמְסָרָהּ לִיהוֹשֻׁעַ,
וִיהוֹשֻׁעַ לִזְקֵנִים, וּזְקֵנִים לִנְבִיאִים,
וּנְבִיאִים מְסָרוּהָ לְאַנְשֵׁי כְנֶסֶת הַגְּדוֹלָה.
הֵם אָמְרוּ שְׁלֹשָׁה דְבָרִים:
הֱווּ מְתוּנִים בַּדִּין,
וְהַעֲמִידוּ תַלְמִידִים הַרְבֵּה,
וַעֲשׂוּ סְיָג לַתּוֹרָה.

모세는 시내산에서 토라를 받고 그것을 여호수아에게 전했다.

여호수아는 장로들에게 [전했고]

장로들은 선지자들에게 [전했으며]

그리고 선지자들은

위대한 모임(Great assembly)의 공회원들에게 [전했다].

그들[위대한 모임의 공회원들]은 세 가지 말씀을 말했다:

  (1) 심판할 때에 신중하라;

  (2) 많은 제자들을 길러라;

  (3) 토라의 주변에 울타리를 만들어라.

미쉬나 1절

서론

피르케이 아보트는 토라의 정통성이라는 중심 논쟁에 대한 짧지만 매우 중요한 서론으로 시작된다. 성문토라를 해석하기 위한 적절한 방법을 어떻게 알 수 있는가? 구전토라의 정통성을 확인할 수 있는 근거는 무엇인가? 토라를 해석하고 전할 권한은 누구에게 있는가?

유대교 윤리의 신성한 근원

피르케이 아보트의 미쉬나 1절은 토라가 처음으로 주어졌을 때부터 그 후 40세대 동안 전해진 과정을 나열하고, 뒤이어 미쉬나가 편집된 시기까지 토라가 전해진 경로를 세세하게 밝힌다.

왜 이런 역사적 개요가 필요한가? 더 나아가 여기에 기록된 이유는 무엇인가? 오히려 탈무드의 시작에 등장해야 하지 않았을까?

그 대답은 피르케이 아보트의 가르침들이 현인들의 개인적인 통찰력으로 보일 수 있기 때문이다. 이 역사적 개요는 이 책에 수록된 도덕적 지침이 인간의 지혜를 간추린 것이 아니라 처음부터 시내 산에서 받은 명령이라는 것을 밝히는 것이다. 지혜의 요약이 아니라 시내산에서 궁극적으로 시작된 명령이라는 것이다. 따라서 피르케이 아보트는 하나님이 주신 토라의 필수불가결한 구성요소이다('바르테누라의 랍비 오바댜'[R' Ovadiah of Bartenura]).

모세와 시내 산

"모세는 시내 산으로부터(from) 토라를 받았다." 그러나 '시내'(Sinai)는 생명이 살지 못하는 황량한 사막에 솟은 산의 지명이다. 따라서 미쉬나에서 "모세는 시내 산 위에서(on) 토라를 받았다"라고 해야 좀 더 정확하지 않는가?

이 질문에 대한 답은 모세가 처음으로 기록한 계시적 경험인 불타는 떨기나무(burning bush)에서 찾을 수 있을지도 모른다. 하나님이 이집트의 바로에게 대언할 임무를 모세에게 맡겼을 때, 그는 "내가 누구이기에 바로에게 가며, 이스라엘 자손을 애굽에서 인도하여 내리이까?"(출 3:11)라며 주저하였다. 그러나 하나님이 모세에게 시내 산에서 토라를 받을 것이라고 말씀하셨을 때 모세는 마음을 바꾸어 유대인들의 지도자가 되겠다고 다짐했다. 무엇이 모세가 가졌던 처음의 겸손함을 사라지도록 한 것인가?

모세는 여전히 겸손하였으며, 바로 그 겸손함으로 인해 유대인들의 지도자가 되기로 결정한 것이다.

이에 대한 설명은 다음과 같다.

우리의 현인들에 의하면, 산들이 하나님이 토라를 내릴 장소로 선택받을 영광을 위해 서로 다투었다고 한다. 갈멜 산, 다볼 산, 길보아 산, 심지어 모리아 산까지 논쟁을 벌이고 있었다. 오직 시내 산만은 이 논쟁에 참여하지 않았다. 시내 산은 그들 가운데 가장 낮았던 만큼 하나님이 이스라엘 백성들에게 토라를 주기 위해 친히 강림하실 것을 기대하지 않았기 때문이었다. 그러나 시내 산이 그런 겸손을 보였기 때문에 하나님의 선택을 받은 것이다(메길라[Megillah] 29a).

겸손함은 토라를 받아들이는데 필수 조건이다(Ta'anis[타아니스] 7a). 토라는 물로 비유되며(이사야 55:1, 예레미야 2:13), 현인들은 "물이 높은 곳에서 낮은 곳으로 흐르듯 토라의 가르침 또한 겸손한 사람과 함께 할 것이다"(메길라 7a)라고 하였다.

모세는 시내 산과 같았다. 그는 자신이 가장 보잘 것 없는 유대인이라고 여길 만큼 겸손했다. 그는 이집트에 있는 그의 유대인 형제들과 함께 고통 받지 않고 왕궁에서 자랐다. 또한 그는 자신의 형제들이 이집트의 지배 아래 신음하고 있을 때, 처가인 이드로(Jethro)의 집에서 편안히 살고 있었기 때문이다. 모세는 "겸손함이 지면의 모든 사람보다 더했기"(민 12:3)" 때문에 그는 처음에 민족의 지도자가 되기를 거부했던 것이다.

그러나 모세가 이집트에서 유대인들을 데리고 나왔을 때, 하나님이 그에게 "이 산(시내 산)에서 하나님을 섬길 것"(출 3:12)이라고 하셨고, 이 때 모세는 시내 산이 작고 겸손했기 때문에 선택받았다는 것을 이해할 수 있었다. 그리고 또한 마찬가지로 작고 겸손한 사람이 창조주와 이스라엘 민족 사이에서 중재해야 한다는 것도 깨달았다.

과연 모세는 "시내 산으로부터(from) 토라를 받았다." 그는 시내 산을 보고 하나님이 그분을 섬기는 사람에게 가장 원하는 것이 무엇인지를 배울 수 있었기 때문이다.

하나님이 우리를 시내 산까지 인도하신 이후 토라를 주지 않았다면

성경에서 묘사된 광야에서 떠돌았던 유대인들의 여정은 "그들은 이동했고, 그들은 진을 쳤다"라고 복수형으로 기록되어 있다. 라쉬(Rashi)에 의하면, 이는 그들이 끔찍한 불화로 고통 받고 있었기 때문이라고 한다. 그러나 단 한 군데 "이스라엘이 거기 [시내]산 앞에 장막을 치니라(단수)"(출 19:2)"는 예외적으로 단수를 사용했다. 이에 대하여 라쉬는 "한 마음이 되어 한 사람처럼" 진을 쳤기 때문이라고 했다.

무엇이 그들을 한 마음이 되게 했는가? 그 이유는 유대인들의 겸손이다. 유대인들이 겸손함의 힘을 보여준 살아있는 증거인 시내 산 앞에 섰을 때, 그들은 그들의 논쟁, 분노, 그리고 아집을 버렸다. 그리하여 그들은 한 마음이 되어 한 사람처럼 앉았던 것이다.

하가다(Hagada)는 "만약 하나님이 우리를 시내 산까지 인도하시고 난 이후에 토라를 주지 않았다 하더라도 만족했을 것이다"라고 말한다. 그렇다면 시내 산까지 왔음에도 토라를 받지 못했다면 우리는 무엇을 얻을 수 있었겠는가?

그 대답은 마음이 하나가 된 것만으로도 충분히 만족했을 것이라는 사실이다.

"모세는 받았다" – 그가 받을 수 있는 만큼

"모세는 시내 산으로부터 토라를 받았다." 왜 미쉬나는 모세가 하나님으로부터 토라를 받았다고 하지 않았는가? 그리고 두 동사를 사용하여 모세는 토라를 '받았다'라고 하며, 다른 사람은 이를 '전했다'라고 구분하였는가?

두 질문은 한 대답으로 답할 수 있다. 그것은 하나님이 토라 전체를 주셨다고 할 수도 있기 때문에, 하나님이 토라를 모세에게 전했다고 말할 수는 없다. 그러나 토라는 그 어떠한 능력을 가진 자도 완벽하게 이해할 수 없는 무한한 지혜의 보고이다.

'이븐 에즈라'(Ibn Ezra)는 "어리석은 자들은 왜 모세가 40주야를 산에 머물렀는지를 물어볼 것이다. 그들은 모세가 하나님과 40년, 심지어 40년의 40배를 더한 기간 동안 머물렀어도 하나님과 그분의 섭리, 그리고 하나님이 그에게 분부한 모든 계명의 비밀을 1000분의 1도 이해하지 못했을 것이라는 것을 깨닫지 못했다는 것인가?"라고 말하였다(출 31:18).

모세는 하나님이 시내 산에서 보여준 신비들을 배웠고, 40년간 예언을 하며, 그 어떤 사람보다도 높은 단계로 올라갔음에도 불구하고 그는 죽음을 앞두고 "주께서 주의 크심과 주의 권능을 주의 종에게 나타내시기를 시작하셨다"(신 3:24)라고 고백했다.[6]

그러나 모세가 "여호수아에게 그것을 전했다"라는 것은 자신이 배운 모든 것을 전수했으며, 그의 후세대들 또한 그렇게 했다는 의미이다.

미쉬나가 "하나님으로부터"가 아니라 "모세는 시내 산으로부터 토라를 받았다"라고 하는 이유는 하나님의 무한한 토라와 부득이하게 한계가 있을 수밖에 없는 모세가 받은 토라 사이에 차이가 있다는 것을 암시하기 때문이기도 하다.

토라는 그 누구의 사유재산도 아니다

그럼에도 불구하고, 왜 미쉬나는 "모세는 시내 산으로부터 토라를 받고 그것을 여호수아에게 주었다(gave)"고 하지 않고, "전해주었다"(transmitted)라는 단어를 사용하는 것인가?

그 대답은 토라가 그 누구의 사유재산도 아니기 때문이다. 우리가 토

---

[6] 미드라쉬 슈무엘(Midrash Shmuel)에 의하면, "모세가 '토라'(Torah)를 받았다"('그 토라'[the Torah]가 아닌)는 미쉬나의 기록에도 이 같은 의미가 담겨있다고 한다. 즉, 모세는 토라를 '전부' 받은 것이 아니라 그가 이해할 수 있는 분량만 받았다는 것이다.

라의 지식을 배웠다면 반드시 다른 사람에게 전해야만 한다. 토라는 사유재산이 아니기 때문에 '준다'라는 의미를 부여해서는 안 된다. 토라는 오직 전해질 수만 있다.

여호수아는 유일무이했다

미쉬나는 모세가 토라를 여호수아에게 전했다고 말한다. 그러나 모세오경은 "모세가 우리에게(모든 유대인들에게) 토라를 명령했다"(신 33:4)라고 한다. 토라는 한 개인의 것이 아니라 "야곱의 총회의 유산"이다.

모세는 모든 백성에게 그들의 능력에 따라 이해할 수 있도록 토라를 가르쳤다. 그리고 계명의 세부적인 항목들과 유대교 율법을 배우고 판결하는 원칙, 그리고 그 이상의 것들을 다룬 구전토라도 가르쳤다.

그러나 오직 한 사람만이 거룩한 하나님의 지식과 그것을 정확히 해석하는 법을 배웠다.

여호수아가 바로 그 사람이었다. "젊은 여호수아는 회막을 떠나지 않았다"(출 33:11). 그는 40년간 모세의 서기로 성실히 일했고, 모세가 받은 토라를 연구했다. 그래서 여호수아는 율법의 일점일획이라도 빠뜨리거나 아주 사소해 보이는 항목이라도 소홀히 해서는 안 된다는 책임의식을 가졌다. 이와 같이 여호수아는 모든 이스라엘 백성들이 의지할 지도자로 걸맞은 사람이었기 때문에 모세가 그에게 토라를 온전히 전한 것이다.

**여호수아는 토라를 장로들에게[전했고],
장로들은 선지자들에게[전했으며],
선지자들은 위대한 모임의 공회원들에게 그것을 전했다.**

장로들의 시대는 여호수아의 친구인 여분네의 아들 갈렙(Caleb ben Yefuneh)이 활동했던 시대에 시작되었고, 사사들의 시대를 거쳐서 마지막 사사였던 엘리의 죽음과 함께 막을 내렸다. 이 장로들은 꼭 나이가 많아야 하는 것은 아니었지만, 노인처럼 지혜로운 사람들이 장로로 선출되었다(키두신[Kiddushin] 32b).

이 전통의 고리는 사무엘로부터 시작되는 선지자들에게로 이어졌으며, 제2성전 초기에 살았던 '학개, 스가랴, 말라기'(Haggai, Zechariah, Malachi) 선지자로 이어졌다.

마지막 선지자들은 120명의 남성으로 이루어진 위대한 모임의 공회원들이었다(메길라 17b. 하지만 120명보다 더 적을 수도 있다. 참조. 예루살렘 탈무드). 에스라와 느헤미야, 다니엘, 하나냐, 미사엘, 아사랴, 스알디엘의 아들 스룹바벨 및 모르드개(말라기가 에스라였다거나, 말라기가 모르드개였다는 설도 있다. 참조. 메길라 15a)가 이 모임의 지도부에서 활동했었다. 위대한 모임의 마지막 공회원 가운데에는 '쉬므온 하짜디크'(Shimon Hatzaddik)도 있었다.

"선지자들이 그것을 전했다"–그 모두를

당시에는 모세가 받은 토라를 온전히 전했지만, 그 이후로는 세대의 위상이 떨어지면서 제자들도 스승의 가르침을 전부 받아들일 수 없었다. 그래서 미쉬나들은 더 이상 '전달했다'(transmission)라고 쓰지 않고, '받았다'(receiving)라는 단어를 썼다. 이 시기부터, 토라는 제자가 받아들일 수 있는 만큼만 전해졌다.

위대한 모임의 공회원들

위대한 모임의 공회원이 활동하던 시대에는 예언이 그쳤다. 또한 제2성전은 제1성전이 가지고 있었던 하나님의 존재를 보여주는 계시도 없었다. 그리고 대부분의 유대인들이 바빌로니아에 유배당한 그대로 있었다. 이 모임에 '위대한'이라는 수식어가 붙은 이유는, 그들이 이러한 열악한 상황에서도 후대에 토라를 전수할 방법을 찾았으며, 그것이 어떠한 상황에서도 보존될 수 있도록 했기 때문이다.

이를 위해 그들은 기도문과 축복을 위한 글을 정했다(버라호트[Berachos] 33a). 결국은 현실이 되었지만, 만약 성전 사역이 중단된다고 할지라도 창조주와 모든 사람 사이의 연결이 끊어지지 않도록 하기 위해서이다.

랍비 여호수아 벤 레비가 말했듯이, 이 모임에 '위대한'이라는 수식어가 붙은 또 다른 이유는, 하나님의 역할이 약화되었을 때에도 이 모임이 창조주를 영화롭게 했기 때문이다(요마[Yoma] 69b).

모세는 하나님을 "크고 능하시며 두려우신 하나님"(신 10:17)이라고 했다. 그러나 예레미야는 이교도들이 제1성전을 더럽힌 것을 본 이후, 하나님을 오직 "크고 능력 있으신 하나님"(렘 32:18)이라고만 표현했다. 훗날 바벨론으로 끌려간 다니엘은 하나님의 권능이 더 이상 현존하지 않는 것으로 느껴졌기 때문에 "크시고 두려워할 주 하나님"(단 9:4)이라고만 고백했다.

그러나 위대한 모임의 공회원들은 하나님의 권능과 두려움을 새롭게 정의했다. "하나님의 권능은 분노를 다스리시고, 악한 자들에게 인내를 보이신다는 것에서 알 수 있으며, 하나님의 두려움은 유대인들이 세상의 악한 민족들 사이에서도 그 명맥을 이어가고 있다는 사실에서 뚜렷이 알 수 있다"(요마 69b).

그래서 위대한 모임의 공회원들은 '슈모네 에스레이'(Shemoneh Esrei) 축복문의 서두에서 하나님을 "위대하시고 전능하시며, 두려우신 분"이라고 소개한다.

위대한 모임의 공회원들은 세 가지 말씀을 말했다

위대한 모임의 공회원들은 세 가지 말씀 말고도 더 많은 교훈을 제시했다. 그러나 여기에 제시된 가르침들은 지속적으로 토라를 배우는 것과 계명을 지키기 위한 것으로써, 유대민족을 이끄는 지도자의 지도 원리와 지침이 되었다.

"심판할 때에 신중하라."

이 지침은 판사들에게 내려진다. 그들에게 요구되는 인내심의 특성은 무엇인가?

피고인의 죄의 유무를 결정할 때, 판사는 유사한 사건들을 여러 번 겪어보았다고 할지라고 신중하게 인내심을 가지고 증거들을 살펴야 한다. 이사야 선지자는 당시의 도덕적 타락에 대해 책망하며 "정의가 거기[예루살렘]에 충만하였고 공의가 그 가운데에 거하였더니 이제는 살인자들뿐이로다"(사 1:21)라고 탄식했다. '빌나 가온'(Vilna Gaon)이 과거에 사람들이 정의를 기대하며 예루살렘에 왔을 때, 법정은 침착하게 새로운 증거에 대한 가능성을 기대하며 기다렸다. 그러나 지금은 판사들이 사건을 신중하게 검토하지 않고 즉각적으로 판결을 내리기 때문에 마치 살인자와 같이 행동한다는 것이다.

타협점을 찾아라

어떤 주석가들은 "심판할 때에 신중하라"라는 교훈이 의미하는 것을 판사가 타협점을 찾을 수 있다면 선고를 내리지 말라는 가르침으로 설명한다(피르케이 아보트에서도 "판단을 내리는 것을 멀리하는 사람은 증오와 절도, 거짓 맹세에서 자유롭다"[4:7]라고 명확하게 밝히고 있다).

랍비 '여호수아 벤 카르하'(Yehoshua ban Karchah)에 의하면, 당사자들 사이에서 각각의 이익을 조금이라도 챙길 수 있는 타협점을 찾는 것 자체가 계명이라고 한다. 성경에도 "너희 성문에서 진실하고 화평한 재판을 베풀라"(슥 8:16)라고 말했다. 일반적으로 재판하는 분위기에는 평화가 없다. 반대로 평화가 없다면 그것은 재판하는 분위기이다. 그러나 '타협점'을 찾은 재판은 평화가 있다(산헤드린 6b).

"예루살렘은 시민들이 오직 토라의 심판에만 혈안이 된 까닭에 파괴되었다(바바 메찌아[Bava Metzia] 30b)." 이는 법 조항 외에 그 어떠한 대안도 고려하지 않은 채, 아무리 비참한 결과가 나오더라도 끝까지 법을 고수했다는 것이다. 하나님도 그 법조항 그대로 그들을 심판하였다.

여기서 우리는 분쟁 당사자가 호의적으로 한 마음이 된다면, 하나님 또한 그들에게 호의를 베푸실 것임을 알 수 있다.

판사가 되려고 하지 마라

'판단을 내림에 있어 신중하라.'는 교훈은 판사가 되고자 하는 젊은 토라 연구자에게 '충동적으로 자신의 야망을 따르지 말라'라는 충고가 될 수도 있다. 이 경우 '신중하라'(be patient)는 '심사숙고하라'(consider well)라고 바꿔 읽을 수 있다.

우리의 현인들은 "그에게 죽은 자가 허다하니라."(잠언 7:26)라는 것은 "자격이 없는데도 법적 판결을 내리는 토라 연구가"를 의미한다고 한다(소타[Sotah] 22a).

그들은 율법에 의거하여 죄의 유무를 판단할 수 있는 적절한 나이를 40세로 정했다(소타 22a). 이 나이가 되면 사람의 정신이 성숙하고 안정되어 판결을 내림에 있어 신중할 수 있기 때문이다.

"많은 제자들을 길러라"

랍비 아키바는 24,000명의 제자가 있었으나 서로를 존중하지 않고 무례하게 행동했기 때문에 짧은 기간 동안에 다 죽었다. 이들 가운데 유능한 제자들이 대거 포함되어 있었기 때문에 그들의 죽음은 유대 민족에게 대재앙과도 같았다.

그러나 랍비 아키바는 낙심하기보다는 남쪽으로 이동하여 새로운 제자들(랍비 마이어, 랍비 예후다, 랍비 요시, 랍비 쉬무온, 그리고 랍비 '엘아자르 벤 샤무아'[Elazar ben Shamua])을 가르쳤다. 토라를 다시 세운 것이다. 만일 랍비 아키바가 "많은 제자를 세우지 않았다면", 토라는 영영 잊혀졌을지도 모른다.

랍비 아키바는 "너는 아침에 씨를 뿌리고 저녁에도 손을 놓지 말라. 이것이 잘 될는지, 저것이 잘 될는지, 혹 둘이 다 잘 될는지 알지 못함이니라."(전 11:6)라는 성경구절을 인용하여 "젊은 시절에 제자를 세웠다면, 노년에도 제자를 세워야 한다."(예바모트 62b)라고 말했다.

제자는 어떻게 기르는가?

왜 위대한 모임의 공회원들이 "가르치라"는 말 대신에 "길러라"라는 표현을 사용했는가?

스승은 반드시 제자들에게 스스로 설 수 있는 능력과 지속적으로 배우고자 하는 열망을 심어 주어야 하고, 스스로 설 수 있도록 필요한 도구들을 주어야 한다.

단지 가공하지 않은 사실을 전하는 것만으로는 충분치 않다. 재료가 있으면 어떤 형태든지 만들어 그것에 생명의 호흡을 불어넣어 주어야 한다. 스승은 자료 뒤에 숨은 의미를 설명하고, 짜임새 있는 사상의 틀을 세워주어야 할 책임이 있다. 그는 반드시 제자들에게 토라와 그 연구에 대한 중요성을 깨닫게 해야 한다. 그렇게 해야만 제자들이 굳건한 반석 위에 설 수 있을 것이다.

더불어, 제자들은 자신의 삶의 길을 당당히 걸을 수 있도록 반드시 성품과 올바른 관점을 계발하기 위한 훈련을 받아야 한다.

토라를 배우는 사람들을 후원하라

"많은 제자들을 길러라"는 것은 단순히 토라를 가르치는 것만으로는 충분하지 않다는 것을 암시하고 있다. 공동체는 토라를 배우고자 하는 이들이 경제적인 이유 때문에 배움을 포기하지 않도록 도와야 하는 의무가 있다. 토라는 "그것을 얻는 자에게 생명나무"(잠 3:18)이기 때문에 토라를 경제적으로 후원하는 자는 복이 있을 것이다"(잠 3:18).

그리고 우리의 현인들은 "토라가 가난한 자들에게서 나오기 때문에 그들을 소중하게 대하라"(네다림[Nedarim] 81a)고 가르쳤다.

소수와 다수

샴마이와 힐렐은 제자들을 세워야 할 의무에 대해서는 서로 생각이 달랐다.

샴마이 학파는 지혜롭고 겸손하며, 자신의 혈통을 알고 부유한 자 즉, 경제적 문제가 없거나 자신의 형편에 자유로운 자만 가르쳐야 한다고 주장했다(아보트 데랍비 노손[Avos Derabbi Nosson] 2:9). 미래가 불투명하거나 인격에 문제가 있는 사람을 위해 열정을 바치는 것은 말이 안 된다는 것이다. 그 열정은 오직 다음 세대의 현인들이 될 엘리트들을 위해서만 투자되어야 한다는 것이다.

반면에 힐렐 학파는 반드시 모든 사람에게 토라를 가르쳐야 한다고 주장했다. 그들은 토라를 배우는 것에 관심을 보인 많은 죄인들이 선하고 정의로운 사람이 되었기 때문에 모든 제자를 격려해야 하고, 인격이 모자란 사람이나 심지어 개종한 사람도 받아들여야 한다고 했다.

'라베이누 요나'(Rabbeinu Yonah)는 힐렐 학파는 제자들의 양성뿐만 아니라 민족의 안위에도 큰 관심을 두었다고 이해했다. "우리가 100명을 가르치는 이유는 그 가운데 10명의 훌륭한 제자들이 나오기 때문이고, 우리가 10명을 가르치는 이유는 그 가운데 2명의 훌륭한 제자가 나오기 때문이며, 2명을 가르치는 이유는 그 가운데 누가 성공하게 될지 알 수 없기 때문이다."

'메이리'(Meiri) 또한 특별한 재능이 없는 많은 제자들을 가르쳐야만 하는 또 다른 이유를 제시한다. "잔가지들이 굵은 가지가 타도록 돕기 때문이다." 우리의 현인들은 "토라가 왜 나무와 비교되는가? 작은 잔가지가 굵은 가지를 불태우듯 부족한 토라 학자들이 위대한 학자들의 실력을 갈고 닦을 수 있게 해줄 것이다"(타니스 7a)라고 가르쳤다.

가장 뛰어난 제자들도 재능에는 한계가 있지만 단순하게 연구에 전념하는 제자들로부터 배울 수도 있다. 그들의 반복적인 질문들과 이해를 하기 위한 끈질긴 우직함이 재능있는 친구들에게 복이 될 것이다.

양(量)의 문제

'라반 감리엘'(Rabben Gamliel)이 산헤드린의 나시(nasi[의장])가 되었을 때, 그는 학당(Study hall) 앞에 파수꾼을 세워 신실하지 않은 연구자들은 들어갈 수 없도록 했다(버라호트 28a).

그러나 라반 감리엘이 직위에서 해제되고, 그의 후임이 된 랍비 '엘아자르 벤 아자리아'(Elazar ben Azariah)는 학당에 의자 400개(혹자는 700개라고도 한다)를 더 들여 놓았다(버라호트 28a). 그로 인하여 연구자들이 쏟아져 들어왔고 모두가 마음껏 배울 수 있는 기회를 얻게 되었다.

라반 감리엘이 많은 연구자들이 학당을 채웠다는 말을 들었을 때, 그는 유대인들이 토라를 배우지 못하도록 막은 것이 아니냐는 죄책감을 느끼게 되었다. 이에 탈무드는 그가 느끼는 죄책감은 정당하다고 결론지었다(버라호트 28a).

필자의 부친이며 폴란드 피에트로코브의 '아브 베이트 딘'(Av beis din[대법관])인 랍비 '모세 하임 라우'(Moshe Chaim Lau)는 샴마이 학파와 라반 감리엘이 위대한 모임의 공의회의 "제자들을 많이 세우라"는 분명한 가르침에 반대했다고 보는 견해는 문제가 있다고 말한다.

그것보다는 위대한 모임의 공의회가 제자들의 '수효'(quantity)에 대해 말했다면, 샴마이 학파와 감리엘은 제자들의 '자질'(quality)에 대해 걱정했다는 것이다.

이를 이해하기 위해서는 "제자들을 많이 세우라"(וְהַעֲמִידוּ תַלְמִידִים הַרְבֵּה[버하아미두 탈미딤 하르베이])는 히브리어 원문을 살펴보아야 한다. 여기서

'하르베이'(הרבה)가 문제가 되는 단어이다. 이 단어는 비슷한 단어인 '라빔'(רבים)과는 다르게 의미가 모호하다. 이 단어의 문자적 의미는 '많은 양'(a great deal)이라는 뜻이다. 따라서 '하르베이'는 제자들이 아니라 "세우는" 것에 대해 언급하는 것일 수도 있다.

다른 말로 말하자면, "많은 양을 세우라"는 가르침은 "많은 양을 투자하여" 제자들을 세운다는 의미가 될 수도 있다. 그들에게 많은 양의 토라를 가르치고, 많은 시간을 그들에게 투자하며, 어려움을 느끼는 제자들을 물심양면으로 도와서 어떤 제자라도 포기해서는 안 된다는 것이다.

야베쯔에 의하면 '하르베이'는 제자들이 학교에서 보내는 시간을 의미한다고 설명한다. 제자들을 세우는 것과 그들을 지원하는 것은 긴 시간이 걸린다. 그렇기 때문에 그들이 본격적으로 연구에 들어가기 전에 다른 친구와 가까워질 수 있도록 해야 한다.

토라의 주변에 울타리를 만들어라

랍비 '마이어 레흐만'(Meir Lehman)은 그의 '메이르 네시브'(Meir Nesiv)에서 토라를 나무와 꽃이 만발한 아름다운 정원에 비유했다. 이 정원은 울타리로 둘러져 있으며, 여기에는 두 가지 목적이 있었다. 첫째는 약탈자들로부터 정원을 보호하고, 둘째는 정원 안에 있는 것들이 보호받는 환경에서 떠나지 않도록 한다.

토라를 둘러싸는 울타리는 현인들이 규정한 보호법을 말하는 것이다. 처음에는 이러한 안전장치가 거의 없었지만, 시간이 흐르면서 후세대의 영적인 수준이 점점 감소하면서 더욱더 많은 울타리들이 필요하게 되었다.

미쉬나의 첫 번째 장에서 이러한 울타리에 대해 언급한 탈무드도 있다(버라호트 2a). 토라의 법에 의하면, '슈마'(Shema)는 저녁에 시작하여 새벽까지 낭독할 수 있었다. 하지만 현인들은 자정까지 그 시간을 제한하여 사람이 잠들었다 너무 늦게 일어나 자신의 의무를 다하지 못하는 것을 막았다. 울타리에 대한 또 다른 고전적 예시는 안식일이 아닐 때 주로 사용되는 도구들을 안식일에 사용하는 것을 금지하는 '무크쩨'(Muktzeh)의 법이다. 더불어 금지된 성관계에 대해서는 모세 오경의 기록에 '근친상간의 2차 대상'(secondary sexual prohibitions)을 덧붙였다.

너 자신을 위해 울타리를 만들어라

현인들이 제정한 법률은 공동체 전체를 위한 보호수단이다. 그들은 개인의 특정한 필요사항에 대해 이야기하지 않는다. 각 개인은 자신의 약점에 대해 가장 잘 알고 있다. 다른 누구도 그의 약점들을 알지 못하며 그 누구도 그의 한계에 대해 자세히 알지 못한다. "마음의 고통은 자기가 알고 …"(잠 14:10).

사람은 개인적인 "울타리"를 만들어서 자신의 행동을 제한을 해야 하며 심지어 허락된 행동도 제한해야 한다. 예를 들면, 만약 그가 너무 쉽게 서약을 한다면, 그가 서약을 할 때마다 어느 정도의 돈을 기부하도록 할 수 있다. 만약 그가 험담을 좋아한다면, 그는 아예 잡담을 피하는 것이 좋다.

"너희는 거룩하라"(레 19:2)는 사람이 반드시 "(자신에게)허락된 것을 통해 (자신을) 거룩하게 해야 한다"(예바모트 20a)는 뜻이다. 그렇게 하면 그는 일상에서 벗어나 숭고한 경지에 이르게 된다.

너의 말을 위해 울타리를 만들어라

메이리는 이 구절을 가리켜 대중 앞에서 많은 이야기를 하는 사람이라면, 자신의 말을 들으러 온 사람들에게 부담을 지우지 말라는 가르침으로 이해했다. 그들은 적절한 때에, 적절한 장소에서, 적절한 언어를 사용하여 토라의 말씀을 전해야 한다는 것이다.

하나님은 인간이 이해할 수 있는 범위 안에서 토라와 계명을 주었듯이, 설교자나 연설자도 그들의 청중이 이해할 수 있는 언어로 전해야 한다. 본래 토라의 말씀들이 듣기 좋을 지라도, 반드시 적절한 언어와 태도로 전해야 한다. "현인들이여, 네 말들을 신중히 하라"(1:11).

미쉬나 2절　　　　　　　　　משנה ב

שִׁמְעוֹן הַצַּדִּיק הָיָה מִשְׁיָרֵי בְנֶסֶת הַגְּדוֹלָה,
הוּא הָיָה אוֹמֵר:
עַל שְׁלֹשָׁה דְבָרִים הָעוֹלָם עוֹמֵד:
עַל הַתּוֹרָה,
וְעַל הָעֲבוֹדָה,
וְעַל גְּמִילוּת חֲסָדִים.

의인 쉬므온은 위대한 모임의 마지막 공회원 가운데 하나였다.

그는 말하곤 했다:
　세상은 세 가지 기둥 위에 서있다:
　⑴ 토라 연구 위에;
　⑵ [하나님에 대한]예배 위에;
　⑶ 선행[친절한 행동들] 위에.

미쉬나 2절

쉬므온 하짜디크(Hatzaddik)와 그의 시대

의인 쉬므온은 이스라엘을 점령한 나라가 페르시아에서 그리스로 넘어가는 과도기에 활동했던 사람이다. 당시 유대인들은 불안과 두려움, 그리고 위험을 감수해야 했다. 동시에 예언이 중단되고 위대한 모임(Great Assembly)이 해산됨으로써 유대민족의 영적 수준은 크게 떨어졌다.

이 중요한 시기에 의인 쉬므온은 위대한 모임의 교리를 재정립하여 세상이 딛고 서 있는 기본적인 원칙들이 토라와 예배(성전제사와 기도), 그리고 선한 행위라는 것을 가르쳤다.

그리스 문화가 들어오자 물질주의와 쾌락주의가 이스라엘에 스며들었다. 그리스 철학은 미와 권력, 우상화된 전쟁을 숭상했고, 윤리와 거룩함을 적대시했다. 이와 같이 그리스 철학은 토라의 세상관(Weltanschauung)과 상극을 이루었다. 따라서 그리스의 이스라엘 점령은 무엇보다도 유대민족의 영적인 삶에 엄청난 타격을 입혔다.

동시에 제2성전을 세운 이후 유대인들을 이끌었던 위대한 모임은 그 활동을 중단했다. 이 모임의 마지막 회원인 의인 쉬므온은 토라의 권위를 계승한, 다음 세대에 태동한 후속기관인 '산헤드린'(Sanhedrin)의 연결고리였다.

의인 쉬므온과 알렉산더 대왕

알렉산더 대왕이 세상을 정복하는 과정에서 이스라엘 땅으로 오게 되었을 때, 사마리아인들은 그에게 예루살렘과 그 성전을 파괴해달라고 요청했다. 그는 그들의 원대로 군대를 이끌고 예루살렘으로 갔다. 의인 쉬므온이 알렉산더의 군대의 침입을 알게 되었을 때 그는 '대제사장'(코헨 가돌[Kohen Gadol])의 의복을 차려입고 성읍의 지도자들과 함께 나아가 알렉산더 대왕을 영접하러 갔다.

알렉산더 대왕이 의인 쉬므온을 만났을 때 그는 전차에서 내려와 그에게 고개를 숙였다. 이 모습을 보고 놀란 보좌관들에게 이 남자(의인 쉬므온)의 모습이 떠오를 때마다 전쟁에서 승리했었다고 털어놓았다. 알렉산더 대왕이 의인 쉬므온과 성읍의 지도자들에게 소원을 물었을 때, 의인 쉬므온은 "우리가 당신과 당신의 왕국을 위해 기도하는 성전을 우상숭배자들의 요청으로 파괴하려고 하시는 것입니까?"라고 반문하였다.

"당신이 말하는 우상숭배자는 누구입니까?"라고 알렉산더 대왕이 물었고, 이에 의인 쉬므온은 "당신 앞에 서 있는 사마리아인들 말입니다."라고 대답하였다.

알렉산더 대왕은 "그들을 당신이 원하는 대로 하십시오"라고 단호하게 말했다.

의인 쉬므온의 자녀들

의인 쉬므온은 임종 직전에 그의 아들 호뇨(Chonyo)를 대제사장으로 임명했다. 그러나 그의 장남인 쉬미(Shimi)가 이 자리를 원했기 때문에 그는 몇몇 제사장들의 지지를 얻어서 호뇨를 암살하려 했다. 호뇨는 알렉산드리아로 피신하여 그곳에서 '베이트 호뇨'(Beis Chonyo)라는 제단을 쌓았다(메나호트[Menachos] 109b).

"그는 말하곤 했다"

이 표현은 피르케이 아보트에 자주 나타난다. 랍비 오바댜 바르테누라는 어떤 특별한 현인이 어떤 특별한 가르침을 끊임없이 전했다는 것을 나타내기 위해 현재형을 사용했다고 한다. 즉, 고정된 후렴구처럼 끊임없이 반복된 가르침이었다는 것이다.

많은 주석가들이 이 개념에 대해 보충 설명을 더한다. 미쉬나의 랍비가 윤리적 가르침을 설명할 때에는 반드시 이 가르침이 자신의 본성의 일부분이 되었을 때에야 비로소 행했다는 것이다. 즉, 자신이 가르치는 것이 자신의 일부가 된 후에라야 다른 사람에게 설명할 수 있다는 것이다. 이는 그가 말한 것 정도가 아니라 그가 누구인지를 대변하는 것이다. 그가 다른 사람에게 기대한 것은 동시에 자기 자신에게도 기대하는 것이다. 현인들은 "네 자신을 온전히 하고난 뒤에 다른 사람들을 온전히 하라"(바바 메찌아[Bava Metzia] 107b)라고 가르쳤다.

우리의 현인들은 그들 자신에게 적용하지 않은 윤리적 가르침이나 율법을 선포하지 않았으며, 반드시 자신들에게 적용한 이후에만 다른 사람들에게 선포하였다.

하나님이 그들을 두루 다니게 하실 때

아브라함과 사라가 기근 때문에 이스라엘 땅을 떠나 애굽에 임시로 대

피하였을 때, 아브라함은 사라를 자신의 누이라고 속였다. 그들이 부부란 사실이 알려지면 부도덕한 왕이 아름다운 사라와 결혼하기 위해 아브라함을 죽일지도 모르기 때문에 속임수를 쓴 것이다. 그럼에도 사라는 납치되어 아비멜렉 왕에게로 갔다. 그러나 하나님은 아비멜렉에게 그녀를 건드리지 말라 경고하셨다. 분노한 왕은 아브라함이 자신을 속였다는 이유로 그를 책망하였다.

아브라함은 그들이 부부라는 사실이 알려지면 그의 목숨이 위험해질 것을 대비해서 "하나님이 나를 내 아버지의 집을 떠나 두루 다니게 하실 때에, 내가 아내에게 이르기를 그대는 나를 그대의 오라비라 하라"(창 20:13)라고 했다는 것이다. 이것은 아브라함의 진술을 그대로 옮긴 해석이다. 그러나 이상하게도 어지간해서는 오역을 하지 않는 타르굼 온켈로스가 이를 다르게 해석하여 원문의 의미에서 크게 벗어났다.

타르굼 온켈로스는, "열국이 자신들이 만들어낸 우상을 따라 갈 때, 하나님은 내 아버지의 집에서 나를 떠나게 하셔서 주님을 섬기게 하셨다."라고 번역했다.

왜 온켈로스는 원문의 의미에서 벗어난 것일까? 그 해답은 그의 경험 속에서 찾을 수 있다. 온켈로스는 로마 황제의 조카였고 유대교로 개종했다. 그의 삼촌이었던 황제는 세 차례나 군대를 파송하였는데, 온켈로스는 그들 모두에게 유대인이 되도록 설득하였다.

아브라함과 온켈로스는 둘 다 참 하나님을 인식하였기 때문에 처해진 상황에 아랑곳하지 않고 하나님을 섬겼다는 공통점이 있다. 심오하고 용기 있는 신앙을 가진 온켈로스는 하나님이 "아브라함을 떠돌게 하였다"는 간단한 해석을 받아들이지 않았다. 하나님이 아브라함의 마음에 영적인 의심을 넣는다는 것이 이해가 되지 않았기 때문에 온켈로스는 아브라함이 아닌 다른 사람들은 우상을 따라 갈 때, 하나님은 아브라함을 자신을 섬기는 자로 인도하셨다라고 표현한 것이다.

　루블린의 '위대한 라브'(Great Rav)이자 '다프 요미'(Daf Yomi) 프로젝트의 창설자인 랍비 '메이르 샤피로'(Meir Shapiro)는 이 개념을 적용하여 이 구절에 대한 라쉬의 견해를 설명했다. "온켈로스는 그가 옮긴 대로 옮겼다"라는 라쉬의 주장에 대해 랍비 샤피로는 온켈로스가 자신의 개인적인 삶을 옮기듯 이 구절을 옮겼다는 것이다. 온켈로스는 이교도를 따라 방황하지 않았으며, 그의 친구들과는 달리 온켈로스는 유대교의 하나님을 따르기로 결단했다는 것이다.

　이것은 우리가 위에 적어두었던 "그는 말하곤 했다"의 사례이다. 미쉬나의 탄나(Tanna)[7]가 가르친 것은 그의 개인적 본질이 겉으로 드러난 것이었다.

　루블린의 라브(Rav)는 이것이 또한 피르케이 아보트 여섯 번째 장의 서두("[현인들]과 그들의 가르침을 택하신 그[하나님]는 복되시다")의 더 깊은 의미이기도 하다고 설명했다. 하나님이 먼저 현인들을 선택하신 이유는 그들이 지혜롭고, 의로우며, 온전히 정직한 사람들이었기 때문이다. 그들이 그와 같이 훌륭한 사람들이었기에 하나님은 그들의 가르침을 선택하셨다. 가르침은 스승을 반영한다. 그래서 스승을 진정으로 위대하다고 하는 것이다!

"세상은 세 가지 기둥 위에 서있다"

　이 미쉬나에서 의인 쉬므온은 세상은 세 가지 기둥 위에 '서 있다'라고 가르쳤다. 반면에 1장의 마지막 절(1:18)에서는 '라반 쉬므온 벤 감리

---

[7] 기원후 1-2세기에 팔레스타인에서 활동한 유대교 율법학자를 일컫는다.

엘'(Rabban Shimon ben Gamliel)이 세상은 세 가지(정의, 진실 그리고 평화) 때문에 존재한다고 가르쳤다. 이 두 가르침 사이의 차이점은 무엇이며, 특히 두 구절 사이에 다른 것은 무엇인가?

세상이 토라와 예배 그리고 선행 위에 서 있다는 의인 쉬므온의 가르침은, 이것이 창조의 목적임과 동시에 세상의 목적이라는 것을 나타낸다. 그렇다면 세상이 존재하는 방식은 무엇이며, 그 목적을 이룰 때까지 세상이 계속 존재하도록 하는 것은 무엇인가? 정의와 진실 그리고 평화가 그 대답이다.

랍비 '요세프 카로'(Yosef Karo, 베이트 요세프[Beis Yosef], '호쉔 미슈파트'[Chosen Mishpat] 1의 도입부)는 의인 쉬므온의 가르침을 인용하였다. 그는 유대인들이 추방당하여 그들이 토라를 연구하는 것이 어렵거나, 성전에서 예배를 드리지 못하거나, 선행을 할 능력이 제한되어 있다면 어떻게 하느냐는 것이다. 이에 대한 대답으로 라반 쉬므온 벤 감리엘의 보완된 가르침을 제시하였다. 만약 유대인들이 적어도 정의롭고 진실되며, 평화롭다면 세상은 계속 존재할 것이다.

두 미쉬나를 규정하는 또 다른 방법은 이들이 각각 개인과 공동체를 대한다는 것이다. 전자의 미쉬나는 개인을 다룬다. 사람의 세상은 토라와 예배, 그리고 선행 위에 서 있으며, 그것을 통해서만 의미가 주어진다는 것이다. 후자의 미쉬나는 공동체를 가리킨다. 공동체는 오직 정의, 진실 그리고 평화가 있을 때에만 존재할 수 있다. 이것은 공동체의 이미지를 생성하고, 인간 문명의 지속성을 허락한다.

마지막으로, 몇몇은 이 두 미쉬나를 상호 대응관계로 이해하기도 했다. 토라와 그 율법들은 정의에 대응하고, 진실은 하나님의 존재를 우리의 중심에 두는 성전 예배와 대응한다. 하나님의 징표가 바로 진실이기 때문이다(샤보트[Shabbos] 55a). 그리고 증오가 개인들을 갈라놓으면 어떠한 도움이나 상호간에 협력도 없게 되기 때문에 선행을 하기 위해서는 평화가 필수 조건이다.

"토라 연구 위에"

의인 쉬므온은 토라와 예배, 그리고 선행을 언급한다. 하지만 예배와 선행이 토라의 구성 요소인데 왜 굳이 따로 언급하는가?

그 대답은 다른 계명을 실천하여 행위로 드러나기 전에도 토라를 연구하는 것 자체가 이미 가치가 있었기 때문이다.

토라는 그저 지식의 원천만이 아니다. 토라를 연구하는 것은 고유하고 긍정적인 동기를 지닌다. 토라 연구는 사람을 격상시키고, 그의 생각을 깨끗하게 하며, 그에게 하나님의 마음을 가르친다. 토라를 배워야 하나님의 뜻을 조금이나마 이해하고, 인간이 지금 존재하는 목적과 내세의 목적을 이해할 수 있을 것이다.

토라를 배우는 것은 세상이 창조된 목적을 위해서이다. "내가 주야와 맺은 언약이 없다든지 천지의 법칙을 내가 정하지 아니하였다면 …"(렘 33:25). 우리의 현인들은 이 구절을 설교적으로 해석하여, "만약 하나님의 언약인 토라가 없었다면 하늘과 땅이 창조되지 못했을 것이며, 아무도 토라를 연구하지 않는다면 세상은 멸망할 것이다"(페사임[Pesachim] 68b)라고 한다.

따라서 사람의 창조 목적은 토라를 연구하기 위해서이다. "사람은 고생을 위하여 났으니 …"(욥기 5:7). 토라를 연구하는 데 감당해야 할 고생을 말하는 것이다(산헤드린 99b).

인간의 노력이 차지하는 범위

의인 쉬므온의 가르침은 인간의 노력이 차지하는 여러 분야에도 적용

될 수 있다.

토라의 지식을 얻은 뒤, 우리는 그 지식을 새롭게 깨달은 행동으로 바꾸어 하나님과의 관계와 다른 사람들에 대한 우리 행동을 쇄신해야 한다는 것이다. 하나님과 우리의 관계는 예배에 대한 의무(성전 예식과 기도[버라호트 26b])로 알 수 있으며, 다른 사람들에 대한 우리 관계는 다양한 형태로 나타나지만, 그것을 모두 포괄하는 주제는 선행의 의무로 알 수 있다.

다른 관점에서, 우리는 랍비 쉬므온의 가르침이 삶의 세 영역(자기 자신, 하나님, 그리고 다른 이들에 대한 사람의 의무)과 관계가 있다고 볼 수 있다. 토라를 연구하는 것은 사람의 개인적인 의무이다. 예배는 하나님에 대한 의무를 말하는 것이며, 선행은 다른 사람들을 위한 의무이다.

예배의 의미

세상이 창조된 것은 우리가 하나님의 영광의 계시를 체험하기 위한 것이다. "거룩하시고 보화가 되신 주님이 오직 자신의 영광을 위하여 세상을 창조하셨다"(피르케이 아보트 6:11).

이는 하나님이 우리의 찬사를 요구한다는 뜻이 아니다. 오히려 하나님은 우리의 예배를 보상하기 위해 세상을 창조하신 것이다. 우리가 하나님을 섬기고 그분의 길을 따르면, 우리는 그분의 영광을 드러내고, 그분의 주권을 분명하게 밝힐 것이다.

각 사람이 행하는 계명은 그를 특정한 분야(참조. 마코트[Makkos] 23b)에서 정화하고 격을 높인다. 하지만 다른 모든 것들을 포함한 최상의 예배는 하나님의 영광을 위해 자신의 전 생애를 바칠 각오를 행동으로 보여주는 것이다. '희생 제사'(Sacrificial service)가 바로 그것이다. 어떤 사람이 성전에서 제물을 드리는 것은 마치 그 자신이 번제단에 올라갔다는 마음으로 자신의 전부를 창조주에게 바쳤다고 생각하는 것이다.

탈무드(메길라 31b)는 성전 예배를 회상하기만 해도 엄청난 영적 능력이 있다고 가르친다.

하쉐임(Hashem[여호와])이 아브라함에게 이스라엘의 땅을 약속했을 때, 아브라함은 "내가 이 땅을 소유로 받을 것을 무엇으로 알리이까?"라고 되물었다(창 15:8).

우리의 현인들은 이 질문에 대하여 "우주의 주인이시여, 만약 유대인들이 죄를 짓는다면 당신은 그들을 홍수와 흩어버리셨던[8] 세대들에게 했던 그대로 하시겠습니까?"하고 묻는 것으로 이해했다.

하나님이 그렇지 않다고 말씀하셨을 때 아브라함은 "우주의 주인이시여, 이들이 어떤 선한 일을 해야 전 세대들이 겪은 것을 겪지 않을 수 있습니까?"라고 다시 물었다.

하나님은 "암소와 염소와 양은 흠 없는 최상의 것을 가져오고, 산비둘기와 어린 새끼 비둘기도 가져오라"고 하셨다. 이는 희생제사제도(Sacrificial system)가 그들을 보호할 것이라는 의미이다(참조. 라쉬, ibid. 6)

기도는 창조주와 인간 사이에 유대감을 돈독히 해준다는 점에서 제사와 같다. 사람이 기도할 때(제사할 때와 같이) 창조주의 위엄을 인정하고, 기도하는 자가 오직 창조주만 의지한다는 것을 보여주는 것이다.

아브라함이 하나님에게 "우주의 주인이시여, 성전이 더 이상 존재하지 않는다면 유대인들에겐 어떤 일이 벌어집니까?"라고 재차 물었다.

하나님은 "너희들이 제사의 규례를 되돌아보기만 해도 나는 그들이 제사를 행한 것으로 간주하여 그들의 죄를 모두 용서할 것이다"라고 하셨다.

---

[8] 바벨탑 사건을 일으켰던 자들을 흩어버리셨던 것을 뜻하는 것으로 보인다.

"선행(친절한 행동들) 위에"

선행은 인간 창조의 목적이며 그 토대이다.

우리 현인들은 "자선을 베푸는 것은 모든 제사보다도 위대하며"(수카 [Succah] 49b), 그리고 "우리의 이웃에게 베푸는 선행은 하나님으로부터 솔로몬의 일천 번제보다 더 많은 사랑을 받는다."(얄쿠트 쉬모니, 호세아 [Yalkut Shimoni, Hosea] 522)라고 가르쳤다.

사실, 선함의 특성이 인간을 창조하도록 결정했던 것이다(버레이쉬트 라바[Bereishis Rabbah] 8:5). 우리의 현인들은 하나님이 인간을 창조하길 원했을 때, 구원의 천사들은 이를 반대했다고 가르친다. 진실과 평화를 상징하는 천사들은 인간이 거짓되고 전쟁을 좋아할 것이기 때문에 창조를 반대했다. 그러나 선함을 상징하는 천사는 인간이 선행을 베풀 것이기 때문에 인간의 창조를 찬성했다. 진실과 평화라는 측면에서는 인간이 창조되지 않았어야 한다. 하지만 선함이 인간을 구원한 것이다. 인간에게 이타적인 마음이 있다는 사실이 인간이 존재하는 것을 정당화했다.

만약 사람이 선행을 행하지 않는다면, 그는 자기 존재의 유일한 정당성마저 제거하는 것이 된다. 토라에 나타난 하나님의 손에 의해 멸망당한 두 가지 예(홍수와 소돔과 고모라의 멸망)를 보면, 그 이유는 선행에 인색했기 때문이다. "홍수의 세대에 대한 심판은 그들이 도둑질에 빠져있을 때 확정되었으며"(산헤드린 108a), 마찬가지로 소돔과 고모라 사람들은 그들로부터 고통을 당한 사람들의 부르짖음이 하늘에 상달된 이후에 그들의 운명이 확정되었다"(창 18:21, 산헤드린 109b).

선행의 위대함

친절을 베푸는 방법은 매우 다양하게 나타날 수 있다. 경제적 도움, 병든 이를 병문안하는 것, 사람들이 결혼할 수 있도록 돕는 것, 장례식에 참여하는 것, 문상객을 위로하는 것, 죄수를 구제하는 것, 손님들을 즐겁게 해주는 것, 도움 되는 조언을 해주는 것, 격려의 말을 해주는 것, 또는 그저 이웃에게 미소를 지어주는 것 등으로 친절을 베풀 수 있다.

우리의 현인들은 "선행을 하는 것은 기부하는 것보다 세 가지 면에서 더 위대하다. 첫째, 자선을 베푸는 것은 오직 돈으로만 할 수 있지만, 선행은 돈과 자신의 몸으로 행할 수 있다. 둘째, 자선은 오직 가난한 자에게만 도움이 되지만, 선행은 가난한 자와 부유한 자 둘 다 도울 수 있다. 셋째, 자선은 오직 살아있는 자만 돕지만, 선행은 살아있는 자와 죽은 자 둘 다 도울 수 있다"(수카 49b).

자선을 베푸는 것은 선하게 행동하고자 하는 의무의 한 방법일 뿐이다. 그리고 자선은 기계적이지 않을 때에만 그 가치가 인정을 받지만, 선함으로 가득 찬 행동은 불행한 사람을 돕기 위해 사심 없이 행해진다.

선행을 베풀 수 있는 방법은 너무나도 다양하기 때문에, 토라는 단순히 넉넉한 손과 관대한 마음으로 이웃을 대하라고 언급하며, "네 이웃을 네 몸과 같이 사랑하라"(레 19:18)고 계명의 핵심을 요약한다. "네 자신을 위하는 만큼 이웃도 위하라. 이웃을 도와 그의 부담을 덜어주고, 그의 삶에 행복의 빛을 비추어주라"(람밤, 에벨[Rambam, Evel] 4:1).

랍비 아키바는 이 구절을 "토라의 위대한 신념"(a great principle of the Torah)으로 규정했다(버레이쉬트 라바 24:7). 왜냐하면, 할라호트(halachos)의 전체 구조와 이웃을 돌보라는 의미가 몇 개의 단어 안에 들어있기 때문이다.

이 계명을 준행하기 위해서는 자신의 성품을 온전히 해야 한다. 질투가 일어나고, 증오가 곪아 터지며, 이기적인 사람에게서 진정한 선행을 기대할 수 없다. 이러한 것들은 반드시 배려와 사랑 그리고 이해심으로 바뀌어야 한다.

람밤은 선행을 "긍정적인 특성"으로 간주했다. 왜냐하면, 전문가가 보석을 세공하듯이 자신을 근면성실하게 갈고 닦았을 때 올바른 선행을 베풀 수 있기 때문이다.

토라를 행동으로 옮겨라

우리 현인들은 "토라를 연구하는 것과 선행, 이 가운데 어느 것이 더 위대한가?"라고 질문했다(키두신 4b, 바바 카마 17a).

그들은 "연구하는 것이 행동으로 옮겨지기 때문에 연구가 더 위대하다"라고 결론에 도달했다. 토라의 지침을 모르고서는 인생을 사는 법을 알 수 없으며, 토라의 의미를 헤아려보지 않으면서 계명을 준행하기 위한 노력은 할 수 없기 때문이다.

물론, 토라를 단순히 연구하고 그 위대함을 헤아린다고 하더라도 그것을 행동으로 옮기지 않으면 아무런 가치가 없다. '하페쯔 하임'(Chafetz Chaim)에서 랍비 이스라엘 카간(Israel Kagan)은 다음 비유로 이것을 풀이했다.

출장을 가야했던 어느 사업가가 비서를 불러 비서가 매일 해야 할 행동이 적힌 아주 긴 작업지시서를 주었다.

사업가가 출장에서 돌아왔을 때 비서에게, "내가 말한 것을 하였느냐?"라고 물었다.

"네, 당신이 주신 작업지시서를 매일 읽었습니다."라고 비서가 대답했다.

"읽고 어떻게 했느냐?"라고 사업가가 재차 물었다.

"아무것도 하지 않았습니다. 매일 아침 그 지시서를 읽기만 했습니다."라고 비서는 대답했다.

사업가는 하나님을 상징하고, 지시서는 토라를 그리고 비서는 우리를 의미한다. 하나님은 우리에게 토라와 그 안의 많은 명령을 주었다. 우리는 토라를 연구하고 가르침대로 행해야 할 의무가 있다. 우리가 그것을 읽고 깊이 연구했다 하더라도 우리가 얻은 지식이 행동으로 나타나지 않는다면 아무것도 성취하지 못한 것과 다를 바 없다.

사업가는 해야 할 것을 알고도 하지 않은 나태한 비서를 벌하지 않겠는가? 우리의 현인들은 "만약 사람이 토라를 연구하고 그가 연구한 것을 행동으로 옮길 의지가 없다면, 그는 태어나지 않는 것이 더 나았다"(바이크라 라바 35:7)라고 말한다. 좀 더 솔직히 말한다면, 그들은 그런 사람은 태어나는 순간 "탯줄이 얼굴을 감아 질식사 시키는 편이 낫다"라고 했다. 왜 그들은 이런 끔찍한 저주를 내리는가?

이런 사람은 자기 자신에게 피해를 준다는 것이 그 대답이다. 그는 세상에 대한 자신의 의무에 대하여 깊은 이해를 얻었지만 아무것도 하지 않았다. 그가 토라 연구를 전혀 하지 않았다면, 몰라서 그랬다고 자신을 변호할 수 있었을 것이다. 그러나 그가 자신의 의무를 알고도 행하지 않았다는 것은 고의적인 불순종이 되기 때문이다.

토라와 예배, 그리고 선행에 대한 세 가지 관점

의인 쉬므온은 토라와 예배, 그리고 선행을 세상을 세우는 기둥으로 간주했다. 예루샬미(Yerushalmi)와 메힐타(Mechilta)도 같은 세 가지 요소를 나열했지만 그 순서를 달리했다. 예루샬미는 토라와 선행, 그리고 예배

순으로, 메힐타는 선행과 토라, 그리고 예배 순으로 나열했다(메힐타 베샬라흐[Mechilta Beshalach], 얄쿠트 쉬모니 ibid. 251)

출처	토대	1	2	3
파르케이 아보트	개인의 성장	토라	예배	선행
예루샬미	중요성	토라	선행	예배
메힐타	역사적 전개	선행	토라	예배

랍비 메이르 레흐만은 각 권위자가 이러한 요소들을 서로 다른 관점으로 보고 있다고 가르쳤다.

의인 쉬므온은 이 요소들을 개인의 성장에 따라 세 요소를 나열했다. 어렸을 때에는 토라를 배우고, '바르 미쯔바'(Bar Mitzvah, 성인식)를 거치면 이제는 계명을 준행해야 할 의무가 적용되기 때문에 예배 의식에 참여해야 한다. 하지만 아직 독립을 하지 않았기 때문에 다른 이에게 친절을 베풀 정도로 성숙되지 않았다. 성인이 되어야만 온전한 친절을 베풀 수 있게 되기 때문이다.

예루샬미는 이 요소들을 중요성의 순서대로 이 목록을 나열했다. 토라를 연구하는 것이 가장 가치가 있으며, 다른 모든 것에 대한 토대가 된다. 그 다음에 하나님과 사람에 대한 의무를 이행하기 위한 것으로는 선행이 오고, 마지막으로 하나님께 진 채무를 이행하기 위한 예배 순으로 나열한 것이다.

메힐타는 세상의 역사적 전개에 따라 이 목록을 나열했다. 선행이 처음에 오는 것은, 토라가 주어지기 전의 세상은 오직 하나님의 사랑스러운 선함으로만 유지되었기 때문이라고 한다. 이는 다른 두 기둥(토라와 예배)이 나타날 때까지만 유지되는 과도기적인 단계이다. 다음으로 토라가 주어졌고, 마지막으로 성막과 제사의식에 대한 계명이 주어졌다.

유대인들은 친절만으로도 족하다

성전의 파괴와 함께 예배의 기둥도 무너졌다. 그리고 유대인이 세상에 흩어져서 타국에서 박해를 당하고, 신변과 생계의 위협을 받게 되자 그들은 예전과 같이 토라연구에 헌신할 수 없었다. 더욱이 많은 유대인들이 절망하고 비탄에 빠져 토라에 등을 돌렸다. 이제 선행이라는 한 기둥만이 남았다. 선행은 우리 구원의 희망과 다른 두 기둥의 회복에 대한 토대가 되었다.

하나님은 아브라함에게 "내가 너로 큰 민족을 이루고 네게 복을 주어 네 이름을 창대하게 하리니 너는 복이 되리라"(창 12:2)라고 약속하셨다.

미드라쉬(midrash)는 이 복의 말씀을 다음과 같이 해석했다(페사힘 117b, 라쉬에 의해 인용됨):

"'내가 너로 큰 민족을 이루고'는 슈모네 에스레이에 기록된 첫 번째 복에서 '하나님의 아브라함'이라는 구절에 해당된다."

"'네게 복을 주어'는 '이삭의 하나님'이라는 구절과 일치한다."

"'네 이름을 창대하게 하리니'는 '야곱의 하나님'이라는 구절과 일치한다."

"어떤 사람은 슈모네 에스레이의 복이 세 족장의 이름으로 결론이 나야한다고 생각한다. 그러나 이는 그렇지 않다. 하나님의 약속의 마지막 구절인 '너는 복이 되리라'는 슈모네 에스레이의 복이 오직 아브라함에 대한 언급으로 마친다는 것을 암시하고 있기 때문이다('복되신 분, 아브라함의 방패이신 여호와여')."

하시딕 랍비(Chassidic Rebbe)이며, 디노브(Dinov)의 랍비 '쯔비 엘리멜렉'(Tzvi Elimelech)은 하나님이 슈모네 에스레이의 마지막에 아들과 손자와 함께 이름을 언급하지 않아도 된다는 확신을 아브라함에게 주어야 하는지에 대해 의문을 드러냈다. 아브라함이 그들에게 질투했을 리는 없다("사람은 다른 이에게는 질투할 수 있으나 그 자식이나 제자에게는 질투하지 않는다."(산헤드린 105b). 이 의문에 대한 답은 이 미쉬나에서 찾을 수 있을지도 모른다. 각 족장은 의인 쉬므온은 언급한 세 기둥 가운데 하나에 해당되기 때문이다.

아브라함은 손님을 영접하고 포로를 자유롭게 했기 때문에 선함의 기둥에 해당한다. 이삭은 제단에 묶였고 들판에서 기도하였기 때문에 예배의 기둥에 해당한다. 그리고 야곱은 (라쉬가 언급한 것과 같이) '쉠과 에벨'(Shem and Ever)의 토라 학교에서 연구했기 때문에 토라의 기둥에 해당한다.

하나님은 아브라함에게 복을 주며, 그의 후손들이 그들의 영적인 유산을 자랑스러워 할 것이라 하였다. 그러나 아브라함은 유대인들의 영적인 상태가 언제나 이상적이지 않을 것이라는 것을 알고 "유대인들이 세 기둥들을 잘 유지해야만 추방에서 돌아올 수 있습니까?"라고 물었다.

이에 대하여 하나님은 "네가 복이 될 것이다"(아니다, 마지막에 필요한 것은 오직 너의 성품일 뿐이다. 유대인들이 친절하게 행하는 것으로 충분하다)라고 말씀하셨다.

다리가 세 개 달린 탁자

'노다 비예후다'(Noda BiYehudah)의 저자이며 18세기 프라하의 랍비였던 랍비 '예헤쯔켈 란다우'(Yechezkel Landau)는 선행의 중요성을 특히 강조했다. 그는 공동체에 속한 사람은 다른 사람에게 물심양면으로 친절을 베풀어야 한다는 것을 주장했다. 하지만 사람들이 이를 제대로 하지 않았거나 어떤 이들은 아예 그의 가르침을 무시했음을 깨달았다.

어느 날 그는 게마라 연구를 마치고, 회당 안에 있었던 예시바를 떠나 중앙 시장으로 산책을 갔다. 사람들이 그에게 "왜 이곳에 오셨느냐?"라고 물었다. 왜냐하면 그는 이전에 시장에 온 적이 없었기 때문이다. 랍비

란다우는 "당신에게 다리가 하나 부러져 두 개만 남은 탁자가 있다면, 벽에 기대어 놓고 아쉬운 대로 사용할 수 있습니다. 하지만 남은 두 다리 가운데 하나가 더 부서지면 그 테이블을 가지고 할 수 있는 것이 없을 것입니다. 부서진 다리를 고치든지 혹은 남은 다리를 모두 없애 버리고 쟁반으로 써야 할 것입니다."

그는 계속해서 말했다. "우리가 사는 세상도 이 탁자와 같습니다. 이 세상 또한 토라와 예배와 선행이라는 세 개의 다리 위에 서 있습니다."

"그 가운데 한 다리가 없는데, 우리는 더 이상 성전에서 제사를 드리지 않기 때문입니다. 그래서 이제 토라와 선행이라는 두 다리만 남았습니다. 하지만 선행의 다리마저 없어진다면 무엇이 남겠습니까? 제가 예시바에서 가르치는 토라라는 다리만 겨우 남을 것입니다."

"그러나 세상은 한 다리를 가지고는 결코 설 수 없습니다. 만약 선행의 다리를 고치지 않는다면 저는 '토라 연구'라는 다리를 없애는 수밖에 없습니다."

랍비 란다우는 이와 같은 지혜로운 가르침으로 프라하의 사람들의 눈과 마음을 열어 주었다.

미쉬나 3절　　　　　　　　　　משנה ג

אַנְטִיגְנוֹס אִישׁ סוֹכוֹ קִבֵּל מִשִּׁמְעוֹן הַצַּדִּיק.
הוּא הָיָה אוֹמֵר:
אַל תִּהְיוּ כַּעֲבָדִים הַמְשַׁמְּשִׁין אֶת הָרַב
עַל מְנָת לְקַבֵּל פְּרָס,
אֶלָּא הֱווּ כַּעֲבָדִים הַמְשַׁמְּשִׁין אֶת הָרַב
שֶׁלֹּא עַל מְנָת לְקַבֵּל פְּרָס,
וִיהִי מוֹרָא שָׁמַיִם עֲלֵיכֶם.

쏘호(Socho)의 지도자 안티고노스(Antignos)가 의인 쉬므온으로부터 토라[전통]를 물려받았다.

그는 말하곤 했다:
보상을 받기 위해 그들의 주인을 섬기는 종들과 같이 되지 말라.
대신에, 보상을 받기 위해서 그들의 주인을 섬기는 것이 아닌 종들과 같이 되라.
그리고 천국에 대한 경외함이 너희들에게 있게 하라.

미쉬나 3절

"… 종같이 되지 말라"

아무런 사심 없이 하나님을 섬기라는 안티고노스의 가르침은 매우 민감한 것이다. 평범한 사람은 미래에 언젠가 보상을 받을 것이라는 믿음을 가지고 있어도 하나님을 섬기는 것이 쉽지 않다. 안티고노스의 시대에는 내세를 부정하는 그리스 철학이 유대인들에게 영향을 끼치고 있었기 때문에 내세의 보상이라는 개념이 호응을 받지 못했다. 이러한 상황에서 아득히 먼 내세의 보상을 바라서는 안 된다는 안티고노스의 가르침은 특별히 더 도전적이었다.

우리가 보상을 바라지 않고 하나님을 섬겨야 한다는 안티고노스의 가르침을 받아들이는 것은 쉽지 않다. 왜냐하면 토라 자체가 보상을 반복적으로 약속하고 있기 때문이다.

사실, 하나님과 유대민족의 모든 관계는 전적으로 보상의 개념에 바탕을 두고 있다. "너희가 즐겨 순종하면 땅의 아름다운 소산을 먹을 것이요, 너희가 거절하여 배반하면 칼에 삼켜지리라(사 1:19-20)."

그리고 우리의 현인들은 보상에 대한 기대가 사람의 영적인 성격을 더

럽히지 않는다고 명확하게 밝힌다. "만약 누가 자기 아들이 낫는다는 조건이나 내세에 들어가게 될 것이라는 조건 때문에 자선단체에 기부를 약속한다면, 그는 자격이 없지만 정의로운 사람이다"(페사힘 8a, '로쉬 하샤나'[Rosh Hashanah] 4a, 등).

이 모순처럼 보이는 가르침에 대한 해답은, 보상에 대한 기대를 갖는 것은 정당하나 이상적인 것은 아니라는 것이다.

안티고노스는 먼저 "보상을 받기 위해 그들의 주인을 섬기는 종같이 되지는 말아라"고 가르친다. 우리는 이것이 완전히 금지된 것이라 생각할 수 있다. 그래서 "보상을 바라지 않고 주인을 섬기는 종이 되어라"라고 덧붙인 것이다. 이는 보상을 받기 위해 섬기는 것을 금하지는 않지만, 보상을 바라지 않는 편이 더 좋다는 것을 가르치기 위함이다.

'토사포트 욤 토브'(Tosafos Yom Tov)는 이 견해가 문장의 첫머리에 들어간 것에 관심을 가졌다. 왜 안티고노스는 단순하게 "주인을 섬기지 마라"라고 하지 않았을까? 왜 굳이 종의 비유를 언급했는가? 그는 보상을 얻기 위해 섬기는 사람도 '종'으로 불린다는 것을 가르치고 싶었다. 또한 자신도 하나님의 종이기 때문에 온전히 의롭다는 것이다. 하지만 그는 하나님을 순수한 사랑 때문에 섬기는 것이 아니므로 '경건하다'(chassid, 하시드)라고 할 수는 없다.

하시드의 예배

많은 주석가들은 이 미쉬나가 가장 숭고한 단계에서 하나님에게 헌신하는, 그분의 뜻을 행하고 있다는 지식에서 우러나는 깊은 즐거움과 사랑만으로 그분을 섬기고 있다는 몇몇 개인에게만 해당한다고 말한다.

이것은 법조문을 초월해서 하나님을 섬기는 경건한 하시드의 가르침을 말하는 것이다. 그는 자신의 섬김에 대한 보상을 받을 생각이 없다. 단지 하나님을 기쁘게 하는 것만으로도 그에게는 충분하다.

그 정도의 신념을 갖지 못한 사람은 하나님을 섬길 때 보상을 바랄 수 있으며, 보상에 대한 희망은 그들이 섬기게 하는 동력이 될 것이다. 피르케이 아보트의 다른 미쉬나들은 그런 희망을 정확히 가리키고 있다. 즉, "계명의 득과 실을 비교해 보아라."(2:1); "네 고용주가 네가 일하는 것만큼을 줄 것이라는 것을 알아라."(ibid 19); "고통에 비례하여 보상이 주어질 것이다"(5:26).

그러나 우리는 하시드의 단계에 오르도록 노력해야 한다. 어떻게 하면 그렇게 될 수 있는가? 우리의 현인들은 "하시드가 되길 바라는 자는 반드시 피르케이 아보트의 가르침을 행해야 한다."(바바 카마 30a)라고 가르친다. 우리는 현실적인 염려를 벗어나 자신의 이익을 따지지 않고 사랑과 기쁨으로 하나님을 섬기는 수준에 이르러야 할 의무가 있다.

하나님의 보상에 대한 기대

하나님의 보상에 대한 기대에는 세 가지 단계가 있다.

가장 높은 곳을 차지한 것은 사랑으로 섬기는 하시드의 단계로써, 영혼에서 우러나오는 열망과 마음속에서 샘솟는 진정한 즐거움으로 섬기는 것이다.

중간 단계는 대부분의 사람들에게 해당되는 것으로써, 그들은 보상이 당연하거나 즉각적이지 않다는 것을 인식하면서도 보상을 바라는 이들이다. 그러한 사람은 오직 하나님만이 그에게 정당한 보상에 대한 평가를 할 수 있다는 것과 이 세상에서는 보상을 받지 못할 수도 있다는 점을 인식하고 있다.

그는 즉각적인 보상을 기대하고 있지 않기에 실망스러운 결과가 나오더라도 하나님에게 등을 돌리지 않는다. 만약 게마라에 비유된 대로 그의 아들이 회복하길 바라고 기부를 했으나 그의 아들이 죽었더라도 그는 하나님을 추궁하지 않는다. 그렇기 때문에 그러한 사람도 "온전히 의로운 사람"으로 여겨진다.

보상을 바라는 세 번째 단계는 믿음을 가진 유대인이 걷는 길이 아니다. 이는 영혼으로서의 삶에 대한 믿음이 없기 때문에 즉각적이고 유형적인 보상을 바란다. 이러한 계산적인 사람은 희망이 꺾이게 되면, 그 즉시 하나님에게 등을 돌릴 것이다.

미쉬나는 이러한 태도를 우리에게 경고하는 것이다. 하나님에 대한 우리의 섬김이 오직 보상에 대한 기대에만 가득 차 있거나 그 결과가 만족스럽지 않다고 해서 하나님에게 등을 돌리는 사람이 되어서는 안 된다.

보상을 받지 않는 조건

이 미쉬나를 다르게 읽으면, "주인에게 보상을 받지 않겠다는 조건으로 그를 섬기는 종이 되어라"라고 해석할 수도 있다. 사람은 자신이 보상을 받지 않아야만 하나님을 섬길 것이라고 확실히 밝혀야 한다.

그러나 여기에는 두 가지 어려움이 따른다. 첫째, 결론적으로 하나님이 모든 개인에게 그가 행한 선행에 따라 보상을 내려주지 않겠는가? 그리고 사람이 어떻게 그런 조건을 만들겠는가? 그리고 또한, 하나님을 섬기느냐 마느냐는 그에게 달려있는 것이 아니다!

이 미쉬나의 의미는 하나님이 직접 그분을 사랑만으로 섬겼다고 증언해줄 정도의 단계까지 도달해야 한다는 것이고, 자신의 섬김에 대해 그 어떠한 보상도 따르지 않는다는 것을 분명하게 인식하고 있을지라도 진심으로 헌신해야 한다는 것이다.

현인들이여, 네 말을 조심하라!

'아보트 데랍비 노손(5장)'은 다음과 같은 담화를 들려준다.

안티고노스의 두 제자 사독(Tzadok)과 뵈두스(Boethus)는 이 가르침을 주된 주제로 삼아 제자들에게 가르쳤다. 그리고 그 제자들이 스승이 되었을 때, 그들도 역시 이 주제들을 자신의 가르침의 주제로 삼았다.

그러나 이 가르침의 진정한 의미가 3대째 제자에게 전달되지 못하였기 때문에 그들은 안티고노스가 보상의 개념을 거부하는 것으로 여겼다. 이렇게 되면 내세가 존재하지 않는다는 논리에 도달하게 된다. 결국 엄청난 충격을 가져올 결론에 도달한 그들은 토라와 현인들의 전통을 버리고, 그 대신에 사두개파(Sadducees)와 뵈두스파(Boethusians)라는 파당을 만들었다.

람밤은 이 분파들이 토라를 완전히 부정했다고 말했지만, 공개적으로는 성문 토라에 그 원칙들이 확실하게 명시되지 않은 "내세에 받을 보상과 벌, 그리고 죽은 자의 부활"등에 관한 부분만을 논했다.

아보트 데랍비 노손에 의하면, 안티고노스는 "내세에 두 배로 상을 받을 수 있도록" 자신의 가르침을 명확하게 밝혔다. 그럼에도 불구하고 그의 가르침에 영향을 받은 이들은 잘못을 저질렀다.

이 재앙이 일어났을 때, 현인들은 명확하게 자신의 소신을 밝히는 것의 중요성을 강조했다. 아브탈욘(Avtalyon)이 말하듯이, "현인들이여, 네 말을 조심하라!(1:11)"

"천국을 경외하는 마음이 너희들에게 있게 하라"

이 미슈나의 마지막 부분은 앞뒤가 맞지 않는다. 안티고노스는 우리에게 사랑과 즐거움 그리고 열정으로 하나님을 섬기라고 했다. 그런데 왜 마지막 부분에서는 그분을 경외함으로 섬기라고 결론짓는가? 만일 사람에게 어떠한 동기도 없으면 두려움 때문에 하나님을 섬긴다고 여길 수도 있다. 그러나 이미 사랑으로 그분을 섬기고 있다면, 경외는 필요 없는 것처럼 보일 수도 있다.

그러나 이 가정은 근거가 없다. 사람은 하나님을 사랑으로 섬기고, 보상의 위로가 없다할지라도 경외함으로 하나님을 섬겨야만 한다. 토라는 우리에게 "여호와, 너의 하나님을 사랑하라"(신 6:5)라고 함과 동시에 "여호와, 너의 하나님을 경외하라"(신 6:13)라고 가르친다. 두 계명은 반드시 함께 적용되어야 한다.

그 이유는 하나님에 대한 친밀감이 오히려 하나님에 대한 불경으로 비쳐질 수도 있기 때문이다. 만약 사람과 하나님의 관계 속에 친밀감과 사랑 뿐이라면 존경과 경외심은 사라질지도 모른다. 그렇게 되면, 친밀하고 사랑하는 하나님의 용서를 바라고 기대하며 방종으로 나아갈 수도 있다.

따라서 우리는 언제나 하나님의 위대하심을 인식하고 있어야 한다. 즉, "하나님은 하늘에 계시고 너는 땅에 있음이니라"(전 5:2)라는 경각심을 가져야 한다는 것이다. 우리는 하나님과의 친밀감을 얻을 수 있음에도 불구하고, 언제나 두려움과 존경의 마음을 끊임없이 가지고 있어야 한다.

라반 요하난 벤 자카이(Yochanan ben Zakkai)의 축복

라반 요하난 벤 자카이의 임종이 다가왔을 때, 그의 제자들이 찾아와 그의 축복을 받고자 했다.

"사람을 두려워하는 만큼 하늘을 두려워하는 마음이 여러분에게 있기를 바라는 것이 하나님의 뜻입니다"라고 그가 대답했다.

"그것이 전부입니까?"라고 그의 제자들이 물었다.

"나는 여러분이 그것만이라도 얻기를 바랍니다."(버라호트 28b)라고 그가 대답했다

하나님의 임재에 대한 인식이 너의 옆에 앉은 사람을 인식하는 것과 같고, 하나님 앞에서 죄를 저지르는 것이 누군가 너를 보고 있을 때 죄를 짓는 것과 같이 수치스럽게 생각된다면 너는 죄를 범하지 않을 것이다.

하나님에 대한 높은 경외심

우리는 본질적으로 하나님에 대한 사랑이 하나님에 대한 경외심보다 더 높은 수준에 있다고 가정했다. 그러나 여러 주석가들은 이 미쉬나에 논의된 하나님에 대한 경외심이 하나님에 대한 사랑보다 더 우위에 있다고 주장했다.

보상에 대한 열망 없이 하나님을 사랑으로 섬기는 사람이라 할지라도 하나님을 경외하는 가장 높은 수준에 이르렀다고 볼 수는 없다.

하나님이 "나의 벗"(사 41:8)이라고 부르셨던 아브라함만큼 그 어느 누구도 하나님을 사랑할 수 없었다. 그 누구도 계명을 준행하는 데 아브라함만큼 헌신한 사람도 없었고, 그는 오직 사랑으로만 행했다. 비록 그에게 토라는 주어지지 않았지만, 그는 스스로 하나님의 존재를 인식했다. 그러나 하나님은 그가 열 가지 시험을 통과하고 난 이후에야(그 가운데 절정은 이삭을 바치는 것) 비로소 "이제야 네가 하나님을 경외하는 줄을 아노라"(창 22:12, 참조. 소타[Sotah] 31a)라고 말씀하셨다.

라베이누 요나에 의하면 이 경외심은, 고통스러운 결과에 대한 두려움이 아니라 사람이 가지는 막중한 책임에 대한 경각심에서 비롯된 감정이라는 것이다. 사람이 자신의 어깨 위에 놓여진 막중한 책임감(우주의 주권자를 섬긴다는 것)을 느끼게 된다면, 그는 자신의 본분을 다 할 수 없을지도 모른다는 두려움에 사로잡히게 된다.

보상은 곧 천국을 경외하는 것

하시드의 격언에 의하면, 안티고노스가 보상에 대한 희망 없이 하나님을 섬기라고 할지라도, 우리가 성취하기를 원할지도 모르는 한 가지 보상이 있다고 말한다. 그것은 "천국을 경외하는 마음이 너에게 있게 하라"라는 의식이다.

이 관점에서, 디노브(Dinov)의 랍비 쯔비 엘리멜렉은 랍비 제이라(Zeira)의 일화를 설명했다. 그가 너무 노쇠해져서 토라 연구가 불가능해졌을 때 그는 언제나 학당 입구에 앉아 있었다. 그는 현인들을 볼 때마다 보상을 받기 위해서 앉은 자리에서 일어나 예를 갖추었다(버라호트 28a).

그러나 이 미쉬나에 의하면, 랍비 제이라가 오직 보상을 얻기 위해서만 행동했다고 할 수 있겠는가? 랍비 쯔비 엘리멜렉은 조하르의 가르침을 인용하여, 어떤 사람이 토라 연구자들을 위해 자리에서 일어난다는 것은 그가 천국을 경외하는 것이라고 한다(토라를 연구하는 이들에 대한 존경을 보이는 것은 그 토라를 주신 하나님을 더욱 더 존경하게 되기 때문이다). 랍비 제이라가 받은 보상은 천국을 경외하는 것이었다.

미쉬나 4절   משנה ד

יוֹסֵי בֶּן יוֹעֶזֶר אִישׁ צְרֵדָה
וְיוֹסֵי בֶּן יוֹחָנָן אִישׁ יְרוּשָׁלַיִם קִבְּלוּ מֵהֶם.
יוֹסֵי בֶּן יוֹעֶזֶר אִישׁ צְרֵדָה אוֹמֵר:
יְהִי בֵיתְךָ בֵית וַעַד לַחֲכָמִים,
וֶהֱוֵי מִתְאַבֵּק בַּעֲפַר רַגְלֵיהֶם,
וֶהֱוֵי שׁוֹתֶה בַצָּמָא אֶת דִּבְרֵיהֶם.

쯔레이다의 지도자 요세이 벤 요에제르와
예루살렘의 지도자 요세이 벤 요하난은
그들로부터 토라[전통]를 이어 받았다.

쯔레이다의 지도자 요세이 벤 요에제르는 말한다:
  너희들의 집이 현인들을 위한 만남의 장소가 되게 하라.
  그들의 발의 먼지 속에서 거하라,
  그리고 목마름으로 그들의 말들을 마셔라.

미쉬나 4절

서론 - 두 지도자

산헤드린은 제2성전과 함께 존재하다가 제2성전이 파괴된 이후부터 미쉬나를 집대성한 랍비 예후다 하나시 시대까지 유대민족들의 최고 의결기관이었다. 그 후로 산헤드린은 몇 세대를 더 이어갔으나 유대인들의 영적인 삶의 중심은 바빌로니아로 이동했다.

산헤드린은 72명으로 구성되어 있었고, 대표는 '나시'(의장)였으며, 바로 그 아래는 '아브 베이트 딘'(재판장)이었다. 이 둘은 미쉬나 4절과 그 이후에서 '쥬고트'(Zugos) 혹은 '페어'(둘, 짝)로 불린다.

이 둘은 토라의 모든 것을 깨달았다. 그래서 두 사람 사이의 논쟁은 없었으나, 단 한 가지 제물의 머리 위에 손을 얹는 것에 대한 '세미하'(semichah) 논쟁만은 예외였다. 이 논쟁은 몇 세대에 걸쳐 계속되었다(하기가[Chagigah] 2:2).

각 미쉬나에서 둘을 언급할 때, 첫 번째라고 하면 '나시'이고, 두 번째라면 '아브 베이트 딘'을 의미한다(미쉬나 6절에서는 제외될 수도 있다[메길라 16b]).

"처음으로 세워진 2명의 지도자"

첫 지도자 2인의 권위는 유대인 랍비와 사두개파, 뵈두스파, 그리고 헬라파 사이의 갈등 시기와 일치한다. 갈등의 주된 요인은 유대인 랍비들이 연구에 집중한 구전 토라의 정당성에 관한 것이었다. 이때 요세이 벤 요에제르는 단지 토라의 지식을 전파했다는 이유만으로 죽임을 당했다.

그들은 누구에게서 전통을 받았나?

미쉬나 4절에서는 이 둘이 전통을 "그들"에게서 받았다고 한다. 그러나 4절 이전의 미쉬나에서는 오직 안티고노스만을 언급한다.

이에 대한 답은, 그들이 안티고노스와 그의 스승인 의인 쉬므온(라마; 라베이누 요나)에게서 받았다고 설명할 수 있다. 안티고노스, 요세이 벤 요에제르, 그리고 요세이 벤 요하난은 의인 쉬므온의 제자들이었다. 의인 쉬므온이 죽었을 때, 안티고노스는 그의 자리에 올랐고, 요세이 벤 요에제르와 요세이 벤 요하난은 안티고노스를 자신들의 스승으로 받아들였다. 그리고 안티고노스가 세상을 떠나자 이들이 지도자의 자리를 감당했다.

"너희들의 집이 현인들을 위한 만남의 장소가 되게 하라"

의인 쉬므온은 세상을 지탱하는 세 개의 기둥 가운데 첫 번째가 토라라고 가르쳤다. 하지만 그것을 어떻게 얻는가? 랍비 요세이 벤 요에제르는 자신의 집을 토라가 만나는 장소가 되게 하면 된다고 가르쳤다. 그 집의 분위기는 토라를 연구하는 것으로 가득 차야 한다. 또한 그곳에 거주하는 자들은 토라 학자들에게 최고의 예를 갖추어야 하며, 그들의 빛을 따라 걸어야 한다.

그러한 집을 만들기에 가장 좋은 방법은 자신의 집을 현인들이 만나는 장소가 되게 하는 것이다. 토라 학자들을 언제나 귀빈으로 대우하고, 그들의 행동을 보며, 그들의 토론과 일상적인 대화를 듣는다면, 그 사람은 토라 그 자체의 영혼에 물들게 된다. 그리고 솔로몬 왕의 가르침과 같이 "현인과 함께 걷는 자는 지혜가 더할 것이다"(잠 13:20).

지혜로운 말과 정결한 행동의 분위기 속에서 지낸다면, 그 사람의 인격은 성숙될 것이다. 바르테누라의 랍비 오바댜는 이를 향수 가게에 들어가는 것에 비유했다. 아무것도 사지 않을지라도, 향수의 그윽한 향기가 몸에 스며든다는 것이다.

이에 더하여 람밤은 사람이 토라 현인들을 자신의 집으로 초대할 때, 그는 "현인들과 그 제자들에게 가까이하라는 긍정적인 명령"을 행하는 것과 같다고 한다. 그리하여 람밤이 조언하길, "사내는 모름지기 토라 학자의 딸과 결혼하도록 해야 하며, 자신의 딸을 토라 학자와 결혼시켜야 한다. 또한 토라 학자와 식사를 함께 하고, 토라 학자와 동업을 하며, 모든 면에서 현인들의 친구가 되어야 한다."(데이오트[Dei'os] 6:2).

유명한 만남의 장소들

탈무드는 중요한 할라호트(halachos)가 결정되고 유명한 논쟁들이 합의점을 찾았던, 일반 가정집에서 이루어진 토라 학자들의 다양한 모임들을 열거한다.

예를 들면, '하나야 벤 헤쯔키야 벤 가론'(Chanayah ben Chezkiyah ben Garon)의 집인데, 이곳에서 현인들이 모여 18가지의 문제를 결정했다고 한다(샤보트[Shabbos] 13b).

또한 로드(Lod) 마을의 니스자(Niszah)라는 남자의 집에서 있었던 모임에서 현인들은 사람의 목숨이 위태로워진다면 우상숭배, 금지된 관계, 그리고 살인을 제외한 토라의 법을 어겨도 된다는 유명한 선언을 했다(산헤드린 74a). 또한 그들은 토라 연구와 행위 가운데 어느 쪽이 더 훌륭한지에 대해 서로 토론을 벌였다. 그들은 토라 연구가 바른 행동으로 이끌기 때문에 토라를 연구하는 것이 더 훌륭하다고 결론을 맺었다(키두신 40b).

어떤 가정은 하나님이 임재하실만큼 귀한 랍비가 방문한 적도 있다. 한번은 현인들이 여리고(Jerocho)의 구리아(Guria)의 집에서 모였는데, 하늘에서 "이 가운데 [모세와 같이] 하나님이 임재하실만한 사람이 이 자리에 있다. 그러나 이 세대는 자격이 없다"라는 음성이 들려왔다고 한다. 이 랍비는 힐렐이었다(산헤드린 11a). 비슷한 이야기가 야브네(Yavneh)에 있는 집에서 일어났는데, 이때는 겸손한 슈무엘(Shmuel)이었다(소타[Sotah] 48b).

토라 학자가 집을 방문하면 그는 그 집에 축복을 가져 온다

어떤 사람이 자신의 집으로 토라 학자를 초대하면 자신과 그 후손은 영적인 축복은 물론, 물질적인 축복도 얻게 된다.

야곱과 그의 아들들이 이집트로 내려갔을 때, 이집트인들은 그들을 환영하였다. 설사 이기적인 동기에서 그렇게 했더라도, 토라는 "이집트인들을 증오하지 말라, 너희도 그들의 땅에서 이방인이었다."라고 가르친다. 토라가 이렇게 가르치기 때문에 토라 학자라면 더욱 더 모시고 싶었을 것이라고 랍비 요시(Yosi)는 가르친다.

그 후, 시내 광야에서 유대인들을 만난 이드로는 모세와 아론, 그리고 다른 이스라엘의 지도자들을 위해 식사를 대접했다(출 18:12). 수십 년이 지난 후에 사울 왕은 이드로의 후손인 겐 사람들을 살려주었다. 비록 이드로는 자신의 명예를 얻고자 식사를 베풀었을지라도 그의 베풂은 후손을 살린 것이다(버라호트 63b).

또한 하나님은 증거궤를 보존했던 오벳에돔의 집에 복을 내리셨다(삼하 6:11). 증거궤를 보존했다는 이유만으로도 하나님이 복을 내리셨기 때문에, 토라 학자라면 더욱 더 집으로 모시고 싶었을 것이라고 갈릴리의 랍비 요시의 아들, 랍비 엘리에제르(Eliezer)는 강조했다.

일반적으로 우리는 의로운 사람이 복을 가져온다고 인식하고 있다. 이삭이 그랄에 내려갔을 때, 그 땅은 그의 덕으로 100배가 되는 수확을 거두었고, 야곱이 라반과 함께 할 때 복도 함께 했다. 야곱은 라반에게 "내 발이 이르는 곳마다 여호와께서 외삼촌에게 복을 주셨나이다"(창 30:30)라고 깨우쳐주었다. 그리고 요셉이 이집트로 내려갔을 때도 복을 받았고, 그로 인하여 온 이집트가 복을 받았다(버레이쉬트 라바[Bereishis Rabbah] 73:8; 얄쿠트 쉬모니[Yalkut Shimoni], 삼하 14:3).

누구나 지킬 수 있는 계명

어떤 사람의 집을 현인들이 만나는 장소가 되게 하라는 요세이 벤 요에제르의 가르침은 많은 사람에게 성취할 수 없는 목표처럼 보일 것이다. 토라 학자들을 자신의 집으로 초대할 수단이 모두에게 있는 것은 아니었다. 어떤 사람은 그들의 흥미를 이끌 학식이 부족할 수도 있고, 공간이 넓고 편안한 집이 없거나, 그들에게 적절한 숙소와 식사를 대접할 경제적 수단이 없을 수도 있다. 또는 그들의 참여가 용이하도록 토라 연구 센터 근방에 모임의 장소를 마련하는 것도 쉬운 일이 아니다.

그렇다면 어떻게 평범한 사람이 이 명령을 수행할 수 있는가? 랍비 '모세 알모스닌'(Moshe Almoshninu)은 "네 집이 현인들이 만나는 장소로 적절하지 않다면, 회당이나 학당으로 가서 그들이 모이는 곳을 너의 가정으로 삼아라."(미드라쉬 슈무엘에서 인용)라고 조언하였다.

'볼로진의 랍비 하임'(R' Chaim of Volozhin)은 사람이 자신의 집을 현인들의 만나는 장소가 되게 하라는 다른 방법에 대하여 조언했다. 모든 유대인은 재산이 허락하는 한 개인적인 토라 전용 서재를 마련하라는 것이다. 그런 영적인 풍부함을 소유하는 사람이라면 가장 지혜로운 사람들 속에 둘러싸여 사는 것이나 마찬가지이다. 낮이나 밤 어느 때에든지 그는 서재에서 책을 꺼내 현인들의 지혜 속에 푹 잠길 수 있기 때문이다.

오직 토라만을 위한 장소

바그다드의 랍비 요세프 하임(Yosef Chailm[the Ben Ish Chai])이 아보트에 대한 자신의 주석인 '하스데이 아보트'(Chasdei Avos)에서 토라의 첫 글자는 '베이트'이고 중간 글자는 '바브'이며(레 11:42), 그리고 마지막 글자는 '라메드'라고 기록했다(베이트 바아드 라하하림[Beis Vaad Lachachamim], 즉 "현인들이 만나는 장소"라는 뜻을 가진 세 단어의 첫 번째 글자들을 가리킨다).

이러한 장소는 오직 토라 연구와 토론에만 사용되어야 한다. 만약 어떤 사람의 집이 논쟁과 분열의 원인이 된다면, 누가 그곳을 자주 찾아온다 할지라도 현인들을 위한 만남의 장소가 될 수 없다.

아보트 데랍비 노손(6:1)도 "네 집이 현인들이 만나는 장소가 되기를 바란다. 토라 학자가 집에 들어와 토라의 주제에 대해 너에게 물었을 때 네가 대답할 말이 있다면 그에게 말하고, 그렇지 않다면 그가 바로 나갈 수 있도록 하라"라고 가르쳤다. 즉, 네 집이 허튼 소리가 오가는 모임의 장으로 만들지 말라는 것이다.

"그들의 발의 먼지 속에서 거하라"

네 집을 현인들이 만나는 장소가 되도록 했더라도 주인 행세를 해서는 안 된다. 오히려 "그들의 발의 먼지 속에서 구르고", 현인들이 상석에 앉을 수 있도록 해야 한다(톨레도의 라베이누 이쯔하크 벤 라베이누 쉴로모 [Rabbeinu Yitzchak ben Rabbeinu Shlomo of Toledo]).

또한, 우리의 현인들은 "토라 학자가 도시에 입성한다면, 그에게 학자는 필요 없다는 말을 하지 말고 그에게 다가가 인사를 건네라. 더 나아가 소파나 의자, 혹은 벤치에 함께 앉아서는 안 되고, 그의 앞에 있는 바닥에 앉아야 한다.[9] 그가 이야기 할 때면 시내 산기슭에서 하나님이 토라를 주실 때처럼 두려움과 떨림을 갖고 들어야 한다(아보트 데라비 노손 6:2)."

그들의 발의 먼지 속에서 구르라 – 네 집에서

어떤 사람이 자신의 집을 현인들이 만나는 장소가 되게 했다면, 그 역시 학자가 될 것이다. 그리고 그가 탈무드 토론에 현인들과 함께 참여하게 된다면, 그는 "토라 논쟁"에서 그들과 쟁론을 벌일 것이고, 이것이 현인들의 발의 먼지 속에 구른다고 하는 것이다(미드라쉬 슈무엘).

현인들의 발의 먼지 속에 겸손히 구르는 사람은 그의 집이 현인들이 모이는 장소가 되는 영광을 맛보게 될 것이다.

섬기는 것이 연구하는 것보다 더 위대하다

라쉬는 "그들의 발의 먼지 속에 구르라"는 구절이 제자가 현인들을 섬길 수 있도록 지도하라는 뜻으로 이해했다. 제자가 토라의 면류관을 얻

---

[9] 이 가르침은 "랍비는 제자를 가르칠 때 그들이 바닥에 앉아있다면 의자에 앉아서는 안 된다"(참조. 신 5:28)는 규정과 명백하게 다르다(메길라 21a). '마흐조르 비트리'(Machzor Vitri)는 '깊이 있는 연구'(노력이 필요하며, 앉아야 집중이 잘 된다)와 '수동적인 청취'(바닥에 앉아도 가능하다)를 구분함으로써 이 문제를 설명하였다.

기 위해서는 반드시 자신의 스승과 계속해서 동행해야 한다. 그는 반드시 스승을 보좌하고 언제나 스승에게 달려갈 수 있어야 한다. 그렇게 하면 제자는 영적 부유함을 얻게 될 것이다. 그는 모든 문제에 대한 스승의 의견을 들을 수 있을 것이고, 그는 평범한 대화 속에서 경건함이 깃들어 있음을 보게 될 것이며, 그리고 그는 자신을 다스리는 스승의 고상한 예의범절을 배울 수 있을 것이다.

모세는 많은 제자가 있었다. 이스라엘의 가장 위대한 지도자들을 포함하여 모든 유대인들이 그에게서 배웠다. 하지만 모세가 죽고 난 후 유대민족의 지도자가 된 것은 눈의 아들 여호수아였다.

이는 여호수아가 모세의 가장 훌륭한 종이었기 때문이다. 그는 한순간도 모세의 곁을 떠나지 않았다. 모세가 시내 산에 올랐을 때, 그는 모세가 돌아오는 즉시 만날 수 있도록 기다렸다.

이러한 제자는 다른 누구보다도 자신의 스승에 대해서 잘 알기에, 그 거룩한 사역을 계승할 자격이 있다.

비슷한 예로, 엘리야의 가장 위대한 제자였던 엘리사는 엘리야에게 토라를 배운 것이 아니라 그를 섬긴 사람으로 기록되었다. "엘리야의 손에 물을 붓던 사밧의 아들 엘리사가 여기 있나이다."(왕하 3:11).

사실, "토라를 섬기는 것이 연구하는 것보다 위대하다(버라호트 7b)."

"목마름으로 그들의 말들을 마시라"

토라를 연구하는 사람이라면 반드시 현인들의 말에 목말라 해야 한다. "오호라, 너희 모든 목마른 자들아 물로 나아오라"(사 55:1). 여기서 "물은 오직 토라만을 의미한다."(바바 카마 17a).

이미 토라의 지식을 얻었다고 생각하는 사람일지라도 채워지지 않는 목마름을 가진 자가 물을 마시듯 현인들의 말을 들어야 한다. "하늘에서 빗방울이 떨어질 때 물고기는 물속에 살고 있어도 물을 마셔본 적이 없는 것과 같이 그 빗방울로 몰려간다. 이와 같이 유대민족도 토라의 분위기 속에 살아가지만, 그들이 새로운 토라 사상에 대하여 들을 때에는 마치 그러한 것을 들어본 적이 없는 것처럼 목마른 듯 그것을 받아들인다."(미드라쉬 라바 버레이쉬트 97:5).

방문 랍비와 현지 랍비

미드라쉬 슈무엘은 이 미쉬나를 방문 랍비와 현지 랍비로 구분하여 설명하는 것으로 해석했다.

랍비가 공동체를 방문했을 때, 어떤 이는 "그는 나의 스승이 아니다"라고 생각하며 그를 비하할 수 있다. 하지만 방문자의 발길이 닿았다면, 그 길에 날리는 먼지 속에도 굴러야 한다(아보트 데랍비 노손 6:2).

반면, 어떤 사람은 현지 랍비가 할 수 있는 모든 가르침을 들을 만큼 들었다는 생각에 싫증을 내기도 한다. 하지만 물고기가 새로운 물 한 방울을 갈급하게 마시듯이 그 또한 랍비의 모든 토라 사상을 갈급한 심령으로 들어야 한다.

역경의 시기

시리아–그리스 정부가 하누카의 기간 동안 토라 연구를 불법으로 규정함으로써 공개적인 모임을 하지 못하고 은밀하게 가정에서 모였다. 토라를 가르치는 자는 사형에 처한다는 법이 선포되었음에도 불구하고 담대한 현인들은 마을에서 마을로, 또 도시에서 도시로 여행 다니면서 그 역경의 시기에 유대인들을 가르치고 격려했다. 그래서 요세이 벤 요에제르는 현인이 찾아오면 그를 따뜻하게 맞이하고 열정적으로 그에게서 토라를 배우라고 가르친 것이다. 네 가정도 현인들이 만나는 장소가 되게 하라.

미쉬나 5절   משנה ה

יוֹסֵי בֶּן יוֹחָנָן אִישׁ יְרוּשָׁלַיִם אוֹמֵר:
יְהִי בֵיתְךָ פָּתוּחַ לִרְוָחָה,
וְיִהְיוּ עֲנִיִּים בְּנֵי בֵיתֶךָ,
וְאַל תַּרְבֶּה שִׂיחָה עִם הָאִשָּׁה.
בְּאִשְׁתּוֹ אָמְרוּ, קַל וָחֹמֶר בְּאֵשֶׁת חֲבֵרוֹ.
מִכָּאן אָמְרוּ חֲכָמִים:
כָּל זְמַן שֶׁאָדָם מַרְבֶּה שִׂיחָה עִם הָאִשָּׁה,
גּוֹרֵם רָעָה לְעַצְמוֹ, וּבוֹטֵל מִדִּבְרֵי תוֹרָה,
וְסוֹפוֹ יוֹרֵשׁ גֵּיהִנָּם.

예루살렘의 지도자 요세이 벤 요하난은 말한다:
 너희들의 집을 활짝(wind) 열어 두어라,
 가난한 자들을 너희 집안의 식구같이 대접하라.
 그리고 네 아내와 과도하게 대화하지 말라.
 그들은 심지어 그 사람 자신의 아내에 대해서도 이렇게 할 것을 말했다.
결과적으로 현인들은 말한다:
 아내와 과도하게 대화하는 사람은
 그 자신에게 악을 유발시키고,
 토라 연구를 게을리 하게 하고,
 결국 게힌놈을 상속받게 될 것이다.

미쉬나 5절

"네 집을 활짝 열어 두어라"

한 사람의 가정은 토라 연구의 중심이 됨과 동시에 친절을 베푸는 곳이기도 하다. 가정은 손님을 반갑게 맞이하고, 가난한 자들에게 관용을 베풀어야 한다.

우리의 현인들은 다윗의 군대 장관이었던 요압의 가정이 그런 곳이었다고 한다. 우리는 그가 "광야에 있는 자기의 집에 매장되니라."(왕상 2:34)라고 배운다. 요압은 실제로 광야에 살지는 않았다. 그저 "광야가 모두에게 열려있듯이, 요압의 집 또한 모두에게 열려 있었다"(산헤드린 49a)는 것이다.

욥의 가정도 이와 유사하다. 그의 집은 "가난한 이들이 집 주위를 돌 필요가 없도록" 4개의 문이 사방을 향하고 있었다고 한다(아보트 데랍비 노손). 욥은 "나그네가 거리에서 자지 아니하도록 나는 행인에게 내 문을 열어 주었노라"(욥 31:32)라고 말한다.

무한의 친절함

욥의 접대가 아무리 위대했다 하더라도 아브라함의 환대에는 미치지 못하였다고 한다.

욥에게 불행이 왔을 때, 그는 하나님을 향하여 하소연했다. "우주를 다스리시는 주님이시여, 제가 굶주린 자에게 먹을 것을 주고, 목마른 자에게 물을 주지 않았습니까? 또한 헐벗은 이에게 옷을 주지 않았습니까?"

하나님은 "네 말이 맞다. 하지만 너는 아브라함이 한 것의 반도 이루지 못했다. 너는 네 집에 앉아 손님이 너에게 오길 기다렸다. 너는 밀을 밀에게 익숙한 이들에게 주었고, 밀가루 빵을 밀가루 빵에 익숙한 자들에게 주었으며, 고기를 먹는 것이 익숙한 자들에게 고기를 주었다. 그러나 아브라함은 나그네를 직접 찾아가 자신의 집으로 초대하였다"라고 대답하셨다.

'후마쉬'(Chumash)는 아브라함이 "날이 뜨거울 때에 그가 장막 문에 앉아 있었다."(창 18:1)는 점을 언급한다. 그는 찜통 같은 더위 속에서도 도움이 필요한 나그네들을 찾았고, 스스로 올 수 없는 자들이나 도움을 요청하는 것을 부끄러워하는 자들을 초대하였다는 것이다.

"가난한 자들을 너의 집안의 식구같이 대접 하라"

어떤 사람의 가정에 가난한 손님들이 찾아오면, 그는 자신의 가족을 대하듯 그들을 대해야 한다.

리젠스크의 랍비 엘리멜렉(R' Elimelech of Lyzhensk)과 그의 동생 아니폴리의 랍비 주샤(R' Zusha of Anipoli)는 메쩨리츠의 마기드(Maggid of Mezeritch)의 제자들이었고, 훌륭한 하시드의 랍비들이었다.

그들이 젊었을 때, 스스로 비렁뱅이들이 되어 여기저기 돌아다니며

하시디즘의 가르침을 널리 전파하였다.

이따금 그들은 루드미르(Ludmir)라는 도시로 오게 되었다. 그들은 자신들을 받아줄 것으로 기대하고 이 도시의 유지로 보이는 사람에게 갔으나 그는 거절하며 비렁뱅이가 자신의 집에 들어오는 것은 자신의 품위가 떨어지는 것이라고 말했다. 그래서 그들은 그들을 기꺼이 받아들여준 가난한 유대인의 집에 머물렀다.

수년 후에 형제들이 유명해졌을 때, 하시딤이 그들에게 강한 말이 이끄는 멋진 마차를 주었고, 그들은 그것을 타고 이 마을에서 저 마을로 여행을 다녔다.

어느 날 그들이 루드미르에 도착했고, 그때와 같은 유지가 두 의인들이 온다는 소식을 듣고 그들을 자신의 집으로 맞이하기 위해 헐레벌떡 뛰어나왔다.

형제들은, "아니요, 괜찮습니다. 하지만 우리가 타고 온 말과 마차를 돌보아주십시오. 우리는 변하지 않았습니다. 우리는 저번에 왔을 때와 같은 엘리멜렉과 주샤입니다. 단 한 가지 다른 점은 우리에게 말과 마차가 있다는 것뿐입니다. 말과 마차가 당신을 감동하게 하니 이것들을 돌보아주십시오"라고 말하였다.

메쩨리츠의 마기드의 또 다른 제자인 '베르디쵸브의 랍비 레비 이쯔하크'(R' Levi Yitzchak of Berditchov)도 손님 접대에 관한 일화에 등장한다.

매 초막절마다 그는 자신의 초막에 유랑하는 거지들을 초대했다. 이쯔하크의 하시딤은 그 일이 그의 명예를 손상한다면서 그 일을 그만두기를 권유했다.

이쯔하크는 "내가 죽고 나서 리워야단(Leviathan)[10]의 가죽으로 된 초막에 들어가기를 원한다면, 나는 입구에서 가로막혀 이런 말을 들을 것이

---

[10] 성경에 등장하는 거대한 바다 괴물

다", "레비 이쯔하크, 여기서 무엇을 하는 것인가? 여기는 오직 의인들만을 위한 곳이라는 것을 모르는가?"

"예, 저는 제가 이곳에 어울리지 않는다는 것을 알고 있습니다. 하지만 저는 저의 초막에서 그 누구도 돌려보내지 않았습니다."라고 말할 것이다. 그리고 그렇게 말함으로써 "나는 천국에 있는 의인들 사이에 앉을 수 있게 될 것이다."라고 말했다.

가난한 이들을 고용하라

람밤은 이 미쉬나에서 어려움에 처한 유대인들을 고용하여 그들을 도와야 한다는 것을 깨달았다고 한다. "식구"라는 것은 가정 경제에 도움이 되는 어느 누구든 가리킬 수 있기 때문이다(아브라함의 종이었던 엘리에셀이 그랬다[창 15:2]).

람밤은 유대인을 고용하는데 비용이 조금 더 든다 할지라도 "가난한 자들과 고아들을 '식구'로 삼는 것은 아브라함과 이삭과 야곱의 자손을 돕는 것이라고 가르쳤다. 그리고 우리들이 가난한 이들을 '식구'로 삼는다면, 그것이 우리의 덕을 세우고 계명을 준행하는 데 도움을 줄 것"이라고 말했다(마타노트 아니임[Matanos Ani'im] 10:17)."

돌아가는 바퀴

현인들은 경제적 안정이 "세상을 돌아가게 하는 바퀴"(샤보트[Shabbos] 1541b)라고 가르친다.

여기에는 의미심장한 가르침이 숨겨져 있다. "네 집을 열어 자선을 베풀고, 선행을 하며 손님을 맞이해라. 언젠가는 네 가족이 다른 사람의 도움이 필요할 수도 있기 때문이다"(미드라쉬 슈무엘). 그때 네가 어떻게 행동했느냐에 따라 너의 가족들도 판단될 것이다. 오늘 네가 다른 사람들에게 친절히 대한다면, 너의 후손들도 필요할 때 같은 대접을 받게 될 것이다.

몇몇 주석가들은 이 미쉬나가 어려운 때를 위해 가족들을 어떻게 준비시켜야할지를 가르친다고 한다. 사람이 가족들에게 온갖 금은보화를 줄 수 있더라도 그들의 응석을 지나치게 받아주면 안 된다는 것이다. 그래야 그들이 궁핍한 상황에 처하더라도 극복해낼 수 있기 때문이다.

또한 이 미쉬나는 대접하는 사람도 자신이 가난한 듯 행동하여 손님들을 편안히 해주어야 한다는 가르침으로 이해될 수도 있다.

우리는 손님이 주인을 돕는다고 알고 있어야 한다. 현인들은 "집주인이 가난한 이들을 도울수록, 가난한 이들이 그 집주인을 도울 것이다"(바이크라 라바 34:8)라고 말했다. 그래서 '랍비 모세 알샤카르'(R' Moses Alshakar)는 밀가루 빵이 모든 사람이 먹기에 부족하다면 먼저 손님들에게 주고, 가족에게는 그보다 못한 검은 빵을 주어야 한다고 가르쳤다.

의도치 않은 결과들

가난한 이들이 네 식구가 되어야 한다는 가르침이 옳다고 해도 때로는 의도치 않은 결과가 있을 수도 있다. 만약 어떤 사람이 가난한 자들에게만 문을 열어준다면 자신의 가난함을 감추고 싶은 사람들은 오지 않을 것이다. '요시 벤 요하난'(Yosi ben Yochanan)은 모두에게 문을 열어주라고 조언한다. 그리하면 우리 탁자 앞에 앉은 손님의 형편에 대해 아무도 알 수 없을 것이다(랍비 모세 알샤카르).

친절하게 자선을 베풀어라

이 구절의 의미는 가난한 이를 식구처럼 대하라는 뜻이다. "너는 반드시 그에게 줄 것이요, 줄 때에는 아끼는 마음을 품지 말 것이니라."(신 15:10)

자선을 베풀 때에 중요한 것은 베푸는 자의 태도이다. 반드시 가난한 자의 입장을 깊이 공감하고 공손한 마음으로 정중하게 베풀어야 한다.

자선에 대한 보상은 그것에 들어간 친절함의 양에 비례한다. "가난한 사람에게 동전 한 닢을 주는 것은 여섯 가지 복을 가져오고, 그를 기분 좋게 해주는 것은 열 한 가지 복을 가져온다(바바 바트라[Bava Basra] 9b)." 그리고 우리 현인들은 "가난한 이에게 웃어주는 것은 그에게 우유를 주는 것보다 더 좋다(케슈보트[Kesubos] 11b)"라고 가르쳤다.

가난한 이를 편안하게 하려면 가족 모두가 친절하고 겸손히 대해야 한다. 도움을 필요로 하는 자들에게 교만하지 않도록 "가족에게 겸손을 가르쳐라"(아보트 데랍비 노손 6:2). 그래야 가난한 자가 환영을 받는다는 것을 알고, 자신이 짐이 되지 않음을 알고 안심할 것이다(참조. ibid).

친절함은 잊혀지지 않는다

다윗 왕이 군대와 종들에게 버림받고 반란을 일으킨 아들 압살롬에게서 도망쳐 마하나임에 왔을 때, 그와 그의 일행은 "시장하고, 곤하고, 목이 말랐다"(삼하 17:29).

이때 길르앗 사람 바르실래가 그에게 와서 그와 그의 일행에게 "침상과 대야와 질그릇과 밀과 보리와 밀가루와 볶은 곡식과 콩과 팥과 볶은 녹두와 꿀과 버터와 양과 치즈를 가져다주었다"(삼하 17:28-29)."

바르실래는 왕에게 어울리는 대접을 하며 다윗을 맞이했고, 그를 외로운 도망자가 아니라 고대했던 손님으로 받아들였다. 바르실래의 환대는 다윗 왕이 난관을 극복할 수 있도록 새로운 용기를 불어넣어 주었던 것이다.

다윗 왕이 예루살렘에 돌아온 후, 다윗은 바르실래에게 남은 생애를 왕의 식탁에서 함께 지낼 것을 권했다. 이미 나이가 많은 바르실래는 조상들 옆에 묻힐 수 있도록 고향에 남겠다며 다윗의 제안을 사양했다(삼하

19:32-40). 하지만 다윗 왕은 그의 친절을 결코 잊지 않았고, 수년 후 "길르앗 바르실래의 아들들에게 은총을 베풀어 저희로 네 상에서 먹는 자 중에 참예하게 하라 내가 네 형 압살롬의 낯을 피하여 도망할 때에 저희가 내게 나아왔었느니라."(왕상 2:7)라고 유언하였다.

민감하라

솔로몬 왕은 한때 권좌에서 물러나 집집마다 돌아다니며 빵을 구걸해야했다. 그는 이 암울한 시기에 자신의 기를 세워주거나, 혹은 기를 꺾어버리는 두 종류의 대접을 체험했다.

어느 날 그는 어떤 사람의 집에 초대되어 여러 귀한 것으로 대접을 받았고, 그 사람은 솔로몬이 통치하던 시절의 일화들을 회상했다. 솔로몬은 과거의 영광과 현재의 초라한 처지에 눈물을 흘리며 그 사람의 집을 나왔다고 한다(얄쿠트 시모니[Yalkut Shimoni], 잠언 953:15).

그 다음 날, 또 다른 사람이 그를 집으로 초대했을 때 솔로몬은 퉁명스럽게 말했다. "당신은 어제처럼 저를 환대해 주실 것입니까?" 그를 초대한 사람은 "저는 가난한 사람입니다. 하지만 당신을 손님으로 모시는 영광을 주신다면, 제가 최선을 다해 모시겠습니다." 솔로몬은 그의 제안을 받아들였고, 그 사람은 그를 집으로 데려가 위로하고 야채를 대접하였다. "거룩하시고 복되신 하나님은 당신의 아버지에게 왕권을 약속하시고, 그 왕위가 당신의 가문을 떠나지 않을 것이라고 맹세하셨습니다. '여호와께서 다윗에게 성실히 맹세하셨으니 변하지 아니 하실지라 이르시기를 네 몸의 소생을 네 왕위에 둘지라.'(시편 132:11)라고 말씀하셨기 때문입니다. 하나님의 방법은 먼저 꾸짖고 그 후에 달래는 것입니다. 성경에도 '대저 여호와께서 그 사랑하시는 자를 징계하시기를 마치 아비가 그 기뻐하는 아들을 징계함 같이 하시느니라'(잠 3:12)라고 기록되어 있습니다. 거룩하시고 복되신 하나님은 반드시 당신에게 왕위를 돌려주실 겁니다." 이 말을 듣고 솔로몬의 마음은 편안해졌다.

솔로몬은 훗날 이 경험을 통해 "채소를 먹으며 서로 사랑하는 것이 살진 소를 먹으며 서로 미워하는 것보다 나으니라."(Ibid 15:17)라고 기록했다.

"네 아내와 과도하게 대화하지 말라"

이 격언은 남자가 자신의 아내를 피하거나 그녀의 의견을 무시해야 한다는 뜻은 아니다. 현인들은 남자가 반드시 아내를 귀하게 여기고 존중해야 한다고 가르쳤다(예바모트[Yevamot] 62b). "아내를 자신을 사랑하듯 사랑하고, 자신보다 더 존경한다면 '네 장막에 평안이 있다는 것'(욥 5:24)을 알게 될 것이다."

그리고 "가정에 임하는 복은 아내가 좌우하기 때문에 남편은 언제나 아내를 존중해야 한다(바바 메찌아[Bava Metzia] 59a)." 또한 여성의 이해력이 남성들보다는 좀 더 높기 때문에 남편은 아내의 이야기에 귀를 기울여야 하며, "네 아내의 키가 작다면, 허리를 숙여서라도 그녀의 속삭임을 들어라"(ibid)라고 현인들은 가르쳤다.

이 미쉬나는 특별히 '시하'(Sichah)에 대해 언급하는데, 현인들은 이것을 '잡담'이라고 여긴다. 현인들은 남자의 삶을 무의미하게 만드는 것 가운데 하나가 아이들과 잡담하는 것이라고 한다(3:14). (하지만 때로는 잡담 속에 지혜가 있기도 하다. "그래서 토라 학자들은 일상적인 대화를 위해서도 연구를 해야 한다[아보다 자라[Avodah Zarah] 19b]." 또한 "거룩하시고 복되신 하나님은 사람이 즐거운 대화를 나눌 때에도 상을 베푸신다."[나지르 23b]라고 게마라에서 가르친다).

잡담을 피해야 하는 이유는 시간을 빼앗겨 토라 연구에 소홀해지기 때문이다. 그래서 현인들은 불필요한 대화(심지어 아내와도 나누는)는 사람이 죽는 순간에도 해서는 안 된다고 했다. 그는 시간을 빼앗고 토라 연구를 방해한 잡담에 대해서 죽기 직전까지 들어야 한다(하기가[Chagigah] 5b).

"그 자신에게 악을 유발시키고"

잡담은 시간의 낭비임과 동시에 여러 종류의 악을 끌어들인다.

예를 들면, 다른 사람에 대해 이야기하기 시작하면 험담과 비방으로 이어지기 십상이다.

또한 자신을 나쁘게 대한 것을 포함한 인생역정을 구구절절 아내에게 말한다면, 그녀는 남편의 말을 너무 심각하게 받아들여 오히려 상황을 악화시킬 수 있다. 또한 그녀는 남편이 약자라고 생각하고 더 이상 존경하지 않을 수도 있다(바르테누라의 랍비 오바댜[R' Ovadiah of Bartenura], 아보트 데랍비 노손 10:3에서 찾은 교훈).

악한 성향을 깨우지 마라

"스스로 악을 행한다."는 것은 아내와 잡담을 너무 하게 되면 악한 성향을 깨운다는 뜻이기도 하다(라베이누 요나[Rabbeinu Yonah]). 그의 악한 성향을 깨우는 수다는 토라의 가르침과는 대립되고 둘은 공존할 수 없기 때문에 "토라의 가르침들을 무시할 것이다. 그리고 결국에는 게힌놈을 계승하게 된다."라고 한다. 즉, 더 이상 토라에 대해 생각하지 않기 때문에 죄를 짓게 된다는 것이다.

"다른 남자의 아내와는 더더욱 잡담을 해서는 안 된다." 여자와의 대화는 어느 것이든 남자의 악한 성향을 깨우게 된다. 현인들이 아내와 나누는 잡담을 금지했다면, 비록 깨어난 악한 성향이 미미할지라도 죄가 될 가능성이 있기 때문에 금지되어야 한다.

게마라에 의하면(에이루빈[Eiruvin] 53b), 갈릴리의 랍비 요시(Yosi)가 뛰어나기로 소문난 베루리아(랍비 마이어의 아내)를 사거리에서 만났다. 요시는 그녀에게 "롯에 가기 위해서 어떤 길을 택하면 좋겠습니까?"라고 물었다.

베루리아는 "멍청한 갈릴리인이여! 우리 현인들은 '여인과 오래 이야기하지 마라'고 하지 않았습니까? 당신은 '롯으로 가는 길은 어느 쪽입니까?'라고 하셨어야지요!"라고 말했다.

가장 위대한 하시딤 랍비(rebbe) 가운데 하나인 '코츠크의 랍비 메나헴 멘델'(R' Menachem Mendel of Kotzk)은 바르샤바(Warsaw)에서 제자들과 함께 길을 걸으면서 칼을 파는 여인 앞을 지나게 되었다. 제자 가운데 하나가 그녀와 흥정하기 시작했고, 랍비 멘델은 "여인과 오래 이야기 하지 말라는 교훈이 푼돈을 조금 더 내는 것만큼의 가치도 없느냐?"라고 꾸짖었다.

"집은 아내를 뜻한다(요마[Yoma] 2a)"

미쉬나의 서두에 '사람의 집을 친절함으로 채우라'는 것과 말미에 '아내와 잡담을 하지 마라'는 것 사이에는 어떤 연관이 있는 것인가?

마하랄(Maharal)은 '데레흐 하하임'(Derech HaChaim)에서 유태인 가정의 토론에서는 아내의 의견이 포함되지 않으면 완전하지 않다고 설명했다. 아내는 집안의 대들보이고 가정의 분위기를 주도하기 때문이다. 그래서 랍비 요시는 "나는 아내를 '우리 아내'라 부르지 않고 '우리 집'이라 부른다."(샤보트 118b)라고 한 것이다. 사람은 자신의 집을 아내의 도움 없이 지혜로운 이들의 만남의 장소로 만들 수 없다. 그녀 자신이 바로 손님을 맞이하고 가족과 가난한 이들을 돕는 장본인이기 때문이다.

만약 네 집을 신성함의 토대에 세우기 위해 현인들이 만나는 장소로 만들고 싶다면, "아내와 잡담을 하지 말라." 그래야 토라와 선한 행동에 전념하게 될 것이다.

망설이는 아내

다른 주석가들은 친절한 대접과 아내와의 잡담 사이에 긴밀한 연관성을 지적했다.

대접의 선행에 연관된 대부분의 계명은 아내의 부담이다. 아내는 집안을 정리정돈하고 음식을 준비하여 내온다. 또한 가정 예산을 세우는 사람도 아내이다. 그러므로 아내 입장에서 모든 이에게 집을 개방하는 것은 부담스러운 일이다. 랍비 이쯔하크는 "여자는 손님을 대접함에 있어서 남자보다 인색하다"라고 말했다(바바 메찌아 87a).

따라서 손님을 대접할 때에는 아내와 긴 대화를 해서는 안 된다는 것이다. 이는 아내의 의견을 무시해야 한다거나 원치 않는 일을 억지로 떠넘기라는 뜻은 아니다. 아내를 희생시키면서 남편이 자비로워져서는 안 되기 때문이다. 남편은 아내가 손님을 받아들이는 데에 부담이 있다는 것을 알고, 불필요한 대화를 피해야 한다. 그리고 그는 스스로 본이 되어 가족들의 의지에 반하지 않으면서도 다른 이에게 친절을 베풀 수 있도록 가르쳐야 한다.

천사들이 나그네로 꾸며 아브라함과 사라에게 왔을 때, 아브라함은 사라에게 "'가루' 세 스아와 고운 가루를 가져다가 반죽하여 떡을 만들라"(창 18:6)고 했다.[11] 왜 아브라함은 평범한 밀가루를 먼저 언급하고, 그 다음에 곱게 빻은 밀가루를 말했는가?

탈무드에 의하면(바바 메찌아 ibid.), 아브라함은 사라가 손님들을 기쁨으로 맞이하는지 여부를 확인하고 싶었다고 한다. 그래서 그는 먼저 평범한 밀가루를 언급하고, 그녀가 아무런 거부의사를 보이지 않자 곱게

---

[11] 히브리어 성경이나 한글 성경에는 '일반 가루'가 없다.

빵은 밀가루를 가져오라고 했다는 것이다.

'케사브 소페르'(Kesav Sofer)는 아브라함이 많은 진미를 가져왔을 때 천사들이, "네 아내 사라가 어디 있느냐?"(창 18:9)라고 물은 것은 "당신이 이렇게 좋은 음식을 많이 내온 것을 보면, 당신의 아내가 집에 없다는 말이군요!"였다는 것이다. 하지만 아브라함은 "그녀는 장막에 있습니다." 라고 말했다(아닙니다. 아내는 이 가정의 대들보이기 때문에 저는 오직 아내가 허락하는 대로만 가져왔을 뿐입니다).

사라와 대조되는 사람은 롯의 아내이다. 롯이 손님들에게 소금을 가져다주라고 했을 때, 그녀는 "당신은 이 악한 관습을 소돔에도 소개하고 싶은 건가요?"라고 했다(라쉬, 베레이쉬트 라바[Rashi, citing Bereishis Rabbah] 51:9를 인용함). 그 대가로 롯의 처는 훗날 소금기둥이 되었다.

소돔 자체는 풍요로운 곳이었기 때문에 그곳 주민들은 세상의 가난한 자들이 그들의 도시로 올 것을 두려워했다. 이것을 예방하기 위해 방문자에게 음식이나 숙소를 제공하는 것을 금지하는 법과 박해와 괴롭히는 것을 정당화하는 악법들을 제정했다.

(물론 어느 시대에나 자신의 이기심을 고상한 언어로 위장하려는 냉혈한들이 있다. 예를 들면, 가난한 자들에게 자립심을 키워주기 위해 음식을 제공할 필요가 없다고 하는 것 등이다.)

대접은 위대하다

"대접이 위대한 이유는 (1) [대접하지 않으면] 가까운 이웃을 멀리 쫓아버리고, (2) [대접을 하면] 멀리 있던 사람들을 불러들이고, (3) [하나님은] 악한 자들에게서 눈을 떼시며, (4) 바알 선지자들에게도 하나님이 임재하실 것이다. (5) 대접을 하지 않으면 고의적으로 그랬다는 인상을 준다."(산헤드린 103b~104b).

대접하지 않으면 가까운 이웃을 멀리 쫓아버린다. 암몬과 모압은 아브라함의 조카인 롯의 후손들이기 때문에 이스라엘과 매우 가까운 사이이다. 그럼에도 불구하고 토라는 "암몬과 모압 사람은 여호와의 총회에 들어오지 못하리니"(신 23:3)라고 단언한다. 왜 그럴까? "너희가 애굽에서 나올 때에 떡과 물로 너희를 길에서 영접하지 않았기"(신 23:4) 때문이다.

반면에 대접을 하면 "멀리 있었던 사람들을 가까이 불러들인다."는 것은 이드로를 두고 하는 말이다. 이드로는 딸들에게 모세를 집으로 초대하여 그에게 음식을 대접하라고 했기 때문에 그의 후손들은 '반석의 방'(Chamber of Hewn Stone)에서 사사로 섬겼다.

"대접을 하면 [하나님은] 악한 자들에게서 눈을 떼신다." 이는 에브라임 산지의 미가에 대한 것으로써 그는 우상숭배의 산당을 세웠다. 현인들은 그 산당의 의식에서 피어난 연기가 실로(Shiloh)에서 하나님에게 바치는 희생양을 태우는 의식에서 나온 연기와 섞였기 때문에 구원의 천사들이 그 산당을 파괴하려고 했다는 것이다. 하지만 그가 여관에 우상을 세웠기 때문에 하나님은 "그대로 두어라, 그가 여행자들을 배불리 먹였다"라고 하셨다.

"대접을 하면 바알 선지자들에게도 하나님이 임재하신다. 이는 참 선지자인 잇도에게 무명의 거짓 바알 선지자가 하나님이 금하시는 음식을 먹게 하도록 한 사건을 말한다. 이 음식을 대접한 것을 통해 거짓 선지자는 계시를 받아 잇도가 하늘의 손에 죽게 될 것이라 예언했다고 한다(왕상 13:20). 그의 대접이 가짜 선지자에게 하나님의 계시가 임하게 한 것이다.

"대접을 하지 않으면 고의적으로 그랬다는 인상을 준다." 사울의 아들인 요나단은 가장 친한 다윗에게 부친인 사울이 그를 죽이려하니 도망치라고 했다. 하지만 요나단은 경황이 없어 다윗에게 음식과 칼을 주는 것을 잊어버렸다. 다윗은 어쩔 수 없이 놉으로 가서 빵과 무기를 얻는 수밖에 없었다.

대제사장인 '아히둡의 아들 아히멜렉'(Ahimelech ben Ahitov)은 다윗에게 '제단에 올리는 빵'(진설병[Showbread]) 몇 조각과 골리앗의 칼을 주었다. 하지만 에돔 사람 도엑은 이 사실을 사울에게 알렸고, 그는 제사장들과 놉의 주민들이 왕에 대한 반역을 저질렀다는 명목으로 그들을 모두 학살했다. 이 대학살 직후에 사울과 요나단을 포함한 그의 아들들은 전투에서 죽었다.

이 연속된 사건은 요나단이 길을 떠나는 자(다윗)에게 음식을 주지 않아서 시작된 것이다(나그네는 대접해야 할 대상이며, 주인은 그가 길을 떠날 때에 음식을 주어서 보내야 한다).

만일 요나단이 다윗에게 빵 두 조각만 주었더라도 제사장들과 놉의 주민들은 학살당하지 않았을 것이고, 도엑도 내세에서 추방당하지 않았을 것이며, 사울과 그의 아들들은 죽지 않았을 것이다.

손님을 친절하게 대접하라는 계명은 이처럼 위대하기 때문에 현인들은 "손님 접대가 하나님의 임재를 체험하는 것보다 더 위대하다"(샤보트 127a)라고 말한다.

미쉬나 6절   משנה ו

יְהוֹשֻׁעַ בֶּן פְּרַחְיָה וְנִתַּאי הָאַרְבֵּלִי קִבְּלוּ מֵהֶם.
יְהוֹשֻׁעַ בֶּן פְּרַחְיָה אוֹמֵר:
עֲשֵׂה לְךָ רַב, וּקְנֵה לְךָ חָבֵר,
וֶהֱוֵי דָן אֶת כָּל הָאָדָם לְכַף זְכוּת.

여호수아 벤 프라흐야(Yehoshua ben Perachiah)와
아르벨리의 니타이(Nittai of Arbel)가 그들로부터 토라를 이어 받았다.

여호수아 벤 프라흐야는 말한다:
  네 자신을 위하여 한 스승을 모셔라.
  네 자신을 위해 친구를 찾으라.
  그리고 모든 사람을 장점을 가지고 판단하라.

미쉬나 6절

2대 지도자들과 그들의 시대

'여호수아 벤 프라흐야와 아르벨리의 니타이'(산헤드린의 의장과 재판장) 활동한 시대에 하스모니아(Chashmonaic) 왕가가 전성기를 누렸다. 당시에 사두개파(Sadducees)와 뵈두스파(Boethusians), 그리고 그들의 동맹 세력은 점점 강해지고 있었다. 이들과 유대인 랍비 사이의 충돌이 정점에 이르렀을 때, 하스모니아 왕가의 후손인 '알렉산더 야나이'(Alexander Yannai) 왕은 수많은 현인들을 무참히 살해했다. 이때 랍비 여호수아 벤 프라흐야는 알렉산드리아로 피신할 수밖에 없었으며(소타 47a), '쉬므온 벤 셰타흐'(Shimon ben Shetach)의 도움으로 돌아올 때까지 그곳에 머물렀다.

네 자신을 위해 한 스승을 모셔라

마하랄은 이 미쉬나가 앞 절의 '부록'이라고 한다. 요세이 벤 요에제르가 집에서 어떻게 행동해야할지를 가르쳤다면, 여호수아 벤 프라흐야는

가정 밖의 사람들과의 관계에 대해서 가르쳤다는 것이다.

그러나 미드라쉬 슈무엘은 "네 자신을 위해 스승을 모셔라"가 요세이 벤 요에제르의 가르침을 수정한 것이라고 한다. 요세이 벤 요에제르가 말하듯 만약 어떤 사람의 집이 현인들로 가득 차 있으면, 그는 누구의 말을 들어야할지 모를 수도 있다. 그러므로 "네 자신을 위해 한 스승을 모셔라."는 것은 한 현인을 선택하여 토라 연구의 스승으로 삼으라는 것이다.

한 사람이 모셔야 할 스승의 수는 얼마인가?

미쉬나가 "네 자신을 위해 한 스승을 모셔라"라고 하지만 현인들은 "오직 한 명에게서[만] 토라를 배운다면 결코 성공할 수 없을 것"(아보다 자라[Avodah Zarah] 19a)이라고 한다.

그렇다고 해서 두 가르침이 모순이라는 뜻은 아니다. 이 본문은 기초적인 지식을 얻는 것을 뜻하고, '아보다 자라'는 심층적인 연구에 대한 것이기 때문이다.

본문의 중요성은 아보트 데랍비 노손(8:1)의 가르침에 좀 더 명확하게 드러난다. "네 자신을 위해 한 스승을 모셔라. 어떻게? 성경과 미쉬나, 미드라쉬와 할라호트, 그리고 아가다를 가르칠 평생 스승을 구하라. 성경에서 배운 개념은 미쉬나에 나타날 것이고, 미드라쉬에서 배운 개념은 할라하에서 보게 될 것이며, 할라하에서 배운 개념은 아가다에서 확인하게 될 것이다."

현인들은 "토라의 가르침은 한 곳에서는 빈약하지만 다른 곳에서는 풍성할 수 있다"라고 한다(출처 미상). 좋은 스승은 토라의 모든 분야에서 제자가 알아야 할 모든 자료를 파악하고 있어야 한다. 또한 그것을 체계적으로 정리해서 일러주었을 때 그 자료들을 이해하는 데 큰 도움이 된다.

현인들은 농사꾼의 이미지를 가지고 이러한 형태의 가르침을 설명한다. "한 스승에게서 배운 사람은 작은 땅덩이를 가진 사람과 같다. 그는 한 부분에 밀을 심고 한 부분에는 보리를 심어 풍성한 결실을 맺을 것이다." 모든 것은 손을 뻗을 수 있는 곳에 제자리를 지키고 있기 때문이다.

반면에 "둘이나 세 명의 스승에게 배운 사람은 여러 장소에 흩어진 작은 땅덩이를 많이 가진 농부와 같다"(아보트 데랍비 노손 8:2). 그의 가르침은 어수선하기 때문에 알고 있던 것마저 잃어버릴 수 있다.

그러나 심층적인 연구라면, 즉 깊은 가르침에 대해 이야기하게 되면 - 할라하의 역동성과 자신의 마음을 다스리는 것을 배우게 되면 - 여러 스승들을 통해 다양한 방법론을 익힘으로써 자신만의 접근 방식을 다듬는 것이 좋다.

어떻게 스승을 모셔야 하는가?

스승을 '모신다'는 것은 멘토를 얻는 데 많은 노력을 투자한다는 뜻이다. 오직 자기 자신만 의존하는 사람은 정체되거나 오히려 도태될 수 있다. 그런 사람은 자신의 악한 성향에 따라 판단하기 때문에 특히 토라의 지침들을 판단해야 할 때 잘못된 결정을 내리기가 쉽다.

더욱이 스승에게서 배운 토라는 스스로 독학한 것보다 더 오래 기억에 남는다(라베이누 요나; 람밤).

다윗 왕은 스스로 스승을 모셨다

다윗 왕은 그 누구도 넘볼 수 없는 할라하의 대가였다. 그는 탈무드 토론에 능숙했고, 정확하게 문제를 짚을 줄 알았으며, 해박한 지식과 예리한 통찰력도 가지고 있었다. 현인들에 의하면, 다윗의 해석은 언제나 할라하와 일치했다고 한다(버라호트 4a). 그럼에도 불구하고 다윗 왕은 어떠한 결정을 내리기 전에 그의 스승인 므비보셋에게 "제가 이 사건을 정확히 판결했습니까? 제가 무죄와 유죄를 정확히 판별했습니까?"라고 물었다고 한다.

다윗은 아브 베이트 딘으로써 "모든 백성에게 정의와 공의를 행했다"(삼하 8:15). 그럼에도 자신이 올바른 판단을 내렸는지를 확인하기 위해 권위자를 찾았다는 것이다.

그러면 위에 언급된 므비보셋은 누구인가? 그는 모든 면에서 다윗보다 부족한 사람이다. 그는 다윗의 친구인 요나단의 아들이었고, 또한 조카이기도 하다(다윗이 사울의 딸인 미갈과 결혼하고 난 후). 하지만 다윗은 그의 자존심을 버리고 이 현인과 상의했다.

네 자신을 위해 너를 랍비로 만들어라

하시딤 문헌은 "네 자신을 랍비로 만들어라"는 가르침을 "네 자신을 너만의 랍비로 만들어라"는 성찰로 본다. 즉, 행동하기 전에 "이것이 올바른 일인가?"라고 자기 자신에게 물으라는 것이다.

그리하면 하시딤의 대가들이 소중하게 지켜왔던 지침들을 준행할 수 있을 것이다. "너는 범사에 그(하나님)를 알라"(잠 3:6). 너의 행실을 끊임없이 뒤돌아보면, 너의 모든 길에서 하나님을 알게 될 것이다. 그리고 하나님이 너에게 무엇을 요구하는지와 네가 하나님의 뜻을 행하고 있는지를 알게 될 것이다.

다른 이들을 가르쳐라

미드라쉬 슈무엘은 "네 자신을 랍비로 만들어라"가 "네 자신을 (다른 사람을 위한) 랍비로 만들어라"는 뜻이라고 한다. 즉, 필요하다면 억지로라도 다른 사람을 지도하는 책임을 지라는 것이다. 제자들이 찾아오기를 기다리지 말고, 네가 주도적으로 그들에게 도움이 되라는 말이다.

예를 들면, 선지자 사무엘은 "해마다 벧엘과 길갈과 미스바로 순회하여 그 모든 곳에서 이스라엘을 다스렸다"고 한다(삼상 7:16).

사울 왕의 조부도 유사한 선례를 남겼다. 미드라쉬에 의하면, 사울은 "그의 조부가 어두운 골목에 불을 밝혀주었기 때문에 그가 왕이 되었다"고 한다(탄후마, 테짜베[Tanchuma, Tetzaveh] 8). '루블린의 랍비 메이르 샤피로'(Rabbi Meir Shapiro of Lublin)는 사울의 조부가 스승과 안내자 역할을 했다고 설명한다. 그는 무지함의 어두운 길을 밝혔고, 사리를 분별할 수 없는 캄캄한 곳에 들어서서 혼동의 모퉁이를 밝혔다. 그는 다른 사람이 자신에게 찾아오길 기다리지 않았고, 그들의 마음을 일깨워 내면에 있는 영혼의 불꽃을 피워 주었다.

제자를 키우라

미쉬나가 스승과 친구를 얻어야 한다는 얘기를 하면서 왜 제자를 키우는 것에 대해서는 이야기 하지 않는가?

간단히 말한다면, 이는 이미 "제자를 많이 세워라"(토사포트 욤 토브)는 지침에 언급되어있기 때문이다. 또한 스승은 자신의 가르침을 다른 사람에게 강요할 수 없다. 유능한 제자는 스승을 스스로 선택하여 모신다. "사람은 오직 자신의 마음이 원하는 것만을 배운다.(아보다 자라 19a)"

물론 "네 자신을 랍비로 만들어라"라는 가르침 안에 제자를 가르치는 의무 또한 포함되어 있다고 말할 수 있다. 즉, 다른 사람에게 네 자신을 랍비로 만들어라는 말이다.

네 자신을 위해 친구를 찾으라

사람은 돈을 내고서라도 반드시 토라를 함께 배울 친구를 찾아야 한다. 토라를 익히는 48가지 선제 조건 가운데 하나가 "친구들과 깊이 연구하라"이다.

현인들에 의하면(타아니스[Ta'anis] 7a), 독학하는 이들은 할라하를 잘못 이해할 수 있으며, 그들의 잘못을 지적해 줄 사람이 없기 때문에 가지고 있던 지혜마저 빼앗길 수 있다고 한다.

그러나 탈무드를 함께 토론하게 되면 그의 이해력이 더욱 깊어진다. 현인들의 말처럼 칼이 칼을 날카롭게 하듯이 토라의 학자들도 할라하에 대한 서로의 이해를 더욱 높여줄 것이다.

너 자신을 위해 평생의 친구를 찾아라

올바른 삶을 살기 위해서는 반드시 친구가 필요하다. '호니 하마아갈'(Choni Hama'agal)이 70년의 긴 수면에서 깨어났을 때 이를 절실하게 깨달았으며, 외로움에 사무친 그는 "나에게 우정이 아니면 죽음을 달라!"(타아니스 23a)라고 절규했다.

친구는 하나님을 섬기고 계명을 준행하는 데 도움을 준다(라베이누 요나). 충고를 하더라도 정중하고 친절하며 차분하게 할 줄 아는 친구라면, 나쁜 행동을 하지 않도록 설득할 수 있다. 솔로몬은 "친구의 충성된 권고가 아름답다"(잠 27:9)라고 말했다. 친구는 여러 가지를 새로운 관점에서 볼 수 있으며, 객관적이고 공감대를 형성할 수 있는 관찰자의 지혜로 말해줄 수 있다. 그리고 친구는 어려운 시기에 위로자가 되어 그의 짐을 덜어줄 수 있다.

친구란 무엇인가?

람밤은 미쉬나 주석에서 세 가지 대인관계에 대해 말했다.

첫 번째는 가장 흔한 실용적인 관계이다. 이는 현실적인 이익을 얻으려 하는 두 사람 사이의 관계이다. 기본적으로 이들은 자기 욕구 충족에 바탕을 둔 얄팍한 관계이다. 이것은 금융거래나 피상적인 이권관계 등을 말하는 것이다. 현인들은 이 관계를 "물질에 따라 좌지우지되는 사랑"이라고 부른다. 그래서 "물질이 더 이상 없다면 사랑 또한 없어진다."(5:19)고 한다.

두 번째 관계는 깊이 만족스러운 관계이다. 이는 장기적으로 지속되는 관계이며, 주로 두 가지 방법으로 나타난다:

1) 서로의 요구가 충족되는 관계, 즉 남편과 아내 사이의 사랑으로 관계 자체에서 이득을 본다.

2) 우정이 깊은 친구들 사이에 서로를 굳게 믿는 관계이다. 이들은 서로 믿을 수 있기 때문에 마음에 담은 말을 할 수 있다.

3) 세 번째 관계는 더 높은 단계의 숭고한 관계이다. 이는 같은 영적인 목표를 나누며, 그것을 성취하기 위해 서로를 의지하는 관계를 뜻하는 것이다. 이 사랑은 '조건이 없는 사랑'이기 때문에 평생 사라지지 않는 유일한 사랑이라고 할 수 있다.

미쉬나 본문이 가리키는 것은 세 번째 사랑이다.

"스스로 친구를 구하라"

사람이 반드시 육신의 친구를 구해야 하듯, 토라의 책들도 구해야 한다. 토라의 책들은 주야로 고민을 들어주고 조언을 해줄 수 있는 진정한 친구이기 때문이다(라쉬).

스페인 현인들은 이 미쉬나에서 또 다른 가르침을 찾아냈다. 이해를 돕기도 하고 자료를 확보하는 유익도 있기 때문에 자신이 배운 것을 기록해야 한다는 것이다. 이는 '구하라'는 뜻의 '크네이'(knei)가 쓰기용 깃펜을 뜻하는 '카네'(kaneh)로 읽힐 수도 있기 때문이다. 자신이 기록한 것을 보지 않는다고 하더라도 그 행위 자체로 배운 것을 마음속에 새기게 된다. "이것을 네 손가락에 매며 이것을 네 마음 판에 새기라"(잠 7:3).

"모든 사람을 장점을 가지고 판단하라"

이 구절은 "사람의 전부를 호의적으로 판단하라"고 읽을 수도 있다. 어떤 행동 하나를 가지고 판단하는 것이 아니라 그의 전인적인 존재를 보고 판단하라는 것이다.

예를 들면, 현인들은 전도서에 나온 몇몇 구절이 서로 모순되었기 때문에 인정하지 않으려했다. 하지만 "하나님을 경외하고 그의 명령들을 지키라"(전 12:13)는 말씀이 전도서의 특징을 규정하고 있다고 판단했기 때문에 그들은 전도서를 타나흐(Tanach, 구약성경)에 포함시켰다.

누구를 호의적으로 판단할 것인가?

이 미쉬나 본문을 문자 그대로 직역을 하면 '그'(the) 사람을 판단하라고 한다. 특별히 누구를 지목하는 것인가?

죄인으로 알려진 사람일리는 없다. 죄인의 행동을 용인함으로써 정상을 참작해야 할 의무는 없다. 그렇다고 완전히 의롭다고 알려진 사람을 가리키는 것도 아니다. 현인들은 "'토라 학자가 밤에 죄를 저질렀다하여 그 다음날 그를 정죄해서는 안 된다'(버라호트 19a). 왜냐하면 그는 분명히 회개했을 것이기 때문이다"라고 가르쳤다. 우리는 그런 사람을 섣불리 판단해서는 안 된다.

그러므로 이 미쉬나는 우리가 정의로운지 악한지 모르는 사람을 판단할 때를 가리키는 것이다. 만약 그가 옳지 않은 일을 했다고 하더라도 우리는 그를 호의적으로 판단해야 한다. 즉, 유죄라는 정황적 증거가 있을지라도 그를 정죄해서는 안 된다.

세 가지 법정 사건

베르디초브(Berditchov)라는 마을에서 부유한 구두쇠가 죽었다. 마을 주민들은 상조회가 구두쇠의 후손들에게 거액의 장례비를 청구했다는 소식을 듣고 매우 기뻐하였다.

그러나 후손들은 돈 내기를 거부하며 고인의 죄에 자신들은 책임이 없다고 주장했다. 때문에 이 논쟁을 베르디초브의 '레브 레비 이쯔하크'(Reb Levi Yitzchak) 앞으로 가져가게 되었다. 그가 죽은 남자의 이름을 들었을 때 상조회에 그 요구를 그만두라고 지시했다. 그리고 그가 장례에 참여하여 그를 추모하겠다고 하여 모두를 놀라게 하였다. 레비 이쯔하크가 고인의 관과 함께 걷는 것을 보고 마을의 주민들 또한 자신의 일을 잠시 쉬고 장례 행렬에 동참했다.

그 후 레비 이쯔하크는 사람들이 혐오스러워했던 고인의 장례에 왜 자신이 동행했는지에 대해 설명했다. 고인은 레비 이쯔하크 앞에 세 번 나타났고, 그 때 고인의 인품에 대해 알게 되었다는 것이다.

첫 번째 사건은 오래 전의 일이었다. 어떤 상인이 다른 상인들의 물건을 대신 구매하기 위해 거액을 가지고 베르디초브에 왔다. 그 상인이 물건을 구매하고 대금을 지불하기 위해 주머니에 손을 넣었을 때 지갑을 도둑맞은 것을 알게 되었다.

절망 속에 그는 그 자리에서 실신했다. 의사가 의식을 돌아오게 했지만, 그는 신음을 하다가 다시 정신을 잃었다. 의사는 그가 돈을 찾지 못하면 목숨을 잃을지도 모른다고 했다. 이때 구두쇠가 나타나 돈을 찾았다고 하며 그 상인에게 거액을 주었으며, 그 상인은 기뻐서 어찌할 바를 모를 정도로 고마워했다.

며칠 뒤, 어떤 남자가 구두쇠의 집으로 와서 상인의 지갑을 훔친 것은 자신이라고 밝혔다. 그는 "전 당신의 자비로움에 감동했고, 저의 죄를 뉘우치고 있습니다. 제가 훔쳤던 돈을 돌려 드리니, 이것으로 당신이 상인에게 준 돈을 다시 채우십시오."

그러나 구두쇠는 그의 뜻을 거절하며 "나는 유대인을 살렸다는 유익함을 얻었기 때문에 그것을 돈과 바꿀 수는 없네."라고 했다. 그들은 합의점을 찾지 못해 레비 이쯔하크에게 갔고, 그는 구두쇠의 손을 들어주었다.

두 번째 사건은 며칠이 지난 뒤에 일어났다.

베르디초브에 실직한 사람이 하나 있었다. 그는 마지막으로 다른 마을에서 일을 찾아보기로 했다. 그의 아내는 자신과 아이들이 돈 한 푼 없이 남겨지는 것이 두려워 그를 말렸지만 그는 뜻을 굽히지 않았다. 그는 이웃 마을에 사는 구두쇠를 위해 일하기로 했으며, 매주 임금을 받기로 했다고 말하자 그제야 그의 아내도 승낙했다.

남편이 떠난 지 한 주 뒤에 아내는 구두쇠의 사무실로 가서 그의 비서에게 남편의 임금을 가지러 왔다고 말했다. 비서는 그런 지시를 받은 적이 없었기 때문에 그녀가 무슨 말을 하는지 알 수 없었다. 그래서 구두쇠에게 아내의 이야기를 전했다.

아내가 구두쇠에게 자초지종을 말했을 때 그는 남편의 사정을 알 수 있었다. 구두쇠는 비서에게 남편이 돌아올 때까지 정기적으로 임금을 주라고 지시했다.

마침내 여자의 남편이 집으로 돌아왔을 때 그는 집안 형편이 나아진 것을 보고 놀라 아내에게 어떻게 살았는지 물어보았다. 그녀가 구두쇠에게서 받은 임금으로 살았다고 대답했을 때 남편은 구두쇠의 집으로 달려갔다. 그는 돈을 돌려주겠다고 말했으나 구두쇠는 "나는 내가 정직하게 지킨 계명을 되팔 수는 없네."라며 받기를 거절했다.

그 두 사람이 레비 이쯔하크 앞으로 갔을 때, 그는 다시 구두쇠의 손을 들어주었다.

세 번째 사건은 그 지역 상인이 돈을 잃어 구두쇠에게 가서 빌린 사건이었다. 구두쇠가 그에게 보증인이 누구냐고 물었을 때 상인은 하나님이라고 말했다.

구두쇠는 흔쾌히 그에게 돈을 빌려주었다. 돈을 갚아야 할 때가 되었을 때 상인에게는 돈이 없었다. 그는 1년이 지난 뒤에야 돈을 갚기 위해 그를 찾아왔다.

그러나 놀랍게도 구두쇠는 하나님이 이미 돈을 갚아주셨기 때문에 돈을 받을 수 없다고 하였다. 상인은 그런 이익을 원하지 않았기 때문에 돈을 갚길 원했다.

그 두 사람이 레비 이쯔하크 앞으로 왔을 때, 그는 세 번째로 구두쇠의 손을 들어주었다.

미쉬나 7절   משנה ז

נִתַּאי הָאַרְבֵּלִי אוֹמֵר:
הַרְחֵק מִשָּׁכֵן רָע, וְאַל תִּתְחַבֵּר לָרָשָׁע,
וְאַל תִּתְיָאֵשׁ מִן הַפֻּרְעָנוּת.

'아르벨리의 니타이'(Nittai of Arbel)는 말한다:

악한 이웃으로부터 너희 자신을 멀리하라.

사악한 자와 연합하지 말라.

그리고 징벌을 받는 것 때문에 절망하지 말라.

미쉬나 7절

부정적인 영향력을 피하라

아르벨리의 니타이의 시대에 사두개파와 뵈두스파는 그리스 군주들의 비위를 맞추며 대제사장의 직위까지 좌우하는 엘리트 계급으로 구성되었다. 이러한 환경 속에서 아르벨리의 니타이는 성공과 부와 권력을 가진 자를 추종하는 것이 인간의 본성일지라도, 성공은 일순간 사라지며 권력도 허무한 것임을 인식하고 그런 부도덕한 사람과는 상종하지 말아야 한다고 가르친다.

앞 절에서 랍비 여호수아 벤 프라흐야가 좋은 영향권 아래 있어야 한다고 했다면, 아르벨리의 니타이는 피해야 될 사람에 대해 논의하고 있다.

그는 "징벌을 받는 것 때문에 절망하지 말라"라는 충고로 마무리 한다. 즉, 사악한 자의 성공이나 정의로운 자가 고통을 당하는 것 때문에 너의 올바른 소신을 외면해서는 안 된다는 것이다.

악한 이웃과는 거리를 두고, 사악한 자를 친구로 삼지 말라

악한 이웃과는 거리를 두고, 사악한 자를 친구로 삼지 말라는 두 가르침은 같은 내용을 반복한 것처럼 보일 수 있다.

'랍비 요세프 야베쯔'(R' Yosef Yaavetz)는 이웃의 영향력이 친구보다 더 강하다고 한다. 그는 람밤의 가르침을 인용하여 "친구나 친구의 의견, 행위, 관습에 이끌리는 것이 사람의 본성이다. 그러므로 의로운 사람과는 가까이 하고, 어둠 속에서 행하는 사악한 자와는 거리를 두어 악행을 배우지 않아야 한다."(데이오스[Dei'os] 5:1)라고 강조했다.

사람들은 누구나 인정받기를 원하기 때문에 주위에 있는 사람들을 모방한다. 그러므로 매일 보게 되는 악한 이웃에게서 거리를 두는 것이 가장 중요하다. 하지만 사악한 자가 꼭 이웃에 사는 것은 아니기 때문에 영향력은 그리 크지 않다고 할 수 있다. 따라서 그를 친구로 삼지는 않을지라도 완전히 단절할 필요는 없다.

악한 자와 사악한 자의 차이는 무엇인가?

미쉬나는 악한 이웃에게 거리를 두고 사악한 자를 피하라고 가르친다. 그렇다면 '악하다'(evil)와 '사악하다'(wicked)의 차이점은 무엇인가?

이사야 선지자는 '선하고 의로운 자'와 '악하고 사악한 자'에 대해 언급한다(사 3:10-11). 이는 쓸데없는 반복이 아닌가? 정의상 의로운 자가 선한 자이고, 사악한 자가 악한 자가 아닌가?

탈무드(키두쉰 40a)가 이 두 구절들의 의미를 밝혔다. '사악한 자'(wicked)는 사람과 하나님 사이의 법을 준행하지는 않지만, 이웃에게는 친절한 사람을 가리킨다. 하지만 '악하고 사악한 자'는 이웃에게도 피해를 주는 사람을 가리킨다고 한다. '의로운 자'는 창조주 하나님을 섬기지만, 이웃에 대한 의무에서는 불성실하다. 하지만 '선하고 의로운 자'는 이웃에 대한 의무에도 성실한 사람이라는 것이다.

여기에서 우리는 '선하다'(good)와 '악하다'(evil)는 것이 종교적인 경건과는 상관없이 대인관계에 적용되는 것임을 알 수 있다. 즉, '선하다'는 것은 이웃에게 선을 행하는 것이고, '악하다'는 것은 이웃에게 악을 행한다는 것이다. 그래서 아르벨리의 니타이는 '악한' 이웃(사람과 하나님 사이의 계명을 준행할지는 몰라도 이웃에게 피해를 주는 사람)에게서 거리를 두어야 한다고 가르친다. 그런 자와 함께하는 것이나 악한 성품(질투심과 증오와 분노, 그리고 호전적인 성격 등)을 멀리해야 한다. 더불어 사악한 자와의 교제를 지속해선 안 된다. 그는 좋은 이웃이지만 하나님에 대한 의무를 무시하거나 거부하고 그에 대한 뉘우침이 없는 사람이다. 그런 사람과의 관계를 단절할 필요는 없지만 최소한 그의 지속적인 접근을 피해야 한다.

그러나 야베쯔는 이 두 단어 사이의 차이점을 전혀 다르게 보았다. 그는 악한 사람은 악행을 하고, 사악한 사람은 선천적으로 뒤틀린 성격을 가졌다는 것이다. 그럼에도 불구하고 사람은 이웃과 계속적인 관계를 맺고 살기 때문에 악한 이웃의 영향력은 가끔 만나게 되는 뒤틀린 성격을 가진 사악한 자의 영향력보다 훨씬 더 해롭다.

미드라쉬 슈무엘은 이 미쉬나에 대해 또 다른 의견을 제시한다. 악한 이웃은 그의 악행을 남모르게 저지르는 사람이다. 그가 더욱 심각한 피해를 입히는 것은 겉으로 흠이 없는 사람들에게 쉽게 영향을 받기 때문이다.

이러한 이유 때문에 '알렉산더 야나이'(Alexander Yannai) 왕은 죽기 전 그의 아내인 샬롬 찌온에게 "바리새파나 바리새파가 아닌 이들을 두려워하지 말고, 바리새인으로 보이는 위선자들을 주의하시오. 그들은 시므리처럼 행동하면서 비느하스의 보상을 바라는 자들이오."(소타 22b).

성경에도 이를 언급하는 구절을 볼 수 있다. "여호와께서 내 편이 되사 나를 돕는 자들 중에 계시니 그러므로 나를 미워하는 자들에게 보응하시는 것을 내가 보리로다."(시 118:7). 즉, 원수가 분명한 자들에게서 오는 위험은 주의 깊게 살피면 그만이다. 하지만 내 편으로 보이는 위선자들에 대해서는 하나님의 보호가 필요하다는 것이다.

남들에게 영향을 주고 영향을 받지는 마라

악한 이웃은 매우 부정적인 영향력을 끼친다. 선지자(엘리에셀)는 "왕이 아하시야와 교제하므로 여호와께서 왕이 지은 것들을 파하시리라"(대하 20:37)라고 유다의 왕 여호샤밧을 질책하였다.

"사악한 사람을 따라다니는 자에게는 다양한 종류의 죽음이 뒤따른다."(샤아레이 테슈바[Shaarei Teshuuah] 3:193).

그럼에도 불구하고 우리가 악한 이웃을 외면한다면, 그가 우리의 유익한 영향력 안에 들어오는 것을 차단하는 것은 아닌가?

현인들은 야곱이 형제인 에서에게 자신의 딸인 디나를 숨긴 것을 비난했다. 디나가 에서에게 선한 영향력을 줄 수 있는 기회를 차단했기 때문이다(라쉬의 창세기 32:23에 대한 주석).

마찬가지로 일부 주석가들은 노아가 아브라함처럼 자기 세대의 사람들을 회개시키려 하지 않았다는 이유로 그를 비난한다. 그러나 주위의 사람들에게 영향을 받지 않으면서 어떻게 그들에게 영향을 줄 수 있겠는가? 이에 대해 미쉬나는 "사악한 사람과 친구가 되라"라고 가르친다. 즉, 그가 걷는 악한 길을 따르지 말고, 그 대신에 그를 너의 선한 길로 가도록 영향력을 발휘하라는 것이다.

사악한 자와 그의 이웃에게 재난이 있을 것이다

사악한 자와 교제를 피해야 하는 또 다른 이유는, 그가 처벌을 받을 때

피해를 당하지 않기 위해서이다. 현인들은 "가시 덩굴이 뽑힐 때 양배추도 상처가 날 수 있다"(바바 카마 92b)라고 가르쳤다. 농부가 밭의 잡초를 뽑을 때 실수로 채소를 뽑을 수도 있기 때문이다.

가정집 담벼락에 곰팡이가 피었다면, 설령 담벼락을 같이 쓰는 이웃이 불편할지라도 허물어야만 한다. "사악한 자와 그의 이웃에게 재난이 있을 것이다"(네다림 12:6).

민수기 16장에 나타난 '고라'(Korah)의 이야기는 이 원칙을 잘 보여준다. 고라가 모세에 대한 반역을 선동했을 때 르우벤 지파의 족장들을 합류시키려고 꼬드겼다. 그들이 합류하게 된 것은 홀대를 받았다고 생각했기 때문이다. 르우벤이 야곱의 첫 아들이었음에도 장남의 지위는 가장 어린 요셉에게 주어졌다. 현인들에 의하면, 고라의 선동에 르우벤 지파의 족장들이 넘어간 또 다른 이유는 그들의 진영이 고핫 자손 옆에 세워졌기 때문이라고 한다.

더 나아가 모세는 유대인들을 향해 "이 악인들의 장막에서 떠나고 그들의 물건은 아무 것도 만지지 말라 그들의 모든 죄 중에서 너희도 멸망할까 두려워하노라"(민 16:26)라고 경고했다. 이것은 단순히 고라와 그의 추종자들 가까이 있다거나, 그들의 물건에 손이 닿기만 해도 그들과 똑같이 처벌을 받게 될 것이라는 뜻이다.

환경의 힘

어떤 사람들은 오직 감수성이 예민한 젊은이나 태생적으로 쉽게 영향을 받는 사람들만 사악한 자와 교제를 피하면 된다고 생각한다. 하지만 미드라쉬(얄쿠트 쉬모니, 출애굽기 247:169)는 악한 환경이 누구에게나 영향을 줄 수 있는 영적인 위험이라는 것에 대하여 놀랍도록 정확하게 지적했다. 이 미드라쉬는 모세가 이드로에게 딸과 결혼하고 싶다고 했을 때, 이드로는 장자가 반드시 우상에게 바쳐져야 한다는 조건 하에 그들의 결혼을 승낙했다고 한다. 모세는 그 조건을 받아들이겠다고 맹세했다. 그래서 모세가 장자에게 할례를 행하지 않았다는 것이다. 미드라쉬가 이렇게 기록한 것은 할례의 계명을 그의 아내인 십보라가 준행했기 때문이다.

하지만 가장 위대한 선지자이며, 유대인들에게 토라를 전수하기 위해 하나님으로부터 선택을 받은 모세가 그런 제안에 동의할 수 있단 말인가? 이드로는 파라오의 고문으로 유대인 아기들을 나일 강에 던지는 것을 반대한 유일한 인물이었고, 그 결과 미디안으로 도망쳐야 했다.

그곳에서도 그가 우상단지를 모두 부수어 버렸다는 이유로 미디안의 사람들은 그를 추방시켰다(그래서 그의 딸들이 양치기가 되었고, 다른 양치기들이 그녀들을 우물에서 쫓아낸 것이다. 라쉬의 출애굽기 16-17 주석). 그런 이드로가 어떻게 그렇게 끔찍한 요구를 할 수 있는가?

이와 다른 견해도 있다. 미드라쉬는 "모세는 [서약함으로써] 그와 동거하기를 기뻐하매(출 2:21)"에서 모세가 이드로의 조건에 동의했다는 점을 유추했다. 하지만 본문의 문맥에 의하면 "모세는 그(이드로)와 함께 있겠다고 동의했다"는 것이지, 그런 끔찍한 조건에 동의했다고 하는 것은 아니다.

이 질문들에 대한 답은 미쉬나의 가르침에서 찾을 수 있다. 이드로는 지식에 목말라했다. 그는 우상을 섬기다가 "여호와는 모든 신보다 크시다"(출 18:11)라는 진리를 깨달았다. 이드로가 모세를 만났을 때, 그는 모세의 위대함과 지혜로움을 인식하고 그에게 미디안에 머물도록 요청한 것이다. 모세는 미디안 사람들에게 하나님의 신론(doctrine)를 가르치고 그들에게 선한 영향력을 끼쳤다. 모세 또한 이것을 기회로 보고 이드로의 제안에 동의한 것이다.

두 사람은 가장 숭고한 의도를 가지고 있었다. 하지만 현인들은 이드로의 요청과 모세의 동의가 모세의 아들을 우상숭배적인 환경에서 자라도록 했고, 그를 우상의 입에 넣은 것과 같은 위험에 처하게 했다고 보았다.

사실 이 두려움은 근거가 없는 것은 아니었다. 모세의 장남인 게르솜의 아들은 수년 뒤 미가의 우상을 숭배했다(삿 17-18장, 참조. 라쉬 주석).

같은 이유로 '케사브 소페르'(Kesav Sofer)는 노아의 행동을 그 시대 사람들과 비교하여 정당했다고 판단한다. 대부분의 주석가들은 노아가 그들에게 적극적으로 개입하지 않았다 하여 비난한다. 아브라함은 동시대 사람들을 위해 많은 업적을 쌓았지만, 그에 비해 노아는 오직 자신과 직계 가족만을 데리고 방주에 들어갔기 때문이다.

케사브 소페르는 "두 사람이 활동하던 환경을 비교할 수 없다. 아브라함은 아이가 없었으나 노아는 양육을 책임져야 할 세 아들이 있었기 때문이다"라고 하였다. 노아는 환경이 그의 아들들에게 치명적인 영향력을 끼칠 것이라는 것을 알았다. 그래서 타락한 환경으로부터 아들들을 보호하는 것이 그의 첫 번째 의무였을 것이다.

"징벌을 받는 것 때문에 절망하지 말라"

그 누구도 절망과 좌절 속에 있는 사람들과 함께 있고 싶어하지 않는다. 우리는 승자들과 함께 하고 싶어 하며, 그런 기대마저도 승리자로 만들어준다고 생각한다. 하지만 사악한 사람은 승자가 아니다. 그가 오늘 성공했다고 하더라도, 내일 그를 기다리는 것이 무엇인지 아무도 모른다.

'맘몬'(mammon, 돈)의 게마트리아(숫자 값)는 136으로 '오니'(oni, 가난)와 '술람'(sulam, 사다리)과 같다.[12] 부와 가난은 사람이 오르고 내리는 사다리

---

[12] 히브리어는 문자가 곧 숫자이기도 하다.

의 두 가로대일 뿐이다(바루흐 셰아마르[Baruch She'amar]).

따라서 "징벌을 받는 것 때문에 절망하지 말라"라는 가르침은 절망 가운데 있을 때 사악한 자들 사이로 도망치지 말라는 뜻이다. 네 자신을 믿음으로 무장하고 네 짐을 하나님께 맡기면, 그분은 너를 슬픔에서 구원하실 것이다.

절망하지 마라—칼이 네 목에 들어올지라도

앗수르 왕 산헤립이 수십만의 군사를 이끌고 예루살렘의 관문에 도착했을 때(왕하 18-20장), 주민들에게 항복을 요구했다. 대부분의 예루살렘 주민들의 지지를 받던 셉나의 추종자들은 항복하기를 원했지만, 히스기야 왕과 그의 심복들은 이를 거부했다.

이때 산헤립의 장군인 랍사게는 히스기야에게 메시지를 보냈다. "네가 믿는 하나님으로 인해 잘못된 판단을 내리지 마라." 하지만 히스기야는 "이스라엘의 하나님 여호와를 믿고" 그분에게 기도했다. 그 날 밤 천사가 앗수르의 진지를 쳐서 18만 5천 명을 죽였다. 산헤립은 신전으로 도망쳤고, 그의 두 아들들이 그를 죽였다.

하나님에 대한 히스기야의 믿음은 공적인 일에서 뿐만 아니라 사적인 일에서도 그 예를 찾을 수 있었다.

예루살렘이 포위 되었을 때 히스기야는 병상에 누워 있었고, 하나님은 이사야에게 그를 방문하라고 명하셨다(베라호트 10a). 이사야는 히스기야에게 "여호와의 말씀이 너는 집을 정리하라. 네가 죽고 살지 못하리라 하셨나이다."(열왕기하 20:1)라고 하나님의 말씀을 전했다.

탈무드는 이 장면을 좀 더 자세히 묘사한다.

이사야의 메시지는 "너는 죽게 되고, 내세에 살게 될 것이다"라는 의미였다고 한다. 왕은 "짐의 죄가 그리 지독합니까?"라고 물었다. 선지자는 "결혼을 하지 않아 아이가 없기 때문입니다"라고 대답하였다.

히스기야는 "그것은 하나님의 계시로 제 후손들이 자격이 없는 것을 보았기 때문입니다"라고 해명했다(사실, 그의 후손 가운데 하나인 므낫세는 성전에 우상을 세웠고, 무고한 자의 피를 많이 흘렸다).

이사야는 "그것은 당신이 신경 쓸 일이 아닙니다. 당신이 의무를 다하면, 그 다음은 하나님이 알아서 하실 것입니다"라고 대답하였다.

히스기야는 "당신의 말이 맞습니다. 당신의 딸을 아내로 주십시오. 나와 당신의 조합이라면 귀한 자손이 태어날 수도 있으니 말입니다." 그러나 선지자는 "아닙니다, 이미 주사위는 던져 졌습니다."라고 대답하였다.

이에 히스기야는 "아모스의 아들이여, 예언을 멈추고 가십시오. 짐은 조부인 다윗 왕에게서 받은 전통인 칼이 목에 들어올지라도 하나님의 심판에 절망해서는 안 된다는 가르침을 따를 것입니다."라고 말했다.

히스기야는 "낯을 벽으로 향하고 여호와께 기도했으며"(왕하 20:2), 그의 기도는 받아들여졌다. 하나님이 내린 죽음의 선고에도 불구하고 그는 건강을 회복하여 15년을 더 살았다.

"그가 나를 죽이시리니 내가 희망이 없노라(욥기 13:15)"는 구절과 같이, 하나님이 죽음을 선고하셨더라도 나는 집행유예를 기대할 것이다. 그러므로 "심판에 대해 절망하지 말라." 심지어 심판이 집행 되는 순간에도 절망하지 말라.

바르샤바 게토에 가면 "세상에는 어떠한 절망도 없다"(There is no despair in the world at all.)라는 슬로건이 벽에 걸려 있다. 이 신념은 세대를 거쳐 유대인들과 함께 했고, 그들은 치열한 역사의 현장에 들어섰을 때부터 지금까지 결코 포기한 적이 없었다.

미쉬나 8절   משנה ח

יְהוּדָה בֶּן טַבַּאי וְשִׁמְעוֹן בֶּן שָׁטַח קִבְּלוּ מֵהֶם.
יְהוּדָה בֶּן טַבַּאי אוֹמֵר:
אַל תַּעַשׂ עַצְמְךָ כְּעוֹרְכֵי הַדַּיָּנִין.
וּכְשֶׁיִּהְיוּ בַּעֲלֵי דִינִין עוֹמְדִים לְפָנֶיךָ,
יִהְיוּ בְעֵינֶיךָ כִּרְשָׁעִים.
וּכְשֶׁנִּפְטָרִים מִלְּפָנֶיךָ, יִהְיוּ בְעֵינֶיךָ כְּזַכָּאִין,
כְּשֶׁקִּבְּלוּ עֲלֵיהֶם אֶת הַדִּין.

'예후다 벤 타바이'(Yehudah ben Tabbai)와 '쉬므온 벤 샤타흐'(Shimon ben Shetach)는 그들로부터 토라[전통]를 전수 받았다.

예후다 벤 타바이는 말한다:
    [심판자로서 임무를 수행할 때] 변호사처럼 행동하지 말라.
    소송 당사자가 너의 앞에 서 있을 때.
    그들 모두를 사악한 자로 간주하라.
    그러나 그들이 너희로부터 떠났을 때,
    그들이 그 심판을 받아들였다면,
    그들 모두를 죄가 없는 의인으로 간주하라.

미쉬나 8절

3대 지도자의 시대

　예후다 벤 타바이와 쉬므온 벤 샤타흐가 살던 시대는 앞날을 예측할 수 없었고 변덕스러웠다. 하스모니아 자손들 사이에 야전이 벌어진 적도 있었다. 대제사장인 '요하난 후르카노스'(Yochanan Hyrkanos)는 말년에 사두개파가 되었다. 그는 권력에 목말라하는 다섯 아들을 남겨 놓고 죽었다. 그 아들들 가운데 하나였던 '예후다 아리스토불루스'(Yehudah Aristobulus)는 모친을 죽게 한 장본인이었고, 권력을 쟁취하는 도중에 형제인 '안티고노스'를 죽였다. 하지만 그도 집권한지 1년이 못 되어 죽었다. 셋째인 알렉산더 얀나이는 성격이 참으로 천박하여 그의 아버지는 그를 멀리 두려고 했다. 하지만 그 역시 앞으로 나섰으며, 아리스토불루스의 아내였던 자식 없는 과부인 '샬롬찌온'(Shlomtzion)과 결혼하여 집권했다.

　왕이 된 얀나이는 제사장의 지위 또한 원했다. 이에 대하여 현인들 가운데 하나인 '예후다 벤 가디다'(Yehudah ben Gadidah)는 "얀나이 왕이시여, 지도자의 왕관으로 만족하시고 제사장의 왕관은 아론의 후손들에게 맡겨주십시오"(키두신 66a)라고 간청했다. 하지만 얀나이는 이를 개인적인 모욕과 자신의 권력에 대한 도전으로 보았다. 이단 조직의 지도자 가운데 하나인 '엘아자르 벤 푸에이라'(Elazar ben Pueirah)는 이를 얀나이 왕을 자신의 편으로 끌어들일 좋은 기회로 보았다.

엘아자르 벤 푸에이라는 현인들을 처벌하도록 얀나이를 설득했고, 얀나이는 그들을 잡아들여 처형했다. 산헤드린의 나시인 여호수아 벤 프라흐야와 다른 현인들은 이집트로 피신했다(소타 47a, 예루샬미 하기가 82b).

쉬므온 벤 샤타흐는 얀나이의 아내인 샬롬찌온과 남매간 이었고, 사두개파에게는 눈엣가시 같은 존재였다. 그들은 가난한 나실인 300명이 예루살렘에 왔을 때 쉬므온을 죽일 기회를 찾았다. 나실인들은 희생제물을 구입할 수 없을 정도로 가난했기 때문에 자신들의 맹세로 무죄를 인정해달라고 간청하기 위하여 쉬므온 벤 샤타흐를 찾아왔다. 쉬므온 벤 샤타흐는 그 가운데 150명의 맹세를 무를 수 있는 방법을 찾았다. 그는 얀나이에게 희생제물의 절반을 부담할 것을 요구했으며, "나머지 절반은 제가 부담하겠습니다."라고 말했다.

얀나이는 이에 동의하여 절반의 제물을 부담했다. 하지만 쉬므온 벤 샤타흐를 비방하던 사두개인 하나가 쉬므온 벤 샤타흐가 나머지 절반을 부담하지 않았다는 사실을 고발했다. 분노한 얀나이는 쉬므온 벤 샤타흐를 죽이려 했으나 그는 그의 여동생인 샬롬찌온의 도움으로 숨어 지냈다 (버레이쉬트 라바 91:3과 여러 곳에서; 예루샬미 베라호트 7:2).

얼마 후, 페르시아의 명사들로 구성된 대표단이 얀나이를 방문했다. 이 대표단의 구성원들은 쉬므온 벤 샤타흐를 지혜로운 사람으로 기억하고 있었기 때문에 그의 안부를 물었다. 얀나이 왕은 자신이 유대인 현인들을 처형했던 일들을 털어놓았다. 페르시아 대표단은 처형당한 랍비들을 애도하였다. 그들의 슬픔이 매우 깊었기 때문에 얀나이는 자신이 저지른 경솔한 행동에 대해 후회했다. 이를 보고 샬롬찌온은 얀나이가 더 이상 현인들을 처벌하지 않겠다고 맹세하게 한 뒤에, 그가 맹세를 지킨다면 현인들 가운데 하나를 그의 앞에 데려오겠다고 했다.

얀나이가 맹세하자 샬롬찌온은 쉬므온 벤 샤타흐를 데려왔다. 왕은 그를 자신과 왕비 사이에 앉도록 했다. "짐이 그대에게 주는 명예를 보아라." 그가 랍비 쉬므온에게 말했다.

"저를 명예롭게 하는 것은 당신이 아니라 하나님의 토라입니다"라고 랍비 쉬므온은 "솔로몬 왕은 '그를 높이라 그리하면 그가 너를 높이 들리라 만일 그를 품으면 그가 너를 영화롭게 하리라'(잠 4:8)고 하였으며, 미드라쉬도 벤 시라의 이름으로(ibid) '그에게 돌아오면 그것이 너를 높여줄 것이고, 너를 왕자들 사이에 둘 것이다'라고 했습니다."라고 대답했다.

비록 얀나이 왕이 쉬므온 벤 샤타흐를 연회에 초대하지는 않았지만, 그는 쉬므온에게 식사 후 기도를 인도할 영광을 주었다. 축배의 잔이 랍비 쉬므온에게 주어졌을 때, 그는 "얀나이 왕과 그의 친구들이 먹은 음식을 내려주신 분께 감사드리나이다."라고 했다. 왕은 깜짝 놀라, "당신은 이런 방식으로 기도를 드리시오?"라고 물었다.

랍비 쉬므온은, "제 자신이 먹지 않은 음식에 대해 어떻게 감사의 기도를 드릴 수 있습니까?"라고 답하였다.

그 즉시 얀나이 왕은 시종을 시켜 랍비 쉬므온에게 식탁을 베풀었다. 식사를 마치고 그는 일어서서 "우리가 먹은 음식을 주시고, 선하심으로 우리에게 생명을 주신 당신께 영광을 돌립니다."라고 기도했다.

페르시안 현인들은 쉬므온 벤 샤타흐의 예리한 통찰력에 즐거워하였으며, 더 많은 토라의 지혜로운 가르침들을 듣기 원했다. 그들은 본국으로 돌아온 후에 "얀나이 왕의 궁전에서 본 모든 보물 가운데 우리가 가지고 돌아온 것은 오직 현인 랍비 쉬므온 벤 샤타흐에게서 들은 가르침과 지침뿐이었다"(베라호트 48a, 버레이쉬트 라바 ibid, 코헬레트[Koheles] 라바 7)라고 말했다.

얀나이 왕이 랍비 쉬므온에게 나실인 사건에서 자신을 속인 연유를 물었을 때, 랍비 쉬므온은 "전하, 전하께서 나실인들 절반을 위해 물질을 제공하셨다면, 저는 토라의 지식으로 그 나머지 절반을 채운 것입니다"라고 대답했다.

왕은 이를 받아들였고, 랍비 쉬므온에게 완전한 자유를 누릴 수 있는 권리를 주었다.(예루샬미 베라호트 7:2)

쉬므온 벤 샤타흐의 업적

현인들이 박해를 받음으로써 유대인들의 영적인 삶은 바닥으로 떨어졌다. 탈무드는 "쉬므온 벤 샤타흐가 영광의 면류관을 회복하기 전까지 세상은 황폐했었다"(키두쉰 66a)라고 증언하고 있다.

쉬므온 벤 샤타흐는 다시 공적인 삶으로 돌아오고 난 후 토라 교육의 구조를 재정비했다. 그는 왕궁에서의 지위를 이용하여 이집트로 피신했던 산헤드린의 나시이자 그의 스승인 여호수아 벤 프라흐야의 귀환을 추진했다. 얀나이 왕이 승낙하자 랍비 쉬므온은 랍비에게 전갈을 보냈다. "거룩한 도성 예루살렘에서 알렉산드리아에 보내는 서신: 나의 주님은 스승님과 함께 하시겠지만, 저는 황폐한 곳에 홀로 앉아 있습니다." 이 서신을 읽자마자 랍비 여호수아는 곧바로 예루살렘으로 돌아와 산헤드린의 지도자로서 우뚝 섰다(소타 47a).

쉬므온 벤 샤타흐의 용기와 명석함, 그리고 지혜는 사두개파 중심의 산헤드린을 정화하는데 큰 도움이 되었다(메길라, 타아니스 10). 산헤드린이 소송 당사자를 부당하게 비난했을 때, 그는 "토라에 근거한 증거를 제시하지도 않고 어떻게 사람을 비난할 수 있는가?"('메길라스 타아니스'[Megillas Taanis] 10)라고 신랄하게 그들을 질책하였다. 이어 사두개파 장로는 "잠시 기다리면 증거를 가져오도록 하겠습니다."라고 답했다. 그는 집으로 갔지만 증거를 찾을 수 없었고, 너무 수치스러워 산헤드린으로 돌아갈 수 없었다. 다음 날 그가 자리에 없는 것을 보고 랍비 쉬므온은, "산헤드린은 71명을 채워야 한다."라고 하며 사두개파 장로 대신 자신의 제자 가운데 하나를 그 자리에 앉혔다.

랍비 쉬므온은 이러한 방식을 반복하여 테베트월 28일에 산헤드린에서 사두개파를 완전히 몰아냈고, 수 년 후 현인들은 이날을 기념일로 정하였다.

나시와 아브 베이트 딘은 누구였는가?

몇 해 전에도 쉬므온 벤 샤타흐의 스승인 예후다 벤 타바이는 처벌을 피하기 위해서가 아니라 산헤드린의 의장을 맡아야 한다는 부담감 때문에 이집트로 피신했었다(예루샬미 하기가 2:2). 쉬므온 벤 샤타흐가 그에게 예루살렘으로 돌아올 것을 간청하자 그는 돌아와서 쉬므온 벤 샤타흐의 옆에서 산헤드린 의장이 되었다.

아보트 데랍비 노손에 의하면, 예후다 벤 타바이는 그의 스승 예후다 벤 페프흐야와 같이 자신에 대해 "처음에 누군가 나에게 위대함의 예복을 입으라 했다면 나는 죽을 때까지 그와 싸웠을 것이다. 그러나 지금은 누군가 나에게 지위를 내려놓고 물러나라고 한다면 그에게 뜨거운 물이 담긴 주전자를 던질 것이다!"라고 장담했다고 한다(메나호트[Menachos] 109b).

훗날 탄나임 사이에서는 둘 가운데 어느 쪽이 나시인지 아브 베이트 딘인지에 대한 의견이 분분했다. 랍비 메이르는 예후다 벤 타바이가 나시였다고 한다. 하지만 현인들은 쉬므온 벤 샤타흐가 나시였다고 한다(하기가 16b; 예루샬미 하기가 2:2).

정의, 정의를 추구하라

두 지도자는 토라에 담긴 법의 권위를 회복시키기 위해 최선을 다하였다. 그들은 피상적으로 드러나는 증거나 그 시대에 널리 적용된 판례를 따르지 않았고, 오직 토라의 법을 따라서 판결했다.

쉬므온 벤 샤타흐가 들려준 이야기다: "나는 어떤 남자가 다른 사람을 폐허를 향해 쫓아가는 것을 보았다. 내가 그 뒤를 따라갔을 때 그는 피가 흐르는 손에 칼을 들고 서 있었으며, 그가 쫓아가던 남자는 중상을 입고 바닥에 쓰러져 있었는데 죽은 듯이 보였다. 나는 그에게 '사악한 남자여, 보기만 해도 당신이 그를 죽인 건 알 수 있지만, 토라의 법이 두 명의 증언을 요구하니 나는 당신에게 무엇도 할 수 없소(신 17:6, 산헤드린 37b). 사람의 생각을 아시는 하나님이 저 사람의 원수를 갚아주실 것이오.'라고 했다고 한다." 전해지는 이야기에 의하면 뱀이 그를 물어 죽였다고 한다(얄쿠트 시모니 미쉬파팀 352, 랍비 예후다 벤 타바이도 똑같은 이야기를 들려준다).

예후다 벤 타바이와 쉬므온 벤 샤타흐는 특별히 사두개파의 지속되는 영향력을 줄이기 위한 목적으로 판결을 내리기도 했다.

예를 들면, 예후다 벤 타바이는 무고한 남자를 죽이고자 하여 거짓으로 증언한 증인을 사형에 처했다. 예후다 벤 타바이는 이를 통해 피고는 살려줄지라도 거짓 증언을 한 사람들은 사형 당한다는 것을 사두개파에게 보여주려고 했다(가끔 사두개파들이 이에 대해 논쟁했다).

예후다 벤 타바이가 쉬므온 벤 샤타흐에게 그가 한 일에 대해 말했을 때, 랍비 쉬므온은 "당신은 무고한 자를 죽이셨군요. 거짓 증언을 했을 때 죽일 수 있는 경우는 두 사람이 똑같이 위증했을 때입니다"라고 말했다. 이 사건의 경우 한 명만 거짓 증언 한 것으로 드러났기 때문이다. 예후다 벤 타바이는 잘못을 인정했고, 쉬므온 벤 샤타흐 앞에서만 토라 판결을 내리기로 했다. 랍비 예후다는 남은 생애 동안 거짓 증언으로 처형당한 사람의 무덤을 찾아가 용서를 빌었다고 한다(하기가 16b, 마코트 5b).

"[심판자로서 임무를 수행할 때] 변호사처럼 행동하지 말라"

현인들에 의하면, "너희 입술은 거짓을 말하며"(사 59:3)라는 구절이 법적인 대리인을 의미한다고 한다(샤보트 13a).

람밤은 이들이 "판사 앞에서 의뢰인을 위해 싸우고, 상대방을 공격하는 전문 변호사들"이라고 한다. '법률 대리인'의 문자적인 의미는 '조정자'(arranger)로서 의뢰인에게 유리한 증거를 수집하고 조정하는 사람이다.

그런데 그들이 왜 "소송의 조정자"가 아니고 "판사의 조정자"라고 불리는 것일까? 미드라쉬 슈무엘은 이것이 판사를 "조정"하여 자신들이 원하는 결과로 이끄는 것이기 때문이라고 설명한다. 라쉬는 "법률 대리인이 판사를 '조정'하여 그들의 마음을 자신의 관점대로 유도한다."라고 해석했다(케투보트[Kesubos] 52b, 코르헤이[K'orchei])."

그럼에도 한 가지 의문이 남는다. 왜 미쉬나는 "네 자신을 '조정자로' 만들어서는 안 된다"라고 하지 않고, "네 자신을 '조정자처럼' 만들어서는 안 된다"라고 말하는가?

그 답은 라쉬의 케투보트에 대한 주석에서 찾을 수 있을 것이다. 라쉬는 앞서 언급한 법적인 대리인이 "소송 당사자 중 한쪽의 편에 서서, 판사 앞에서 그를 변호하며 그에게 유리하게 작용할 수 있는 증거를 제시한다."라고 한다.

하지만 미쉬나에는 판사에게 제시할 논거를 뒤에서 준비하거나 조정하지 말아야 한다고 덧붙였다. 따라서 판사 앞에 서 있는 '조정자처럼' 처신해서는 안 된다는 것이다.

리쇼님(Rishonim)은 의뢰인에게 위증하는 방법을 가르쳐주는 변호사는 권리를 포기할 주체가 아니라고 한다. 그런 사람은 아주 사악한 사람이다. 누구나 명백하게 알 수 있는 당연한 이치에 대해 굳이 교훈과 바른 처신을 다룬 미쉬나를 참고할 필요는 없다. 미쉬나가 말하는 것은 의뢰인의 결백을 변호사가 확신하는 경우이다. 그럴지라도 증언을 조정하거나 조작해서는 안 된다.

"골육을 피하여 스스로 숨지 말라"(사 58:7)

탈무드는(케투보트 52b) 랍비 요하난의 아버지가 죽었을 때 남은 미망인이 랍비 요하난의 친모가 아니었다고 한다. 그녀는 지속적인 건강관리가 필요했기 때문에 많은 비용이 필요했다. 이로 인한 경제적인 부담이 랍비 요하난과 그의 형제들에게 지워졌고, 형제들은 요하난에게 해결책을 요구했다. 요하난은 형제들에게 의사와 상담하여 치료를 책임지는 대신에 치료비 전체를 일시불로 지불하겠다는 타협을 하라고 권했다.

요하난은 "이것이 고정 비용이기 때문에 결혼 지참금에서 공제 받을 수 있고, 상속인들은 자신들의 몫에서 지불할 의무가 없다"라고 설명했다.

친척들은 그의 충고를 받아들였다. 하지만 그들이 떠나고 난 이후에 랍비 요하난은 자신의 충고를 되돌아보고, "나는 법률 대리인처럼 행동하였구나. 친척들에게 충고하지 않았어야 했다"라고 말했다.

탈무드는 그가 충고를 한 뒤에 자신의 행동을 후회했는지에 대해 다음과 같이 설명했다.

첫째, 랍비 요하난은 그들이 자신의 친척이고, 성경에도 "골육을 피하여 스스로 숨지 아니하는 것이 아니겠느냐"(사 58:7)라고 말하기 때문에 그들에게 충고를 해줘야 할 의무가 있다고 생각했다. 하지만 자신이 지도자의 위치에 있었기 때문에 특별히 신중하게 처신했어야 한다고 생각했다. 만약 다른 사람들이 자신이 한 일에 대해 알게 된다면, 문제가 있는 모든 사람들이 그에게 와서 조언을 받으려고 할 것이다. 그 경우 "골육을 피하여 스스로 숨지 말라"라는 지침은 오직 자신의 가족에게만 적용되기 때문에 그들에게는 의미 없는 조언이 될 뿐이다. 따라서 조언자가 가족이 아닌 다른 사람의 요구에 응하게 되면, 그는 남을 위해 사건을 조정해서는 안 된다는 현인들의 가르침을 위배하게 되는 것이다.

'라브 나흐만'(Rav Nachman, 케투보트 86a)도 이와 유사한 일화가 있다. 그는 친척인 고아 소녀에게 빚에서 해방되어 자유로워질 수 있는 방법을 알려주었다가 이를 후회했다고 한다. 탈무드는 나흐만이 랍비 요하난의 경우와 같은 이유를 찾았기 때문이라고 한다.

'토사포트 욤 토브'(Tosafos Yam Tov)에 의하면, 이 미쉬나의 지침은 지위가 있는 사람에게 주로 해당되며, 그들은 특히 친척들에게 법적인 조언과 충고를 해서는 안 된다는 것이다. 그래서 미쉬나는 "법률 대리인이 되지 말라"고 하지 않고, "법률 대리인처럼" 해서는 안 된다고 가르친 것이다. 이는 금지된 행위에 대해 말하는 것이 아니라, 법적으로 허락될지라도 지도자인 경우에는 친척에 대한 조언은 삼가야 된다는 것이다.[13]

---

[13] 이 미쉬나를 할라하의 판결로 해석해서는 안 된다. 할라하 학자들도 이 문제에 대해 여러 문헌에서 언급하였다. '호센 미슈파트'(Choshen Mishpat) 17, 1232, 124)와 '야헬 이스라엘'(Yachei Yisrael) II 26을 참조하라.

"소송 당사자가 너희 앞에 섰을 때"

어떤 주석가들은 이 미쉬나가 판사들을 가리킨 것이라고 본다. 이따금 판사들은 누가 옳은지를 알거나 이를 감지하기도 한다. 이때 그는 소송을 제기한 쪽을 도와야 한다는 의무감이 들 수도 있다.

그래서 미쉬나는 "판사는 오직 그의 눈이 보는 것만 보라"고 가르친 것이다(산헤드린 6b). 판사는 소송 당사자에게 소송의 방향을 결정할 수 있는 발언을 해서는 안 된다.

미드라쉬 슈무엘은 이 설명이 미쉬나의 흐름을 명확하게 한다고 덧붙인다. 판사는 법률 대리인의 역할을 해서는 안 된다. 판사는 소송 당사자가 자신 앞에 섰을 때, 그들 모두를 죄인으로 간주하여 양쪽을 돕지 않도록 해야 한다. 물론 소송의 방향을 결정할 수 있는 발언도 피해야만 한다.

그러나 특정 상황 아래에서는 판사가 소송 당사자를 돕는 것이 허락되거나 심지어 그것이 의무가 되는 경우도 있다. 람밤은 "소송 당사자가 자신을 방어하기 위한 논거를 밝히는 방법을 모르거나, 자기 자신에게 유리한 주장을 할 수 없을 때(그의 감정이 격화되어 할 말을 잊었거나, 사고력이 떨어져 혼란스러워할 때), 판사가 그의 입을 열 수 있도록 돕는 것이 허락된다. 성경에도 '너는 말 못하는 자와 모든 고독한 자의 송사를 위하여 입을 열지니라'(잠 31:8)라고 했던 것처럼 말이다. 물론 판사는 자신의 행위가 법률 대리인처럼 보이지 않도록 세심한 주의를 해야 한다"(산헤드린 21:11, 슐한 아루흐, 호셴 미슈파트 17:9)라고 말했다.

수석 판사같이 행동하지 마라

아보트 데랍비 노손(10:2)은 이 가르침을 다른 관점으로 해석했다. "어떤 사람이 학당으로 와서 할라하 문제에 대해 들었다면 섣불리 대답할 것이 아니라, 먼저 그 문제 뒤에 있는 '추론'(reasoning)을 생각해 보아야 한다."는 것이다. 그는 마치 모든 것을 다 알고 있는 것처럼 자만심과 과도한 자신감에 도취되어 대답 해서는 안 된다. 그는 반드시 사실들을 신중하게 확인하고, 모든 측면에 대해 면밀하게 검토하여 사건을 명확하게 해야 한다.

또한 이 미쉬나는 제자에게 자신의 위치를 정확하게 파악하라고 요구한다. 제자는 자신보다 높은 위치에 있는 사람 앞에서 말해서는 안 되며, 자신의 스승 앞에서 할라하를 결정해서는 안 된다는 것이다. 자신의 관점에 대해 말할 수도 있지만, 마치 수석 판사인 것처럼 말해서는 안 된다. 그보다는 자신의 의견을 질문 형식으로 제시하는 것이 좋다.

이러한 설명은 랍비 '요세프 이븐 네헤미아스'(Yosef ibn Nehemias)에 의해 보존된 다양한 문헌과도 일치한다. 여기서 '오르헤이'(orchei)라는 단어는 '조정자'를 뜻하는 '아인'(ע)으로 시작하는 것이 아니라, '수석 판사'를 뜻하는 '알레프'(א)로 시작한다. 법정에서는 그 어떤 판사도 다른 판사보다 우월하다거나, 자신이 유일한 권위자라고 착각해서는 안 된다.

"그들 모두를 사악한 자로 간주하라"

"너는 가난한 자의 송사라고 정의를 굽게 하지 말며"(출 23:6). 현인들에 의하면(메힐타 ibid., 얄쿠트, 미쉬파팀 352), "가난한 자"는 계명을 지키고 완수하기에 부족한 사람을 가리키는 것이라고 한다. 비록 그가 사악한 거짓말쟁이로 알려져 있고 그가 틀렸다는 것이 합당하더라도 다른 소송 당사자의 편을 들어서는 안 된다는 것이다.

따라서 판사는 소송 당사자들에 대한 편견을 버려야 마땅하다. 하지만 왜 미쉬나는 판사가 양측을 다 사악한 자로 봐야 한다고 주장하는 것인가? 왜 양측 모두를 선하다고 봐서는 안 되는 것인가?

오직 회의와 의심을 가져야만 판사가 소송 당사자 가운데 누가 거짓말을 하는지 알 수 있다는 것이 그 답이다.

"그들 모두를 죄가 없는 의인으로 간주하라"

판사가 양쪽 당사자 모두를 사악한 자로 여겨야 하지만, 판결이 내려진 뒤에는 둘 다 죄가 없는 것으로 간주해야 한다. 의심의 그림자를 지우더라도 어느 한 쪽이 거짓말을 하고 있다는 것이 분명해질 수도 있다. 그럼에도 판사는 더 이상 그를 거짓말쟁이라고 추정해서는 안 된다. 그 대신에 그가 이미 회개했기 때문에 더 이상 진실을 왜곡하지 않을 것이라 여겨야 한다(라베이누 요나).

그러나 이는 오직 "그들이 판결을 받아들였을 때"에만 그렇다는 것이다. 제자가 스승 앞에서 물러나듯 예의를 갖추며 법정을 나갔다면 그가 회개했다는 증거가 된다. 하지만 단지 다른 길이 없어서 판결을 받아들인 것이라면, 그를 의로운 자로 여겨서는 안 된다.

'볼로진의 랍비 하임'(R' Chaim of Volozhin)은 이에 더하여 판사가 양쪽 당사자가 판결을 받아들인다면 둘 다 죄가 없는 것으로 여겨야 한다고 한다. 하지만 그들이 계속해서 논쟁을 벌인다면, 문제를 해결할 의지가 없으며 법정의 판결을 받아들일 의사가 없다는 반증이다.

미쉬나 9절　　　　　　　　　משנה ט

שִׁמְעוֹן בֶּן שָׁטַח אוֹמֵר:
הֱוֵי מַרְבֶּה לַחֲקוֹר אֶת הָעֵדִים,
וֶהֱוֵי זָהִיר בִּדְבָרֶיךָ,
שֶׁמָּא מִתּוֹכָם יִלְמְדוּ לְשַׁקֵּר.

쉬므온 벤 샤타흐는 말한다:
광범위하게 증인들을 심문하라.
그리고 그들이 거짓말하는 것을 배우지 않도록 너희들의 말에 신중하라.

미쉬나 9절

토라의 법에 타협은 없다

야나이 왕의 신하가 살인으로 고소당했을 때, 산헤드린 법정은 야나이 왕을 소환했다(산헤드린 19a, 탄후마 사사기[Tanchuma Judges] 7). 그는 법정에 서 있기를 거부하고 하인들이 가져온 왕좌에 앉았다.

이때 쉬므온 벤 샤타흐는 사건 심리 진행을 거부하며 "당신은 우리들 앞이 아니라 하나님 앞에 서라는 것입니다"라고 말했다. 야나이는 분노하여 랍비 쉬므온의 동료들이 그에게 동의했을 때에만 그의 말을 따를 것이라고 말했다.

쉬므온 벤 샤타흐는 오른편의 현인들을 보았고 그들은 그의 시선을 회피했다. 그가 왼편에 있는 현인들을 보았을 때 그들 또한 눈을 마주치지 않았다. 쉬므온 벤 샤타흐는 "당신들은 마치 생각에 잠긴 듯 땅을 내려다보시는 군요. 사람의 생각을 감찰하시는 하나님이 오시면 그 대가를 치르게 될 것입니다." 그 말이 떨어지자마자 가브리엘 천사가 나타나 그들의 목숨을 빼앗았다.

쉬므온 벤 샤타흐는 이처럼 할라하에는 어떠한 타협도 없다는 것을 보여주었다. "누구도 두려워하지 말라"(신 1:17)라는 명령을 지키지 않는 판사는 그 직위에 합당한 자가 아니다. 그런 자는 하나님의 이름을 망령되게 하고 토라의 명예를 더럽히는 것이다.

쉬므온 벤 샤타흐는 '호니 하마아갈'(Choni Hama'agal)이 가뭄이 닥쳤을 때 보여준 반항적인 모습의 기도를 꾸짖을 때도 비슷한 열의를 보였다. 그는 "노예는 주인에게 요구를 하지 않는다."라고 말했고, "당신이 호니만 아니라면 나는 당신을 파문했을 것이다"라고 덧붙였다(타니스 19a).

또한 로마의 현인 '토도트'(Todos)가 같은 도시에 사는 유대인들에게 유월절 저녁에 통째로 구운 양고기를 먹으라고 지시했을 때에도 "당신은 유대인들이 예루살렘 밖에서 희생제물을 먹는다는 인상을 주었는데, 만약 당신이 토도트만 아니었다면 나는 당신을 파문했을 것이다"라고 메시지를 전했다(베라호트 19a).

토라의 법을 보존하라

쉬므온 벤 샤타흐는 그의 가장 가까운 친척들이 위험에 처했을 때에도 할라하에서 털끝만한 틈도 이탈하지 않았다.

탈무드에 의하면(산헤드린 37b), 쉬므온 벤 샤타흐가 개인적인 위험을 무릅쓰고 아쉬켈론(Ashkelon)에서 활동하던 80명의 여성 주술사들을 할라하에 따라서 처형했다고 한다. 이때 여성 주술사들의 친척들은 이에 대한 복수로 가짜 증인 두 명을 세워 쉬므온 벤 샤타흐의 아들이 누군가를 살해했다고 증언했다. 재판의 결과 아들은 사형선고를 받았다(예루살미, 산헤드린 6:3; 얄쿠트 쉬모니 테힐림 688).

사형장으로 가는 길에 아들은 "내가 그 죄를 저질렀다면 죽음으로도 그 죄가 씻어지지 않기를 원한다. 하지만 무죄라면 내 죽음으로 그 죄가 씻어지기를 원하며, 그 죄책감이 증인들의 목을 짓누르기를 바란다."라고 절규했다. 거짓 증인들은 이를 듣고 겁에 질려 그들의 증언을 철회했다.

쉬므온 벤 샤타흐는 아들을 무죄로 선언하길 원했다. 하지만 한 번 인정된 증언은 다시 철회할 수 없다는 할라하의 규정 때문에 그는 판사들에게 사형선고 집행을 지시했다. 그런 후 랍비 쉬므온은 "아들이 옳다. 하지만 사형을 집행하여 토라의 법을 보존하라"라고 말했다(참조. 라쉬).

민족의 지도자

야나이 왕의 사후에 쉬므온 벤 샤타흐는 사실상 민족의 지도자가 되었고 그의 여동생인 샬롬찌온 여왕은 국정의 여러 현안에 대해 그와 상의했다.

쉬므온 벤 샤타흐는 이 지위를 이용하여 유대인의 민족성을 유지하는 데 필수적인 여러 법안을 제정했다. 예를 들면, 남편이 아내와 이혼했을 경우, 아내는 결혼 계약서에 명시된 금액을 청구할 수 있다는 법을 제정하였다(케투바). 랍비 쉬므온이 이 법을 제정한 것은 많은 이혼녀들이 무일푼으로 전락했기 때문이었다. 그의 판결을 통해서 남편들은 부동산을 팔아서라도 합의금을 지불해야 했다. 이 법률은 남편으로 하여금 아내와의 이혼을 재고하도록 만들었다. 이혼할 아내에게 합의금을 주기 위해서는 땅을 팔아야 하는데 그 절차가 매우 까다로웠기 때문에 자신의 분노를 돌이키고 이혼을 철회했다는 것이다(케투보트 82b).

또한 쉬므온 벤 샤타흐는 여호수아 벤 감라와 함께 모든 공동체에 학교를 세웠다(예루샬미 케투보트 8:11, 바바 바스라[Bava Basra] 32a, 샤아레이 하코르반[Shaarei Hakorban], 예루샬미 ibid).

이스라엘은 그가 지도자로 활동하는 기간 동안 평화와 안정을 누렸다. 백성들은 현인들의 가르침을 따랐으며, 하나님은 풍요로움의 복을 베푸셨다. "쉬므온 벤 샤타흐의 시대에는 화요일과 금요일 밤(사람들이 밖에 나가지 않을 때)에 비가 내려 밀은 콩팥과 같이, 보리는 올리브 씨앗같이, 렌틸콩은 금화 같이 크게 자랐다. 그들은 곡식의 열매가 작아지는 것은 죄 때문이라는 것을 보여주기 위해 그 열매들을 모아 보존했다"(타니스 23a).

"그들이 거짓말 하는 것을 배우지 않도록 너희들의 말에 신중하라"

판사들은 반드시 증인들을 꼼꼼하게 심문해야 한다.

탈무드는 어떻게 구체적으로 심문해야 하는지를 알려주기 위해 사례를 기록해 놓았다(산헤드린 5:2). 예를 들면, 언젠가 벤 자카이는 대추야자 나무 아래에서 일어났다고 진술한 살인사건의 목격자에게 나무의 둘레와 열매의 색상에 대해 물었다.

랍비 타르폰(Tarfon)은 증인들의 정확성을 시험하기 위해 그들의 진술과 다르게 반복하여 질문함으로써 그들이 이를 바로잡는지를 확인했다고 한다(예바모트 122b).

너희들의 말에 신중하라

'마겐 아보트'(Magen Avos)는 랍비 쉬므온의 가르침에 추가적인 관점을 덧붙였다. "너희들의 말에 신중하라."는 판사가 책망을 듣지 않도록 언행에 주의해야 한다는 뜻이라고 한다. "다른 이들의 잘못을 지적하기 전에 네 자신의 단점부터 고쳐라"(바바 바스라 15b).

거짓 증인

십계명의 아홉 번째는 "네 이웃에 대하여 거짓 증인[이 되어] 증언하지 말라"고 한다. 이 문장을 좀 더 자연스럽게 읽자면, "네 이웃에 대해 거짓 증언을 하지 말라"고 할 수 있다.

탈무드에서는(샤부오트 31a) 이 특이한 형태의 문장을 다음의 사건과 함께 설명한다. 스승이 제자에게 "너도 알다시피 나는 정직한 사람이다. 내가 누군가에게 돈을 빌려주었는데 돈을 줄 당시에 증인이 한 명밖에 없었다. 그런데 빌려간 사람이 돈을 갚지 않는다. 네가 두 번째 증인이 되어 주겠느냐?"라고 말했다. 이 때 제자는 스승의 말이 맞다 하더라도 그렇게 해선 안 된다. 왜냐하면 오직 실제 목격자만이 증언할 수 있기 때문이다.

그러나 토라의 규정은 더욱 더 엄격하다. 스승은 제자에게 증인 옆에만 서 있어 달라고 하여도 채무자가 그를 두 번째 증인으로 오해하여 자백하게 할 수 있다. 이는 증인 옆에 서 있는 것만으로도 위증죄가 성립되기 때문에 토라에서 금지된 사항이다. 그래서 토라는, "네 이웃에 대해 거짓 증인이 되어 증언하지 말라"라고 한 것이다.

평화를 위하여

우리를 거짓으로부터 거리를 두어야 한다는 지침은 법적인 절차와도 관련이 있다.

그러나 일상생활에서(일반적으로 거짓말을 하지 않을지라도, 레 19:11) 거짓으로부터 거리를 두어야 한다는 계명은 없다. 그리고 때로는 "평화를 위해 진실을 바꿀 수도 있다"(예바모트 65b)라고 말한다.

예를 들면, 천사가 사라에게 아들을 잉태할 것이라 했을 때 그녀는 웃으며 "내가 노쇠하였고 내 주인도 늙었으니 내게 무슨 즐거움이 있으리요."(창 18:12)라고 했다. 현인들은 하나님이 그녀의 반응을 아브라함에게 알려주시면서 '내 주인(아브라함)도 늙었으니'라는 말은 제외했다고 말한다. 왜냐하면 하나님은 이 부부에게 평화가 있기를 원하셨기 때문이다(예바모트 ibid., 예루샬미, 페아 1:1).

야곱이 죽고 난 후 요셉의 형제들은 "아버지가 돌아가시기 전에 네 형들이 네게 악을 행하였을지라도 이제 바라건데 그들의 허물과 죄를 용서하라는 유언을 하셨다"라고 했다(창 50:16-17). 하지만 야곱은 이 말을 실제로 하지 않았다.

비슷한 예로, 아론은 사람들을 화합시키기 위해 절대적인 진리로부터 벗어난 적이 있다. 하지만 이러한 처사는 거짓으로 간주되지 않았다. 현인들은 "그 입에는 진리의 법이 있었고 그 입술에는 불의함이 없었으며"(말 2:6; 아보트 데랍비 노손 12:3)라는 구절을 아론에게 적용하였다.

또한 사무엘 선지자가 하나님의 명령으로 다윗에게 기름을 부어 왕으로 세우려고 할 때 사울이 자신을 해칠 것을 두려워하였다. 이때 하나님은 "너는 암송아지를 끌고 가서 말하기를 내가 여호와께 제사를 드리러 왔다"(삼상 16:2)라고 얼버무려 넘기라고 하셨다.

미쉬나 10절   משנה י

שְׁמַעְיָה וְאַבְטַלְיוֹן קִבְּלוּ מֵהֶם.
שְׁמַעְיָה אוֹמֵר:
אֱהוֹב אֶת הַמְּלָאכָה, וּשְׂנָא אֶת הָרַבָּנוּת,
וְאַל תִּתְוַדַּע לָרָשׁוּת:

슈마야(Shemayah)와 아브탈욘(Avtalyon)은 그들로부터 토라[전통]를 전수받았다.

슈마야는 말한다:

  일을 사랑하라.

  오만함을 혐오하라.

  그리고 정부관리와 지나치게 친밀하게 지내지 말라.

미쉬나 10절

서론 – 네 번째 지도자

힐렐은 자신의 스승인 슈마야와 아브탈욘을 "당대 최고의 위인"(페사힘 66a)으로 극찬했다. 힐렐은 어렸을 때 비록 그의 집이 가난하였어도 스승들의 수업을 하루도 빠지는 법이 없었다. 언젠가 경비가 학당 입장료가 없는 그를 들여보내 주지 않았을 때, 그는 지붕으로 기어 올라가 몸에 눈이 소복이 쌓이는 걸 무시하며 그들이 가르치는 것을 들었다고 한다(요마 35b).

슈마야와 아브탈욘은 각각 나시와 아브 베이트 딘으로서 사람들의 존경을 받았다. 욤 키푸르(대 속죄일)가 며칠 남지 않은 어느 날, 대제사장이 무리들과 함께 성전을 나섰을 때 슈마야와 아브탈욘도 그 근처를 지나가고 있었다. 많은 사람들이 대제사장을 떠나 그들에게로 가자 대제사장은 두 위인의 조상을 모독하기 시작했다. 그들은(탈무드의 기록처럼, 기틴 57b) 산헤립 왕의 후손이었기 때문이다. 두 위인은 "우리는 출신 성분에도 불구하고 아론을 닮고 평화를 추구하며 이웃을 사랑하고자 합니다. 하지만 당신은 아론의 후손이라고 하면서 우리를 모욕하고 아론의 정신을 따라 행동하지 않는군요!"라고 대답했다.

산헤립의 후손들

람밤과 바르테누라의 기록에 의하면, 슈마야와 아브탈욘이 개종자였다고 한다. 그러나 마하랄과 토사포트 욤 토브는 '개종자는 판사가 될 수 없다'(람밤, 산헤드린 11:11)라는 할라하의 규정을 제시하며 이의를 제기했다. 유대인 어머니와 이방인 아버지 사이에 태어난 사람은 지도자가 될 수 없다. 따라서 슈마야와 아브탈욘은 개종자가 아니라 개종자의 후손이었다는 것이다.

그러나 라쉬바쯔는 마겐 아보트에서 지위에 적합한 다른 사람이 있을 때에만 개종자가 공인으로 활동할 수 없다고 규정했다. 하지만 적격자가 없다면 개종자들도 우선권을 갖는다고 말한다.

결국에 사람은 그의 행동으로 평가된다. "유대인이 아닌 자도 토라(그에게 의무적으로 지워진 7가지 법들)를 배우면, 그 또한 대제사장이 될 수 있다"(바바 카마 38a)는 것이다.

미드라쉬의 기록도 마찬가지이다. "왜 토라는 광야에서 주어졌는가? 광야가 모두에게 열려 있듯, 토라의 말씀 또한 배우고자 하는 모두에게 열려 있다는 것이다. 따라서 그 누구도 '나는 훌륭한 유대인이고 토라는 나와 내 조상들에게 주어졌지만, 너와 네 조상들은 개종자이다'라고 할 수 없다. 성경에 의하면 '토라는 야곱의 총회가 물려준 유산'(신 33:4)이라고 한다. "야곱의 총회에 속한 사람은(그가 비록 토라를 배우는 개종자라고 할지라도) 누구라도 대제사장에 비견할만하다."(탄후마 바야켈[Tanchuma Vayakhel] 8) 미드라쉬는 개종자의 후손에 대한 실례로 이드로의 후손들과 슈마야와 아브탈욘을 들었다.

역사적 측면에서 본 미쉬나

슈마야와 아브탈욘의 시대에 샬롬찌온과 그녀의 오라비 쉬므온 벤 샤타흐가 이룬 경제적 풍요로움과 정치적 안정은 끝났다. 여왕은 아들인 요하난 히르카누스에게 왕위를 물려주었으며, 그의 동생인 아리스토불루스의 권력은 없애버렸다.

그러나 아리스토불루스는 쿠테타를 일으켜 형을 제압하였다. 둘은 협정을 맺어 아리스토불루스가 정부의 지도자가 되고, 히르카누스는 대제사장의 직위만 유지했다.

이 협정은 오래가지 않았다. 히르카누스의 보좌관이자 헤롯의 아버지인 에돔인[14] 안티파테르는 그 협정으로 인해 자신의 야심이 좌절될지도 모른다는 두려움에 휩싸였다. 그는 히르카누스에게 '나바테안'(Nabatean)의 군대의 도움을 받아 아리스토불루스를 공격하라고 부추겼다. 둘 사이의 전쟁을 매우 치열했다. 히르카누스는 성전의 상번제에 사용될 양이 바닥날 때까지 예루살렘을 포위했다. 예루살렘의 모든 유대인이 매일 양 두 마리씩을 받는 대가로 일정액을 지급하기로 협정이 체결되었다. 그런데 어느 날 히르카누스의 군대가 바구니에 돼지를 넣어 예루살렘 주민을 모욕하기도 했다.

교착상태에 있던 두 형제는 사건 해결을 위해 시리아에 있었던 로마의 장군 폼페이(Pompey)를 찾아갔다. 폼페이는 둘 사이의 내분을 기회로 예루살렘을 치려고 계획하고 있었기 때문에 형제를 물리치고 군대를 진격시켰다. 그는 예루살렘을 포위한 3개월 후에 성을 함락하고 주민들을 무참하게 학살했다. 그 당시 이스라엘의 국경은 성경에 약속된 영토에 가까울 만큼 그 경계가 넓었다. 하지만 폼페이는 이 국경선을 무너뜨렸으

---

[14] 적국과의 연합을 막기 위해 에돔인을 상대로 강제로 개종을 강요했던 (할라하에 규정되지 않은) 에돔인 개종 정책으로 요하난 후르카노스 시대에 막을 내렸다.

며, 유다를 로마에 귀속시켰다. 유다는 지도자와 대제사장인 히르카누스와 보좌관이었던 안티파테르가 다스렸으며, 아리스토불루스와 그의 아들들은 족쇄를 차고 로마로 압송되었다.

"일을 사랑하라"

이 미쉬나는 생업의 중요성을 가리키는 것이며, 정직하게 생업에 종사하는 사람은 (앞에서 살펴 본) 법정에 설 일이 거의 없기 때문이다.

미쉬나 11절 משנה יא

אַבְטַלְיוֹן אוֹמֵר:
חֲכָמִים, הִזָּהֲרוּ בְדִבְרֵיכֶם,
שֶׁמָּא תָחוֹבוּ חוֹבַת גָּלוּת
וְתִגְלוּ לִמְקוֹם מַיִם הָרָעִים,
וְיִשְׁתּוּ הַתַּלְמִידִים הַבָּאִים אַחֲרֵיכֶם וְיָמוּתוּ,
וְנִמְצָא שֵׁם שָׁמַיִם מִתְחַלֵּל.

아브탈욘은 말한다:

학자들이여, 너희들의 말에 신중하라.

왜냐하면 너희는 너희의 도시를 떠나

악한 물[이단(heresy)]이 있는 장소로 추방될지도 모르기 때문이다.

너희들을 따르던 제자들이

그곳에서 물을 마시고 죽을 것이고,

결국 천국의 이름이 더럽혀질 것이다.

미쉬나 11절

아브탈욘, "아이들의 관리인(custodian)"

아브탈욘은 어린아이들에 대한 관심이 많은 인물로 잘 알려져 있다. "아브탈욘"은 본명이 아니라 고아에 대한 그의 보살핌의 공로로 인해 붙여진 별명이며, 그 뜻은 "아이들의 관리인"이라는 뜻이다('아브'[Av]는 관리인[직역하면 '아버지']이고, '탈리아'[talya]는 [아람어로]'아이'이다).

이 미쉬나에서 아브탈욘은 후세대들에게 토라를 정확히 전달하도록 현인들을 촉구했다.

"현인들이여, 네 말을 조심하라"

이 미쉬나는 소호의 안티고노스의 예와 같이 불명확하게 토라를 전하는 것에 대해 경고한다. 명확하지 않은 토라를 전수받은 제자(혹은 제자의 제자)가 잘못된 정보의 반복을 통해 스승의 가르침을 와전시키게 된다면, 토라의 기본적인 교리가 부정될 것이다(1:3).

이 미쉬나는 하나의 이야기로 연결되었으며, 각 구절은 다음과 같이 해석된다.

"학자들이여, 너희들의 말에 신중하라."

"무능한 제자를 가르칠 수 없다"(마코스 10a)라고 했기 때문에 유능한 제자만을 가르쳐야 한다. 사실 무능한 제자를 가르치는 스승은 "로마 신 머큐리(헤르메스)을 숭배하는 사람"과 다를 바 없기 때문에 결국 "게힌놈에 떨어질 것이다"(훌린[Chullin] 133a).

"추방당하지 않도록"

일단 유능한 제자들을 모았다면 너에게는 토라를 명확하게 가르칠 의무가 주어진다. 너의 가르침은 엄격하게 검증받을 것이기 때문에 행여 잘못 가르친다면 평생 도망자 신세가 될 수도 있다.

더불어 네가 도망친 지역은 **"악한 물(유대인의 정신을 해롭게 하는 이교도의 물)이 흐르는 곳"**일 수도 있다.

"너희들을 따르는 제자들이 그곳에서 물을 마시고 죽을 것이며"

이교도의 이념을 따르는 현지인들이 네 가르침을 듣게 된다면, 그들은 그것을 잘못 해석할 것이 분명하다. 또한 너와 함께 추방당한 제자들도(마코트[Makkos] 10a; 람밤, 로쩨이아흐[Rambam, Rotzei'ach] 7:1) 그 잘못된 해석에 영향을 받을 것이고, 그들의 영혼이 죽게 될 것이다.

"결국 천국의 이름이 더럽혀질 것이다"

네 제자들이 우상숭배로 돌아선 것을 본 현지인들은 이것이 토라의 진정한 교리라고 말할 것이다(람밤에 대한 피르케이 모세). 마침내 이 가르침들은 후세로 전해질 것이며 독초처럼 퍼질 것이다.

네 가르침을 복습하라

라쉬는 "학자들이여 너희들의 말에 신중하라"를 "현인들이여, 네 교훈을 복습할 때 네 말을 조심하라"로 해석한다.

라쉬는 다른 이들에게 문헌을 전해주기 전에 이를 잘 연구해야 한다는 전제 아래 미쉬나의 흐름을 다음과 같이 설명한다.

"추방당하지 않도록"

죄인들에게 금지된 것이 허락될 수 있는 구실을 제공할 경우 너에겐 하나님의 분노(추방)가 임할 것이며, 그곳에서 무능한 제자들만 발견하게 될 것이다.

"너희들을 따르는 제자들이 그곳에서 물을 마시고 죽을 것이고"

추방된 곳을 떠나게 될지라도 네게서 배운 무능한 제자들은 네 말을 계속해서 잘못 해석할 것이다.

"결국 천국의 이름이 더럽혀질 것이다"

그들의 죄는 죽음을 가져올 것이고, "그것이 네가 장수하여 많은 해를 누리게 하고"(잠 3:2), "지혜는 그 얻은 자에게 생명나무라"(잠 3:18)라고 약속했다 하더라도 그들을 지켜주지 않았다며 하나님의 이름은 더럽혀질 것이다.

부주의함의 결과

때로는 정확한 발음에 주의를 기울이지 않은 것만큼이나 아주 사소한 일로 매우 심각한 결과가 나타날 수 있다. 예를 들면, 한 스승은 그의 제자들에게 미크베(mikveh)[15]에 길러온 물 1 '힌'(액체 용량 단위)이 미크베를 부정하게 한다고 가르쳤다. 하지만 '힌'을 '에인'(ein)으로 발음하는 바람에 "길러온 물은 미크베를 부정하게 하지 않는다"라는 뜻이 되어 원래 의도와는 정반대의 뜻이 되고 말았다.

---

[15] 유대교 정결 예식에서 몸을 담그기 위해 물을 담아 놓는 도구

다른 경우로, 탈무드 현인 랍비 마스나는 마짜(matza)[16]를 굽기 위해 쓰이는 물은 반드시 '마임 셸라누'(mayim shelaNU, '밤새 떠놨던 물')이어야 한다고 가르쳤다. 그러나 그의 제자들은 그가 '마임 셰라누'(mayim sheLAnu, '우리의 물')로 잘못 알아들었다. 이는 랍비 마스나(Masnah, [우리])의 물을 넣어 마짜를 만들어야 한다는 뜻이 된다. 그래서 주민들은 성스러운 랍비의 물을 얻기 위해 달려갔다고 한다(페사힘 42a).

현인들이여, 네 울타리에 붙어 있으라

현인들은 울타리, 혹은 보호막을 만들어 토라의 계명을 지키고자 했다(1:1). 이 미쉬나에서 "너의 말들"이 바로 울타리를 뜻하는 것으로써, 반드시 필요한 보호막에 대한 그들의 선언을 말한다.

학자는 토라의 지식이 풍부하기 때문에 지식이 부족해 실수를 할 수 있는 일반 사람에게나 이런 울타리가 필요하다고 생각할 수 있다. 하지만 아브탈욘은 이것은 옳지 않다고 가르친다. 현인들도 다른 사람과 동일한 가이드라인을 지켜야 한다는 것이다.

이 전제에서 나머지 미쉬나 본문을 다음과 같이 이해할 수 있다.

"추방당하지 않도록"

랍비가 세운 울타리를 처음으로 위반한 사람은 추방당할 수 있는 네 가지 죄(우상숭배, 금지된 관계, 살인, 안식년의 법을 어기는 것) 가운데 하나를 저지를 수 있다(5:11).

그리고 추방을 당하더라도 악한 결과들이 계속적으로 뒤따르게 될 것이다. "너희들을 따르는 제자들이 그곳에서 물을 마시고 죽을 것이며", 이방인들이 "네 하나님은 어디 있느냐?"(시 115:2)라고 물을 것이기 때문에 "결국 천국의 이름이 더럽혀질 것이다."

---

[16] 무교절에 먹는 누룩이 들어가지 않은 빵

"현인들이여, 조심하라" – 누설되지 않도록

아바르바넬(Abarbanel)은 이 미쉬나가 추방(갈루스[Galus])을 말하는 것이 아니라 토라의 비밀에 대한 폭로(길루이[Gilui])라고 해석한다.

즉, 현인들은 토라의 숨겨진 교리를 누설해서는 안 된다는 것이다. 준비되지 않은 사람들에게 토라의 신비를 가르치는 것은 "소다 위에 식초를 붓는 격"(잠 25:20)이기 때문이다. 산성인 식초는 소다를 녹여버린다(훌린 133a).

준비되지 않은 제자는 교리들을 잘못 이해할 것이며, 그는 잘못 이해된 교리들을 다른 제자들에게 가르침으로써 후대에 심각한 영적인 피해를 입히게 될 것이다. 이러한 이유로 하늘의 이름이 더럽혀진다는 것이다. 더욱이 유대인이 징계를 받아 추방을 당하면 이방인들은 "여호와의 백성이라도 여호와의 땅에서 떠난 자라"(겔 36:20)라고 조롱할 것이다.

모범이 되어라

어떤 주석가들은 아브탈욘의 경고에 대해서, 현인이 계명을 가르칠 때에는 반드시 모범을 보여야 한다는 것을 뜻하는 것이라고 했다. 탈무드에 기록된 바와 같이 "다른 이들을 책망하기 전에 너의 단점을 고치라"(바바 메찌아 107b)는 것이다. 그렇게 하지 않으면 할라하의 세부적인 항목들을 무시할 것이며, 그 결과 그들은 추방을 당할 뿐만 아니라 하나님의 이름마저도 더럽혀 질 것이다.

아브탈욘은 스스로 모범을 보임으로써 이를 촉구했다. 그는 아론의 길을 따라 평화를 사랑하고 추구했다(그는 이 어려운 원칙을 터득하고 난 뒤에 비로소 다른 사람들을 가르쳤다). 다음 절에서 살펴보겠지만, 힐렐은 이것을 자신의 좌우명으로 삼았다.

미쉬나 12절   משנה יב

הִלֵּל וְשַׁמַּאי קִבְּלוּ מֵהֶם.
הִלֵּל אוֹמֵר:
הֱוֵי מִתַּלְמִידָיו שֶׁל אַהֲרֹן,
אוֹהֵב שָׁלוֹם וְרוֹדֵף שָׁלוֹם,
אוֹהֵב אֶת הַבְּרִיּוֹת וּמְקָרְבָן לַתּוֹרָה.

힐렐과 샴마이는 그들로부터 토라[전통]를 전수 받았다.

힐렐은 말한다:

  평화를 사랑하고 평화를 추구하고

  사람들을 사랑하고

  토라에 더욱 가까이 그들을 데리고 오는

  아론의 제자들 중에 한 사람이 되어라.

미쉬나 12절

연구 동역자

힐렐과 샴마이는 마지막 현인들이자 5대 지도자였으며, 각각 산헤드린의 나시와 아브 베이트 딘이었다.

지도자의 직위는 셔마야와 아브탈욘에서 힐렐과 샴마이에게 직접적으로 전해진 것이 아니었다. (밑에 언급되겠지만) 이들 사이에 '브네이 베세이라'(Bnei Beseira) 가문이 유대민족을 이끈 기간이 있었다.

힐렐과 샴마이가 지도자로 활동하던 당시 산헤드린은 할라하 판결의 유일한 의결기구였으며, 할라하적인 논쟁이 없었던 놀라운 기간으로 기록된다. 힐렐과 샴마이가 견해를 달리했던 것은 단 세 가지에 불과했다 (샤보트 14b).

이 시기가 끝나고 탄나임의 시대가 시작되었을 때 논쟁의 빈도수가 늘어났다. "근면함이 약해지고 예리한 통찰력이 무뎌지면서 현인들은 이견을 보이기 시작했으며, 각자 기본 원칙들에 대한 자신만의 지식과 논리를 고집했다"(람밤, 미쉬나 주석 서론). 이는 힐렐과 샴마이 학파의 끊임없는 논쟁으로 이어졌다.

역사적 배경

힐렐과 샴마이는 지정학적 변화가 극심하던 격변의 시대에 활동했다. 페르시아의 파르티아인들은 로마 제국이 내분으로 인해 일시적으로 약화된 틈을 타서 남서 아시아와 유다를 포함한 중동의 방대한 영토를 정복했으며, 그들은 아리스토불루스 2세의 아들 안티고노스를 왕과 대제사장으로 세웠다. 그리고 로마의 비호 아래 유다를 다스렸던 히르카노스를 족쇄를 채워 바벨론으로 압송했다.

그러나 안티고노스의 지배는 3년도 채 가지 않았다. 왕위를 노리던 헤롯이 로마 군대의 지원을 받아 예루살렘을 포위하였다. 5개월 뒤 예루살렘 성벽이 무너지고 안티고노스도 죽었으며, 그의 죽음과 함께 하스모니아 왕조 시대도 끝났다.

헤롯은 로마 정부의 승인 아래 유대 민족의 반대(평화로웠던 하스모니아 왕조를 지냈던 유대인들이 외세의 지배를 거부함)에도 불구하고 스스로 왕좌에 올랐다. 헤롯의 지배는 피로 물든 잔인함으로 점철되었다. 그는 집권 초기에 장차 자신의 지배에 해가 될지 모르는 하스모니아 가문을 모두 죽였다(그래서 슈무엘은 "하스모니아 가문의 일원이라 말하는 자는 반드시 노예일 것이다"라고 했다[키두쉰 70b]). 그리고 그가 왕위에 오르자마자 산헤드린 공회원들을 처형했다.

유대 민족의 전통과 문화는 이방인 왕에게는 낯설었다. 헤롯은 토라의 민감한 사항을 무시한 채 로마와 그리스의 양식을 따라 궁궐과 이방신들을 위한 신전과 원형극장들을 건설했다.

그는 제2의 수도가 된 사마리아에 세바스티아(sebastia)를 지었으며, 해안에는 가이사랴(Caesarea)를 두었다. 예루살렘 성전에서 그렇게 멀지 않은 곳에 극장과 경기장을 지어 유대인 정신과는 먼 경기와 전투를 벌였다. 헤롯은 이를 통해 자신의 권력을 견고히 하고 로마의 환심을 사고자 했다. 그는 이에 충당할 자금을 조달하기 위해 억압받는 유대 민족에게 감당할 수 없는 세금을 부과했다.

과도한 세금이 유대인의 증오심을 악화시킨다는 것을 알게 된 헤롯은 의심이 많아지고 더욱 잔인해졌다. 그는 반란의 낌새가 보이기만 해도 그 누구를 막론하고 처형함으로써 반역의 싹을 아예 잘라 버렸다.

헤롯은 유대 민족의 환심을 사고, 현인들을 처형한 것에 대해 어느 정도의 속죄를 하기 위하여 새롭고 아름다운 성전을 짓는 거대한 프로젝트를 기획하였다. 현인들은 "헤롯 시대의 건축물을 보지 않았다면, 가장 아름다운 건축물을 보지 않은 것"(바바 바스라 4a)이라고 하였다.

그 어지러운 시기에 유대인들을 영적으로 안전하게 인도하는 것이 유대 민족 지도자의 임무였다. 그들은 지속적인 박해로 중단된 전통을 회복시키고, 현안을 다룰 법률을 제정하며, 헤롯의 계략으로부터 백성들을 보호하고, 불필요한 유혈을 방지하기 위해 사람들의 증오심을 가라앉힐 의무가 있었다.

이 어둠과 파괴의 시기 동안 힐렐은 유대인들의 영적인 삶을 재건하기 시작했다. 그의 노력은 성공적인 결과들을 낳았다. '레이쉬 라키쉬'(Reish Lakish)는 "처음 토라가 잊혀졌을 때는 바벨론에서 학사 에스라가 이를 회복시켰으며, 토라가 다시 잊혀졌을 때는 힐렐이 바벨론으로부터 와서 회복시켰다"(수카 20a)라고 했다.

토라에 대한 힐렐의 헌신

바벨론에서 태어난 힐렐(페사힘 66a, 등)의 뿌리는 다윗 왕과 아비탈 사이에서 태어난 스바댜까지 거슬러 올라간다(케투보트 62b와 라쉬; 예루살렘 탈무드. 타아니스 4:2; 버레이쉬트 라바 98:8). 그래서 피르케이 아보트에 담긴 그의 가르침들은 아람어로 기록되었을 것으로 보인다. 하지만 차후에 살펴보겠지만 다른 이유들도 제기된 바 있다.

힐렐은 토라를 배우고자 하는 열정으로 고향을 떠나 이스라엘로 갔으며, 나무꾼으로 일하면서 당대의 최고의 위인이었던 셔마야와 아브탈욘에게서 토라를 배웠다(이들이 가르치는 학당은 약간의 비용만 내면 누구나 참석할 수 있었다).

힐렐은 저명한 학자가 된 이후에도 슈마야와 아브탈욘으로부터 토라를 배우기 위한 노력을 게을리 하지 않았다고 한다. 현인들의 증언에 의하면, "힐렐은 매일같이 자신의 하루치 임금인 1 '타르페이크'(tarpeik[0.5 디나르]) 가운데 절반을 가족을 부양하기 위해 사용했으며, 나머지 절반은 학당 입장료를 지불하는데 사용했다. 한 겨울 어느 금요일 아침에 그는 돈이 없어 학당에 들어갈 수 없었다. 그는 슈마야와 아브탈욘의 입으로부터 살아계신 하나님의 말씀을 듣기 위해 천장의 창으로 기어 올라갔다.

밤새 눈이 내렸다. 안식일 날 아침 새벽에 슈마야는 아브탈욘에게, "내 형제 아브탈욘이여, 매일 아침 해가 돋으면 방이 밝아졌는데 오늘은 어둡군요. 오늘 날씨가 흐린가?"라고 하였다. 그들은 천장의 창을 올려다보았을 때 그곳을 가리고 있는 사람의 형체가 눈에 들어왔다. 그들이 올라가서 보니 힐렐이 3 규빗(약 1.3m) 정도 되는 눈에 묻혀 있었다. 그들은 힐렐을 끄집어내어 목욕을 시키고, 기름을 발라준 뒤에 불 앞에 앉아 몸을 따뜻하게 했다. "이런 사람을 위해서라면 안식일 규례가 문제가 되지 않을 것이다'(요마 35b)라고 말했다"고 한다.

힐렐의 헌신적인 열정에 감명을 받은 현인들은 "힐렐은 모든 가난한 자들의 입을 막았다"라고 한다. 즉, "가난한 사람들이 천국에 갔을 때, 자신이 가난하여 토라를 배울 수 없었다고 주장한다면, '너는 힐렐보다 더 가난하였느냐?'라는 질문을 받게 된다는 것이다."

나시로 임명된 힐렐

슈마야와 아브탈욘이 유대 민족의 지도자 지위에서 물러난 후, 그 직위는 예루살렘의 진정한 왕가 가운데 하나이며, 산헤드린의 얼마 남지 않은 특권(새로운 달을 성별하고, 윤년을 정하며, 여러 가지 할라하적 문제를 결정하는)을 보유한 '브네이 베세이라'(Bnei Beseira) 가문에서 가져갔다.

어느 해, 유월절의 첫 날이 안식일과 겹치자 브네이 베세이라 가문은 유월절 번제와 안식일 가운데 어느 쪽이 우선인지를 잊어버렸다. 이때 어떤 사람이 슈마야와 아브탈욘을 섬기던 힐렐을 소개하자 그를 곧바로 소환하였다. 힐렐이 그 문제에 대해서 들은 후에 "유월절 어린 양 한 마리뿐 아니라 매년 바치는 200마리 이상의 양들도 안식일보다 우선합니다. 유월절(민 9, 28장)은 원래 유월절 양과 상번제(타미드[Tamid]) 제물 모두를 가리킬 때 쓰는 용어입니다. 상번제가 안식일보다 중요하듯, 유월절 양 또한 안식일보다 중요합니다."라고 대답했다(페사힘 66a). 답변을 들은 브네이 베세이라 가문은 힐렐의 뛰어난 토라 지식을 겸손히 받아들였으며, 그 즉시 영적인 권위를 그에게 넘겨주었다.

나시로 임명된 힐렐은 그의 이력에 유일하게 기록된 사건을 기회로 브네이 베세이라 가문을 책망했다. "당신은 왜 할라하를 기억하지 못했는지 아십니까? 이는 당신이 당대 최고의 지도자인 슈마야와 아브탈욘을 섬기지 않았기 때문입니다." 그가 이런 책망을 한 것은 토라 학자를 섬기는 것과 살아 있는 스승들에게서 전통을 받는 것이 중요하다는 것을 강조하기 위함이었다. 힐렐의 의도는 좋았으나 그 즉시 벌을 받았다. 하루는 안식일에 도축용 칼을 움직일 수 있느냐는 질문이 제기되었으며, 이에 힐렐은 뭐라고 대답해야 할지를 몰랐다. 그는, "내가 이 할라하를 배웠으나 잊었습니다. 하지만 그 문제는 유대인들에게 맡기십시오, 그들이 비록 선지자는 아닐지라도 선지자의 후손들이기 때문입니다"(유월절에 수천의 유대인들이 예루살렘으로 유월절 양을 바치기 위해 왔을 때, 각자의 칼로 양의 뿔 사이를 찌르거나 양털 속에 찔러 넣었다)라고 대답하였다.

초반에 힐렐과 함께 산헤드린을 이끌었던 인물은 아브 베이트 딘으로 섬기다가 사퇴한 메나헴(Menachem)이었다. 현인들의 증언에 의하면, "메나헴 스스로 떠났다"는 것이다(하기가 16a). 후대에 탈무드 학자들은 이것의 진의에 대해 "그가 유대 전통의 길에서 떠났다"(아바예의 주장)고 하는지 혹은 "그는 80쌍의 제자를 데리고 왕을 섬기러 갔다"(라바의 주장; ibid 16b)고 하는지 의견이 분분했다.

결국에는 샴마이가 그의 자리를 대신했다.

평화를 사랑하고 평화를 추구한 힐렐

힐렐의 가르침을 온전히 행한 사람은 힐렐 자신 외에는 없었다. 그는 언제나 친절하고 침착했고, 거친 파도에는 윤활유를 부어 잠잠하게 했으며, 화해와 평화의 정신으로 빛났다.

미드라쉬 슈무엘은 힐렐이 피르케이 아보트에서 가르침을 자신의 삶으로 모범을 보였듯이, 피르케이 아보트에 언급된 현인들이 각각 자신들의 가르침을 삶을 통해 본을 보였을 것임을 추론할 수 있다고 한다.

현인들은 힐렐을 화나게 할 수 있는지에 대해 내기를 건 두 남자에 대한 일화를 전해주었다. 만일 힐렐을 화나게 한다면, 그는 400 주즈(zuz, 화폐 단위)를 딸 수 있었다고 한다(아보트 데랍비 노손 15, 샤보트 31a).

한 남자가 금요일 오후에 힐렐의 집으로 갔다. 힐렐은 그때 다가오는 안식일을 준비하기 위해 머리를 감고 있었다.

그 남자는 문을 두드리면서 빈정대듯이 "힐렐이라는 분이 여기 계십니까?"라고 외쳤다.

힐렐은 이 시간에 방문한 사람이라면 급한 일일 것이라 생각하여 옷을 두르고 출입문으로 갔다. 그는 "무엇을 원하는가?"라고 물었다.

그 남자는 "궁금한 것이 있어서 왔습니다."라고 대답하였다.

힐렐은 부적절한 방문 시간에 대한 언급은 하지 않고, "궁금한 것이 무엇이오!"라고 했다.

그 남자는 "왜 바벨론 사람들의 머리는 뾰족한지요?"라고 물었다.

질문에 섞여있는 경멸적인 뉘앙스를 무시한 채(힐렐 자신도 바벨론에서 왔다), "아주 좋은 질문이네. 그것은 산파가 훈련을 제대로 받지 못했기 때문에 그렇다네."라고 대답했다.

그 남자는 힐렐의 집을 떠났다가 잠시 후 다시 돌아왔다. 그는 다시 문을 두드리며, "힐렐이라 하는 분이 여기 계십니까?"라고 외쳤다.

힐렐은 또 다시 옷을 두르고 출입문으로 나왔다. "무엇을 원하는가?"

그 남자는 "왜 타르모드 사람들은 시력이 약한지요?"라고 물었다.

힐렐은 전과 같이 차분한 어조로 대답했다. "아주 좋은 질문이네. 그것은 그들이 사막에서 살고 있기 때문에 바람이 불면 모래가 눈에 들어가서 그렇다네."

그 남자는 힐렐이 목욕할 때까지 기다렸다가 다시 돌아와서 "힐렐이라는 분이 여기 계십니까?"라고 외쳤다.

힐렐은 다시 옷을 두르고 나와서 변함없이 차분한 태도로 말했다. "무엇이 필요한가?"

그 남자는 "아프리카 사람들은 왜 발이 큰지요?"라고 물었다.

힐렐은 이전과 같은 차분한 어조로 대답했다. "좋은 질문이네. 그것은 그들이 늪에 살기 때문이라네."

남자는 자신의 술수가 아무런 효력이 없는 것을 깨닫고, 힐렐에게 말했다. "제게는 많은 질문이 있지만 당신이 화를 낼까 두렵습니다." 이렇게라도 해서 그는 힐렐의 마음속에 분노가 심어지길 바랐다. 힐렐은 해가 질 때가 되었지만 옷을 걸치고 남자 앞에 앉아서 "궁금한 것이 있으면 무엇이든지 물어보아도 좋네."라고 말했다.

남자는 갑작스레, "당신은 혹시 나시이신 힐렐 스승님이십니까?"라고 물었다.

"그렇다네."

"그렇다면 스승님 같은 분이 별로 없기를 바랍니다!"

"왜 그렇게 바라는가?"

"왜냐하면, 제가 스승님으로 인해 400 주즈를 잃게 되었기 때문입니다!"

힐렐은 침착하게 대꾸했다. "속상해 하지 말게나. 힐렐이 화를 내는 것보다 자네가 400 주즈를 잃는 것이 낫다네."

힐렐이 이웃들을 토라로 인도하다

힐렐의 이웃에 대한 사랑과 그들에게 보여준 겸손한 태도는 샴마이에게 거부당한 사람들과의 관계에서도 잘 드러난다.

어느 날 이방인이 샴마이에게 찾아와 "랍비님, 토라는 몇 개가 있습니까?"라고 물었다.

샴마이는 "성문 토라와 구전 토라, 두 개가 있네."라고 대꾸했다.

이방인은 "그렇다면 저는 성문 토라만 믿고, 구전 토라는 믿지 않겠습니다."라고 했다.

샴마이는 즉시 그 이방인을 쫓아냈다. 그는 힐렐에게로 가서 동일한 질문을 했다. 힐렐은 그를 내쫓는 대신에 히브리어 글자를 가르치기 시작했다. 다음날 이방인은 좀 더 배우기 위해 돌아왔다. 어제 배운 것을 복습하기 위해 첫 글자를 '알레프'(א)라고 읽었을 때, 힐렐은 "그것은 '알레프'가 아니라 '베이트'(ב)일세"라고 했다.

"어제는 알레프라고 가르쳐 주셨잖아요!"라고 그가 항의했다.

이에 힐렐은 "내가 너에게 성문 토라에 대해서 가르쳤을 때 나를 믿었으니, 나나 다른 스승들이 구전 토라에 대해서 가르칠 때도 믿어야 하네(샤보트 33a; 내용은 약간 차이가 있지만 아보트 데랍비 노손 15:3에서도 유사한 이야기를 찾을 수 있다)."

현인들은 또 다른 이방인에 얽힌 이야기도 전해주었다. 어느 이방인이 학당 앞을 지나갈 때 서기관이 "그들의 지을 옷은 이러하니 곧 흉패와 에봇과 겉옷과 …"(출 28:4)라는 구절을 낭독하는 것을 들었다. 이방인은 "이런 훌륭한 예복을 입는 것은 누구입니까?"라고 물었다.

누군가 그에게 "성전에서 섬기는 대제사장이 입는 것입니다"라고 대답했다.

이것을 듣고 이방인은 샴마이에게 찾아가서 말했다. "저는 대제사장이 되기를 원합니다. 저를 유대교로 개종시켜 주십시오."

샴마이는 그를 책망하며, "지팡이와 가방을 들고 떠돌던 일개 개종자에게 그런 자격을 주는 제사장은 없다네."라고 말했다.

그는 포기하지 않고 힐렐에게로 가서 재차 요청을 했다.

힐렐은 그를 옆에 앉히고 말했다. "대제사장이 되길 원한다면, 먼저 대제사장이 어떻게 행동해야 하는지 배워야 한다네."

그 이방인은 유대교로 개종하기 전에 대제사장이 되기 위해 필요한 조건들을 배우기로 동의했다. 힐렐이 그를 가르치기 위해 성경을 폈을 때 "외인이 가까이 오면 죽일지며"(민 1:51)라는 구절이 보였다. 그때 이방인이 물었다. "이 사람은 누구를 가리키는 거죠?"

"제사장이 아닌 자들 모두를 가리키는데, 내 조상인 다윗 왕도 예외는 아니라네."라고 힐렐이 말했다.

이방인은 "하나님의 자녀라고 불리며, '제사장 나라가 되며 거룩한 백성이 되리라'(출 19:6)라고 부르신 유대인마저도 외인이라고 한다면, 나같이 어떠한 유대적 배경도 없는 개종자는 어쩔 방도가 없겠구나."라고 생각했다.

그는 처음 품었던 소망을 버리고, 유대교로 개종을 한 뒤에 다시 힐렐을 찾아가서 말했다.

"축복을 받으십시오. 저를 하나님께로 인도해주셔서 감사합니다. 선생님의 자상함이 저로 하여금 이 세상에서의 삶과 내세에서 생명을 얻게 하였습니다."(아보트 데랍비 노손 ibid.; 샤보트 ibid)."

그에게는 두 아들이 있었다. 그들의 이름은 힐렐과 감리엘(힐렐의 손자 이름을 따서 지었다)이었으며, "힐렐이 개종시킨 사람"으로 알려졌다.

이러한 형태의 개종자 이야기 가운데 가장 유명한 것은, 어떤 이방인이 샴마이에게 와서 말했다. "제가 한 발로 서 있는 동안 저에게 토라를 모두 가르치신다면 유대교로 개종하겠습니다."

이에 불쾌해진 샴마이는 건축자의 지팡이를 휘두르며 그를 쫓아냈다. 이것으로 샴마이는 토라가 단단한 기초가 필요한 건물이라는 것을 가르쳤다. 토라는 침착하고 성숙한 사람이 아니고선 배울 수 없다는 것이다.

이방인은 힐렐에게 다시 한 번 더 토라를 가르쳐달라고 요청했다. 힐렐은 그의 요청을 받아들이고, "네가 하기 싫어하는 것을 남에게 하지 말라. 이것이 토라 전체이고 나머지는 주석이라네. 이제 가서 배우게나."(샤보트 ibid)라고 가르쳤다고 한다.

탈무드를 보면 세 명의 개종자들이 여관에서 만나 서로에게 자신의 이야기를 들려주었다는 기록도 있다. 그들은 모두 "샴마이의 까칠함 때문에 우리가 하나님으로부터 멀어질 뻔했지만, 힐렐의 자상함이 우리를 하나님의 날개 아래로 인도했구나!"라고 감탄했다는 것이다.

"많은 제자들을 세워라"

탈무드는 힐렐에게 80명의 아주 뛰어난 학생들이 있었다고 한다. "30명은 모세처럼 하나님의 임재를 경험할 만하고, 30명은 눈의 아들 여호수아처럼 태양이 그들 위에 머물러 있을 만하며, 나머지 20명은 중간 정도의 수준이었다. 이들 가운데 가장 뛰어난 제자는 '요나산 벤 웃지엘'(Yonasan ben Uziel)이었고, 제일 수준이 낮은 제자는 '요하난 벤 자카이'(Yochanan ben Zakkai)이었다. 일설에 의하면, 랍비 요하난 벤 자카이는 구약성경을 비롯하여 미쉬나, 게마라(논리적인 추론), 할라하(시내 산에서 모세에게 전수된 율법), 아가다, 토라의 미묘한 차이(할라하를 유추하기 위한), 그리고 서기관들의 자세한 지시사항들(현인들이 제정한 보호막), '칼 브호메르'(kal v'chomer)와 '게제이라 샤바'(gezeirah shavah)같은 해석학적인 원칙들, 절기 계산법과 게마트리아, 수호천사들의 어록, 악마들의 어록, 야자나무들의 이야기, 목욕하는 여자들과 여우에 대한 우화, 위대하고 사소한 문제들('위대한 문제'는 천상의 병거(Supernal Chariot)에 대한 것이고 '사소한 문제'는 아바예와 라바의 탈무드 토론을 말하는 것이다)과 같은 모든 학문을 섭렵했다는 것이다."

탈무드는 이어서 말했다. "제일 수준이 낮은 자의 학문이 이렇다면, 가장 위대한 자는 어떠하겠는가! 요나산 벤 웃지엘이 앉아서 토라를 연구할 때는 그의 머리 위를 날아가던 새가 새까맣게 타버렸다고 한다."(수카 28a).

이 제자들이 힐렐 학파의 중심이었다. 그들은 위대한 스승 못지않게 친절하고 겸손했다. 그들은 힐렐 학파의 관점뿐만 아니라 샴마이의 학파의 관점도 학습하였다. 그들은 자신의 견해를 제시하기 전에 샴마이 학파의 견해부터 인용했다. 그 결과 할라하는 힐렐 학파의 의견을 따른다는 음성이 하늘에서 들렸다고 한다(실제로는 표결에서 샴마이 학파를 이겼다는 것이다. 에이루빈 13b).

힐렐 학파는 타락한 자라고 할지라도 토라가 그를 회개시키는 능력이 있기 때문에 모든 사람에게 토라를 가르쳤다. 특히 그들은 가난한 사람들에게 각별한 관심을 가졌는데, 이는 토라 학문이 가난한 사람들에게서 비롯되었다는 전통 때문이었다.

가난한 이들을 돕는다

힐렐이 활동하던 당시에 안식년이 되면 유대인들의 채무가 면제된다는 것 때문에 서로에게 돈을 빌려주지 않았다.

그래서 가난한 사람의 형편은 더욱 어려워졌으며, "삼가 너는 마음에 악한 생각을 품지 말라 곧 이르기를 일곱째 해 면제년이 가까이 왔다 하고 네 궁핍한 형제를 악한 눈으로 바라보며 아무 것도 주지 아니하면 그가 너를 여호와께 호소하리니 그것이 네게 죄가 되리라"(신 15:9)는 계명을 어기는 부유한 자들이 많아졌다.

이것을 보고 힐렐은 부채관계를 법원이 관리하여 채권자가 돈을 회수할 수 있게 해주는 문서인 '프로즈불'(Prozbul, 셰비이스[Shevi'is] 10:3-4)을 제정함으로써 문제를 해결했다.

힐렐은 가난한 이들을 돕기 위해 또 다른 중요한 정책을 제정했다. 이는 집을 팔아 급전을 마련해야 할 정도로 사정이 여의치 않은 사람을 돕기 위한 것이었다.

할라카에 의하면, 도시 안에 있는 집을 팔았을 경우에 1년 내에는 그 집을 되살 수 있었다고 한다(아라힌[Arachin] 9:4). 그런데 집을 매입한 사람들이 1년이 다되어 갈 때쯤에 잠적하여 원 주인이 그들에게 돈을 지불하고 집을 되찾을 수 없게 하는 경우도 있었다.

힐렐은 이런 폐해를 방지하고자 집값을 제3자에게 공탁하면 집을 되찾을 수 있는 법을 제정했다.

힐렐이 가난한 이들을 위해 베푼 친절은 전설이 되었다.

탈무드에 의하면, 어느 명문가의 남자가 돈을 잃고 난 후 빈털터리가 되자 힐렐은 그에게 타고 다닐 말을 사주고, 그 말을 끌어줄 하인도 구해주었다. 하루는 하인이 보이지 않자 힐렐 자신이 하인이 되어 3 마일(4.8 km)이나 말을 끌었다고 한다(케투보트 67b).

슬퍼하라, 경건한 이여! 슬퍼하라, 겸손한 이여!

위대한 세 명의 위인(모세, 라반 요하난 벤 자카이, 랍비 아키바)같이 힐렐도 120세를 일기로 세상을 떠났다. 그는 첫 40년은 바벨론에서, 그 다음 40년은 슈마야와 아브탈욘을 섬겼으며, 마지막 40년은 민족의 지도자로서 살았다.

그가 죽었을 때, 비록 짧지만 진심이 담긴 두 마디로 칭송을 받았다. "슬퍼하라, 경건한 이여! 슬퍼하라, 겸손한 에즈라의 제자여!"

나시(Nesi'im)의 계보

힐렐은 위대한 사람일 뿐만 아니라, 유대인들이 겪었던 가장 힘겨운 시간을 포함한 수 백 년에 걸쳐서 일어난 토라 지도자들의 1대 조상이었다.

"'규는 유다를 떠나지 아니하며 통치자의 지팡이가 그 발 사이에서 떠나지 아니하시기를 …'(창 49:10). 여기서 규는 바벨론의 엄격한 유대인 공동체의 지도자들을 가리키고, 지팡이는 백성들에게 토라를 가르친 힐렐의 후손을 가리킨다(산헤드린 5a)"

아버지로부터 아들로 이어진 계보는 다음과 같다:

1. 힐렐 장로
2. 라반 쉬므온 벤 힐렐.
3. 라반 감리엘 장로.

4. 라반 쉬므온 벤 라반 감리엘 장로(10 순교자 가운데 하나).

5. 라반 요하난 벤 자카이 – 힐렐의 제자로 후손은 아니다.

6. 야브네의 라반 감리엘.

7. 라반 쉬므온 벤 라반 감리엘 2세.

8. 랍비 여후다 하나시(약칭은 랍비[Rebbe]로 알려져 있다).

9. 라반 감리엘(3세).

10. 랍비 여후다 네시아.

11. 랍비 감리엘(4세).

12. 랍비 여후다 네시아(2세).

13. 힐렐 2세.

(어떤 권위자에 의하면, 랍비 여후다 네시아(10번)의 아들이 힐렐 2세라고 한다. 그렇게 되면 9-12번까지의 지도자들은 생략되어야 한다[라쉬바쯔, 피르케이 아보트 16]. 혹자는 이들이 반드시 포함되어야 한다고 주장하며, 오히려 두 사람이 누락되었다고 한다.)

"아론의 제자가 되라"

전체 이야기 가운데 절반이 모세와 아론에 대한 내용이다. 이들의 역동성은 수세기 후에 샴마이와 힐렐 학파의 가르침으로 재현되었다.

아론의 성품은 모세가 각 지파를 축복한 것과 같이(신 33:8) 평화를 사랑하고 자비로웠다. 성경에도 "[아론은] 화평과 함께 [하나님과] 동행했다"(말 2:6)라고 기록되어 있다.

반면에, 모세는 성경에 "그는 내 온 집에 충성함이라'[진실'과 어원이 같다]"(민 12:7)라고 기록된 것에서 볼 수 있듯이 진실했으며, "여호와의 공의를 행했다"(신 33:21)는 것에서 그가 의로웠다는 것을 확인할 수 있다.

모세가 이집트에 있는 그의 민족을 만나기 위해 돌아와 아론과 만났을 때, "[아론의] 인애와 [모세의] 진리가 같이 만나고, [모세의] 의와 [아론의] 화평이 서로 입 맞추었으며"(시 85:10)(얄쿠트 쉬모니, 쉐모트 174)라고 한다.

모세가 정의와 법에 대한 사회의 틀을 짰다면, 아론은 사랑과 우정의 정신을 가르쳤다.

모세는 책망을 주저하지 않았지만, 아론은 누구에게도 "너는 잘못했다!"라고 말하지 않았다. 논쟁이 벌어졌을 때 아론은 양 측의 자존심을 지켜 주었으며, 모두가 만족할 만한 해결책을 제시했다. 그래서 모세의 죽음 앞에서는 "이스라엘의 자손이 애곡했다"(신 34:8)라고 했으나, 아론의 죽음 앞에서는 "이스라엘의 모든 족속(여성과 아이들을 포함하여)이 애곡했다"(민 20:29)라고 했다.

힐렐이 아론의 성품을 몸소 실천했기 때문에 이 미쉬나에서 아론이 거론된 것이다.

그렇다면 힐렐은 왜 '아론'이 되라고 하지 않고 '아론의 제자가 되라'고 한 것인가? 그 이유는 아론처럼 된다는 것은 도달할 수 없는 야망에 불과하기 때문이다(미드라쉬 슈무엘).

아론에게서 배워라

그럼에도 여전히 의문이 남는다. 왜 힐렐은 "평화를 사랑하고 평화를 따르라"라고 하지 않고 아론을 언급하는 것인가? 사실, 힐렐은 단지 자신의 뜻을 전하기 위해 시편("평화를 찾고 평화를 따르라"[34:15])을 인용했을 뿐이다.

랍비 '엘아자르 아즈카리'(Elazar Azkari)는 사람의 내면에는 본래 평화가 존재하지 않기 때문에 "평화를 찾을 수 없다"라고 주장할 수 있다고 했다. 이에 힐렐은 아론의 제자 가운데 한 사람의 성품을 닮아야 한다고 대답했다. 광야에 있던 모든 유대인들이 아론의 제자라고 생각했듯이, 모든 유대인들은 어느 곳에 있을지라도 아론의 제자가 될 수 있다(세페르 하레이딤[Sefer Chareidim], 1부 8:2).

힐렐이 특별히 아론을 언급한 또 다른 이유는, 일반적인 논쟁에서 자신은 논리적으로 여기고, 상대편은 싸우기 좋아하는 것이라고 보았기 때문이다. 힐렐은 우리들이 아론처럼 행동하지 못한다면, 진정으로 평화와 이웃을 사랑하는 것이 아니라고 가르친다(미드라쉬 슈무엘).

또한, 아론의 평화 추구는 그의 일 가운데 중심이었다. 그는 개인들 사이에 평화로운 관계를 만들기 위해 대제사장으로서의 역할을 잠시 옆으로 미루기도 했다. 우리도 또한 사이가 좋지 않은 사람들을 평화롭게 할 수 있다면 우리가 하던 일도 잠시 미뤄두어야 한다. 특히, 학문의 상아탑 속에 머물기를 좋아하는 토라 학자들이라면, 이웃을 돕고 사소한 갈등이나 논쟁을 중재하기 위해 시간을 쪼개었던 아론을 모델로 삼아야 한다(야베쯔).

평화를 사랑하고 평화를 추구하라

단순히 평화를 '사랑'하는 것만으로는 충분하지 않다. 적극적으로 평화를 '추구해야' 한다.

어떤 이들은 대립은 피하면서도 화해를 도모하는 데는 별다른 노력을 하지 않는다. 하지만 아론은 그렇지 않았다. 그는 사람들의 마음속에 진정한 평화를 심기 위해 부단히 노력했다. 아론이 생각하는 평화는 단순히 갈등을 해소하는 차원이 아니라 고귀한 가치 그 자체로 보았다.

아론은 두 사람 사이에 언쟁이 벌어지게 되면, 한 사람씩 따로 찾아갔다고 한다. 먼저 찾아간 사람에게 "자네를 화나게 했던 친구는 후회하고 있지만, 당신의 기분을 나쁘게 했다는 것 때문에 미안해서 오지를 못하고 있네."라고 했으며, 다른 사람에게도 같은 말을 전했다. 이런 식으로 두 사람이 언쟁을 벌인 것을 후회하고 "서로를 끌어 안고 입맞춤을 할 때까지" 둘 사이를 오갔다고 한다(아보트 데랍비 노손 12:3).

아론이 그들의 화해를 위해 연극을 했다는 것을 아무도 몰랐다. 그들은 단지 상대방의 이야기를 전해주는 것으로만 알았다는 것이다. 그래도 아론은 개의치 않았다. 평화에 대한 사랑이 그의 유일한 관심사이었기 때문에 감사의 표시나 인정을 받는 것에는 전혀 관심이 없었다(미드라쉬 슈무엘, '라베이누 요세프 벤 슈샨'[Rabbeinu Yosef ben Shushan]의 가르침을 인용).

이 일화를 통해서 우리는 평화를 이루기 위해서라면 사실과 다르게 말해도 된다(때로는 다르게 말할 수밖에 없다)는 것을 알 수 있다(예바모트 65b). 비록 진실이 세상을 떠받치는 세 기둥 가운데 하나이지만(1:18), 평화는 진실보다 더 위대하기 때문이다(야베쯔).

평화는 위대하다

현인들의 가르침에 의하면, "거룩하시고 복되신 하나님께서 유대민족에게 주실 복을 담을 그릇은 평화 외에는 없다"라고 한다. "여호와께서 자기 백성에게 힘을 주심이여 여호와께서 자기 백성에게 평강의 복을 주시리로다."(시 29:11, 우크친 3:11)라고 기록되어 있기 때문이다.

평화가 없다면 다른 모든 복들은 서서히 사라질 것이다. 건강과 부유함이 소진되고 지위가 추락하며, 모든 영적인 성장은 분쟁의 화염 속에 사그라질 것이다. 하지만 평화가 있다면 모든 복이 우리에게 임할 것이다.

그래서 "슈마"와 "슈모네 에스레이"의 두 축사가 평화에 대한 기도로 마무리되며, 제사장이 유대인을 축복할 때에도 "여호와는 그 얼굴을 네게로 향하여 드사 평강 주시기를 원하노라"(민 6:26)라는 간절한 소망으로 끝을 맺는 것이다.

"평화는 위대하다, 하나님께서 내려주시는 모든 복과 선함과 위로를 평화와 함께 봉해두셨다"(바이크라 라바). 그리고 "평화는 위대하다, 평화는 모든 축복이 들어있으니"(ibid.)라고 현인들은 강조한다.

"유대인들이 우상을 숭배하더라도 그들 사이에 평화가 있다면 '나는 그들을 어찌할 수 없다'고 하나님께서 말씀하셨다"(버레이쉬트 라바 38:5). 그리고 "그들을 심판 할 수도 없다"라고 단언하는 현인도 있다(탄후마 짜브 7).

마지막으로, "메시아이신 왕이 오시면 그분은 오직 평화와 함께 사역을 시작하실 것이다. '평화라고 외치는 사람들의 발이 산 위를 걷는 것이 얼마나 사랑스러운가!'"(바이크라 라바 ibid.)

"평화를 찾고 평화를 따르라"(시 34:15)

마하랄의 가르침에 의하면, "평화를 사랑하라"는 말은 언쟁을 피하는 데 전력을 다하라는 뜻이고, "평화를 따르라"는 말은 언쟁이 벌어졌다면, 평화를 회복하기 위해 노력해야 한다는 뜻이라고 한다. 이 둘 중에 후자가 훨씬 더 어렵다. 때문에 우리는 적극적으로 평화를 따라야 한다는 것이다.

또한 미드라쉬 슈무엘은 상대방이 화해에 아무런 관심이 없을 때에도 평화를 추구해야 한다고 좀 더 적극적인 견해를 제시한다.

'따른다'는 말은 갈등이 너무 깊어지기 전에 서둘러 화해를 추구해야 한다는 의무감이 내포되어 있는 것이다. "언쟁은 수로와 같아서 틈이 생기게 되면, 갈수록 그 틈이 더 넓어질 것이다"(산헤드린 7a).

앞서 언급한 대로, 힐렐의 지침은 그의 조상이었던 다윗 왕의 말을 연상시킨다. "평화를 찾아 따를지어다."(시편 ibid). 다윗은 두 가지 사건을 통해서 이 지침의 실례를 보여주었다.

사울 왕이 다윗을 죽이기 위해 그를 찾을 때, 다윗은 사울을 죽일 수 있는 두 번의 기회가 있었다. 한 번은 사울 혼자 다윗과 그의 부하들이 숨어 있는 동굴에 들어왔을 때이며, 또 한 번은 보초도 세우지 않은 채 사울이 홀로 잠들어 있었던 침상의 머리맡에 다윗과 아비새가 서 있었을 때였다.

이 두 번의 기회가 있었을 때 다윗의 군사들은 사울을 죽이라고 재촉했지만, 다윗은 그를 해치지 않았다. 다윗은 오히려 이 기회를 통하여 평화를 되찾기 위해 노력했다. 동굴에서 그는 적의가 없다는 것을 드러내기 위해 사울의 옷 끝자락을 조금 잘라냈다. 다윗은 목숨을 걸고 사울 앞에 나타나서 다음과 같이 말했다: "내 아버지여 보소서 내 손에 있는 왕의 옷자락을 보소서 내가 왕을 죽이지 아니하고 겉옷 자락만 베었은즉 내 손에 악이나 죄과가 없는 줄을 오늘 아실지니이다. 왕은 내 생명을 찾아 해하려 하시나 나는 왕에게 범죄 한 일이 없나이다. 여호와께서는 나와 왕 사이를 판단하사 나를 위하여 왕에게 보복하시려니와 내 손으로는 왕을 해하지 않겠나이다. 옛 속담에 말하기를 악은 악인에게서 난다 하였으니 내 손이 왕을 해하지 아니하리이다. 이스라엘 왕이 누구를 따라 나왔으며 누구의 뒤를 쫓나이까 죽은 개나 벼룩을 쫓음이니이다"(삼상 24:11-15).

두 번째 기회에서 다윗은 사울의 창과 사울의 머리맡에 있던 물병을 가져갔고, 다윗은 멀리서 사울과 그의 부하들을 불러 자신은 사울을 해치고 싶은 마음이 없으며, 화해하기를 원한다고 외쳤다(삼상 26장).

"평화를 찾는 것"과 "따르는 것" 사이의 관계는 여러 가지 경우로 이해할 수 있다. 친구와는 평화를 찾고 원수와는 평화를 따르라는 것으로,

자신이 있는 곳에서는 평화를 찾고 다른 곳에서는 평화를 따르라고 이해할 수 있다. 또한 행동으로는 평화를 찾고 돈으로는 평화를 따라야 하고, 자신을 위해서는 평화를 찾고 이웃을 위해서는 평화를 따라야 한다는 해석도 가능하다. 오늘은 평화를 찾고, 내일은 평화를 따르라(마알라스 하미도트).

"사람들을 사랑하고 그들을 토라 앞으로 인도하라"

"그[아론]가 화평함과 정직함으로 나[하나님]와 동행하며 많은 사람을 돌이켜 죄악에서 떠나게 하였느니라."(말 2:6) 아론은 어떻게 죄로부터 사람들을 돌이키게 할 수 있었는가? 그는 사악한 사람을 만나게 되면 따뜻한 미소로 맞이했다고 한다. 그 다음날 사악한 사람에게 죄를 저지르고 싶은 충동이 생겼을 때, "내가 이런 죄를 저지르고 어떻게 아론의 눈을 똑바로 볼 수 있을까?"라며 돌이켰다는 것이다(아보트 데랍비 노손 12).

현인들은 "아론은 유대인과 하나님 사이뿐만 아니라, 유대인과 현인들 사이와 현인과 현인 사이에도, 그리고 일반 유대인들 사이와 남편과 아내 사이에도 평화를 이루었다"고 말한다('탄나 데베이 엘리야후 라바'[Tanna DeVei Eliyahu Rabbah])."

아론은 죄인들을 꾸짖거나 그들을 멀리하지 않고, 오히려 죄인들을 사랑함으로써 그들을 토라 앞으로 인도했다.

탈무드에 언급된 '랍비 제이라'(R' Zeira)는 아론과 같이 그의 집 가까이에 사는 무법자 집단에게 친절과 우정의 손을 내밀었다. 랍비 제이라의 동료들은 그가 토라 현인으로서의 명예를 저버렸다며 불만스러워했다. 하지만 랍비 제이라가 죽고 난 이후 이 무법자들은 "지금까지는 랍비 제이라가 우리의 선을 구해주었지만, 이제 우리를 위해 기도해줄 이가 아무도 없구나."라며 탄식했으며, 이를 들은 동료 학자들은 자신들의 잘못을 뉘우쳤다고 한다(산헤드린 37a).

"피조물"을 사랑하라

이웃을 사랑하게 되면 자연스럽게 그를 토라 앞으로 인도하게 될 것이다.

'아담'이라는 말은 창조주께서 손수 만드신 아담의 형상으로 창조된 사람을 의미한다. 하지만 미쉬나는 인류의 가장 낮은 층을 가리키는 '브리요트'(b'riyos['피조물'])라는 표현을 더 선호한다. 이는 하나님의 토라와 예배를 멀리하고, 하나님의 형상을 따라 창조되었다는 것이 유일하게 남은 장점뿐인 사람들을 뜻하는 것이다.

'티페레트 이스라엘'은 이 미쉬나가 세 가지 층의 사람들과 우리의 관계에 대해 언급하는 것이라고 해석한다.

첫째, "아론의 제자 같은 자가 되어라." 자신이 토라 지도자들보다 우월하다고 생각할지라도 아론으로부터 그들과 어떻게 대화해야 할 것인지를 배우라는 것이다. 모세가 미디안에서 이집트로 돌아오기 전, 아론은 이미 수년 동안 유대민족들의 지도자였다. 하지만 그는 모세가 자신의 자리에 오를 것이라는 것을 듣고 기뻐했다. "아론이여, 그가 너를 만나러 나오나니 그가 너를 볼 때에 그의 마음에 기쁨이 있을 것이라"(출 4:14).

둘째, 이웃들과의 관계를 맺는 것에 있어서는 "평화를 사랑하고 평화를 따르라"는 것이다. 언쟁을 피하고 갈등이 벌어지는 곳에서는 그것을 해결할 방도를 찾으라.

마지막으로, "피조물을 사랑하고 그들을 토라 앞으로 인도하라." 지식과 선한 행동이 부족한 이웃들에 대해 인내심을 가져야한다는 것이다.

그렇게 하는 것이 그들을 토라 앞으로 인도하게 되기 때문이다. 힐렐의 말처럼 "헐뜯기를 좋아하는 사람은 스승이 될 수 없다"(2:6).

이웃을 토라 앞으로 인도하라

'루바비치의 랍비 메나헴 멘델 슈니어슨'(R' Menachem Mendel Schneersohn of Lubavitch)은 우리가 이웃들을 토라 앞으로 인도해야 한다는 것이 힐렐의 가르침이었다고 한다.

혹자는 토라를 사람들에게 잘 이해시키기 위해서는 현대적인 생각과 행동에 맞춰져야 한다고 생각한다.

그러나 토라가 계절에 따라 바뀔 필요가 없다고 한 사람은 다름 아닌 인내와 관용의 모범을 보인 힐렐이었다. 람밤 역시 "토라는 영원히 변함 없이 존재할 것이며, 일점일획도 빼거나 조금도 더해지지 않을 것"이라고 했다(예소데이 하토라).

랍비 요세프 야베쯔는 힐렐이 "토라를 가르치라"고 하지 않고 "사람들을 토라 앞으로 인도하라"고 요구한 점을 지적했다. 이는 토라를 배울 수 없는 사람들에게도 토라 자체의 빛으로 그들의 앞길을 비추어 줄 수 있다는 것이다.

가장 위대한 사랑은 이웃을 토라 앞으로 인도하는 것이다. 그래서 그들이 토라의 길을 걷게 한다면, 이 세상에서는 기쁨을 선물하고 내세에는 의인을 위해 숨겨둔 복을 안겨 주게 되는 것이다(톨도트 야코브 요세프).

미쉬나 13절   משנה יג

הוּא הָיָה אוֹמֵר:
נְגַד שְׁמָא, אֲבַד שְׁמֵהּ.
וּדְלָא מוֹסִיף, יָסֵיף.
וּדְלָא יָלֵיף, קְטָלָא חַיָּב.
וּדְאִשְׁתַּמֵּשׁ בְּתַגָּא, חֲלָף.

그는 말하곤 했다:

명성을 추구하는 자는 그의 평판을 잃게 된다.

그의 토라의 배움을 증가시키지 못하는 자는

그것을 오히려 감소시킨다.

토라 가르치기를 거절하는 사람은

죽어 마땅하다;

그리고 토라의 면류관을 착취하는 사람은

사라지게 될 것이다.

미쉬나 13절

이 미쉬나는 왜 아람어로 되어 있는가?

　대부분의 미쉬나들과는 달리 이 본문은 히브리어가 아니라 아람어로 기록되어 있다.

　마하랄은 데레흐 하하임에서, 힐렐이 바벨론 출신이기 때문에 아람어가 그의 모국어라고 해명했다. 또한 '벤 바그 바그'(Ben Bag Bag)와 '벤 헤이 헤이'(Ben Hei Hei)의 가르침을 인용한 피르케이 아보트의 두 본문들도 아람어로 기록되어 있는데, 이는 그들이 아람어를 모국어로 사용하던 개종자들이었기 때문이다. 그러나 탈무드는 아람어에서 히브리어로 번역한 구절들이 더러 있기 때문에 이를 타당한 이유로 보기에는 부족하다.

　'바루흐 셰아마르'에서, '랍비 바루흐 엡스테인'(R' Baruch Epstein)은 라쉬의 말을 인용하여 학자들이 주로 평범한 시민들과 연관된 구절들을 아람어로 번역했다고 주장한다.

　그래서 '온켈로스'(Onkelos)는 "여성을 포함하여 거룩한 언어(히브리어)를 배우지 않은 자들을 위해"(라쉬) 토라를 아람어로 번역했다고 한다. 람밤은 "에즈라의 시대부터 토라를 낭독하면 통역사가 이를 아람어로 옮겨

주었다"(테필라 12:10)라고 말한다.

매일 드리는 기도들에도 아람어로 번역된 여러 구절들이 포함되어 있다(케두샤 데시드라, '우바 레찌온'[U'va LeTzion]에서 인용). 이는 현인들이 "모든 유대인들이 조금씩이라도 매일 토라를 배우기를 원했기 때문이다"(소타 49a; 라쉬, 아케두샤 데시드라).

그러므로 토라 연구에 대한 것과 모든 개인의 삶에 영향을 미치는 보상과 징벌, 신앙의 문제들을 다루는 가르침은 보편적인 관용구로 기록되어 있다. 또한 토라 연구는 유대 민족의 행복한 삶의 핵심이었다. 그래서 힐렐은 바벨론에서 이민 온 사람들도 토라를 쉽게 이해할 수 있도록 아람어로 배우는 것을 촉구한 것이다(미드라쉬 슈무엘, 토사포트 욤 토브).

"명성을 추구하는 자는 그의 평판을 잃게 된다"

이 구절을 직역하면 "이름을 추구하는 자는 이름을 잃을 것"이라는 뜻이다. 사람이 명성을 얻고자 원해서, 즉 자신의 이름을 온 세상에 '알리고자' 하여 오직 그 일에만 자신의 모든 노력을 쏟아 붓는다면, 그는 원했던 것을 얻는 데 실패할 것이다. 또한 "사람이 명성을 추구하면 명성은 그를 떠날 것이기 때문에"(에이루빈 13b) 자신의 이름(그의 좋은 평판)마저도 잃을 것이다.

현인들은 "자신의 것이 아닌 것을 바라보는 자는 그것을 얻을 수 없을 것이며, 그에 더하여 이미 가진 것마저 잃을 것이다"(소타 9a-b)라고 가르쳤다. 자신이 번 것이 아닌 것을 소유로 삼고자 하는 사람은 낙타와 같다. 낙타는 창조되었을 때 소와 같은 뿔이 달리기를 요구했지만, 하나님은 뿔을 주기는커녕 두 귀를 잘라버리셨다는 것이다(산헤드린 106a).

랍비 모세 알샤카르는 이 원칙이 삶의 모든 분야에 적용된다고 했다. 그는 "만일 네가 미련하여 스스로 높은 체하였거나"(잠 30:32)라는 구절을 "네가 자신을 어리석은 자로 보이게 했다면, 네가 있어야 할 자리에서 자신을 더 높이려 했기 때문이다"라고 해석한다.

"내가 네 이름을 창대하게 하리니 너는 복이 될지라"(창 12:2)

만약 어떤 사람이 훌륭한 명성을 얻을 자격을 갖추었을지라도 너무 잘 알려지게 되면 오히려 그것을 잃을 수도 있다.

명성을 가진 사람은 하나님과 사람으로부터 세밀한 조사를 받게 된다. 모두의 시선의 중심(공공의 주목을 받음)에 서게 됨으로 인해 증오와 질투심을 유발할 수도 있다.

"자신의 이름을 정부가 알게 해서는 안 된다. 정부가 재산을 노리고 그를 죽일 수 있기 때문이다"라고 현인들은 가르쳤다(아보트 데랍비 노손 12:13). 그래서 그들은 "사람은 언제나 그림자 속에 남아야 한다. 그래야 살아남을 수 있다"(산헤드린 14a, 92a)라고 권고했다.

그러나 자신의 공동체를 청렴하게 이끌려고 하는 사람이 무슨 죄를 저지르겠는가? 공인으로서의 부담과 걱정이 그의 삶을 짧게 한다면 그것으로 만족하라는 것인가? 혹시 그가 벌을 받는다면 그의 명성마저 더럽혀진다는 뜻인가?

이는 그렇지 않다. 명성을 찾는 자가 오히려 명성을 잃는다는 원리는 공공의 행복을 위해서가 아니라 사적인 성공을 원하는 사람에게만 적용된다. 하지만 사람이 다른 이들의 행복을 위해서 일하고, 그 결과 그들의 신뢰를 얻고 소원을 이룬다면, "하나님은 그런 겸손한 자에게 은혜를 베푸신 것이다"(잠 3:34).

그래서 하나님은 아브라함에게 "네 이름을 창대하게 하겠다."라고 약속하셨으며, 더불어 아브라함이 그런 도량으로 뛰어난 지도자가 되면 "너는 복이 될지라"(창 12:2)고 맹세를 하셨다. 아브라함은 복을 받으며, 그의 이름은 영원히 잊히지 않을 것이다.

"명성을 멀리하면, 명성이 그를 따라 온다"(에이루빈 13b)

현인들은 "만일 네가 미련하여 스스로 높은 체 했다면"(잠 30:32)이라는 구절에 대해 다른 해석을 보여준다. "어떤 사람이 토라를 배우기 위해 자존심을 내려놓고 대추야자로 끼니를 때우며, 더러운 옷을 입고 현인들이 모인 문간에 앉아 있다면 사람들은 그를 거지 취급할 것이다. 하지만 그는 결국 토라의 모든 것을 얻을 것이다"(아보트 데랍비 노손 11:2).

그런 이유로 "자신을 높이고자 토라를 배우는 사람은 다른 사람들로부터 멸시를 받지만, 토라를 배우기 위해 자신을 겸손하게 낮추는 사람은 높임을 받게 되는 것이다"(ibid).

그리고 랍비 아키바는 랍비 쉬므온 벤 요하이를 인용하여 "사람은 뒤에 앉아 있다가 앞으로 불려나오는 것이 앞에 앉아 있다가 뒤로 물러나달라고 요청받는 것보다 낫다"(바이크라 라바 1:5)라고 가르쳤다.

겸손과 명성

힐렐의 가르침에 대해 미드라쉬 슈무엘은 "사람이 자신의 명성에 관심을 두지 않는 겸손함으로 이름을 낮춘 이후에야 그의 이름이 높아질 것"이라고 해석했다.

미드라쉬 슈무엘은 하나님이 아브라함에게 이스라엘의 땅으로 가라고 말씀하신 뒤에 아브라함에게 그의 계속될 복에 대해 확신시켜 주었다고 한다. 사람은 자신이 있던 곳을 떠나게 되면 그곳에 자신의 명성이 남게 된다. 아브라함은 하나님의 명령에 따라 자신의 평판과 명성을 버리고 떠났기 때문에 그는 명성을 얻을 자격이 있었다. 그래서 주민들도 아브라함을 "우리 가운데 있는 하나님이 세우신 지도자(prince)"**17**(창 23:6)라고 불렀던 것이다.

이러한 아브라함과 반대되는 인물이 고라이다. 성경은 그를 "고라가 손에 넣었다"(민 16:1)라고 수수께끼처럼 기록했다. 그가 무엇을 가져갔다는 것인가? 고라는 자신이 지도자가 될 때까지 기다리지 않고 무력으로 갈취했다는 뜻이다. 하지만 "시간을 무력으로 빨리 가게 하려는 사람은 오히려 뒤로 밀려날 것이다"(에이루빈 13b). '페쉬스하의 랍비 심하 부넴'(R' Simchah Bunem of Peshischa)은 고라가 자신의 때를 기다리지 않았듯이, 땅도 그가 죽을 때를 기다리지 않고 서둘러 입을 벌려 그를 삼켜버렸다고 가르쳤다(오짜르 하임, 고라흐[Otzar Chaim, Korach]).

지도자는 자신의 명성을 버린다

마하람 쉬크는 피르케이 아보트에 대한 주석에서 '느가드'(n'gad)라는 단어를 문자 그대로, "끌어낸/제거한 사람"(one who draws out)으로 해석했는데, 이 단어는 왕자나 지도자를 뜻하는 '나기드'(naggid)와 관계가 있다는 것이라고 한다. 토라 앞으로 사람들을 이끄는 목표에 합당한 공동체의 지도자는 자신의 명예와 공로를 포기할 각오가 되어 있어야 한다.

하지만 미드라쉬 슈무엘은 이 구절을 다르게 해석한다. 어떤 이가 평화

---

17 한글 성경에는 '지도자'라고 번역을 하였다. 히브리어 נשיא는 '우두머리, 지배자, 왕, 왕세자, 군주, 방백, 지도자' 등으로 번역할 수 있다.

를 사랑하고 평화를 추구하는 아론의 길을 따른다면, 혹 그가 "그의 이름(명성)을 잃더라도(죽은 후에라도)" 그는 여전히 "이름(명성)을 끌어낸 사람"이 될 것이다. 즉, 사람들은 그의 영향력을 계속적으로 느끼게 된다는 것이다.

"지속적으로 증가시키지 못하는 자는 그것을 오히려 감소시킨다"

모든 주석가들은 이 구절이 토라를 연구하는 것이라는 데 동의한다. 하지만 정확하게 의미하는 바가 무엇인지에 대해서는 다양한 의견들을 제시한다.

어떤 주석가들은 이 구절이 몇 권의 책만 배우고 나서 더 이상의 연구를 중단한 사람들을 가리키는 것이라고 해석했다(아보트 데랍비 노손 12:13). 그렇게 되면 결과적으로 그가 알고 있는 것마저 빼앗기게 된다는 것이다. 왜냐하면, 복습을 하지 않으면 이미 배운 것도 잊어버린다는 자연스러운 결과 외에도 영적인 심판이 따르기 때문이다. 앞으로 끊임없이 나아가는 것은 인간에게 주어진 의무이다. 이를 행하지 않는 사람은 이미 얻은 영적인 유익마저도 상실하게 된다. 토라는 모든 유대인에게 "만일 네가 나(토라)를 배우는 것을 하루를 거르게 되면, 나(토라)는 너를 이틀간 버릴 것이다"(예루살렘 탈무드, 베라호트의 마지막; 얄쿠트 쉬모니, 에이케브 [Eikev] 873)라고 경고했다. 토라 연구를 소홀히 하는 것은 "구부러진 것도 곧게 할 수 없고 모자란 것을 셀 수 없도다"(전 1:15)라는 것과 같다.

사람이 더 이상 앞으로 나아가지 않는다면 필연적으로 뒤로 밀려난다. "지혜로운 자는 위로 향한 생명 길로 말미암음으로 그 아래에 있는 스올을 떠나게 되느니라."(잠 15:24). 천사들과는 다르게 인간은 정체할 수 없기 때문에 전진하지 않으면 퇴보한다. 따라서 위로 올라가지 않으면 게힌놈으로 떨어지게 된다.

'라베이누 에프라임'(Rabbeinu Efraim)은 "지속적으로 증가시키지 못하는 자"는 토라를 복습하지 않는 사람을 가리킨다고 한다. 현인들은 "누구든 토라를 배우고 복습하지 않는다면, 씨는 뿌리되 거두지 않는 농부와 같다"(산헤드린 99a)라고 말했다.

라베이누 요세프 벤 슈샨은 이에 동의하지 않는다. 그는 이 미쉬나가 배우고 복습하는 사람을 가리키지만, 과거에 배운 것에 새로운 것을 "더하지" 않은 것이 잘못되었다고 지적한다. 즉, 이미 배운 지식에 새로운 지식을 더하지 않고, 유행에 따라 제멋대로 배웠다는 것이다. 이러한 배움은 머릿속에서 사라질 것이 자명하다.

토라 없이는 생명도 없다

톨레도의 라베이누 이쯔학 벤 슐로모는 이 미쉬나를 배울 만큼 배웠다고 생각하여 배움을 중단한 사람은 죽게 될 것이라는 가르침으로 이해했다. 즉, 그 자신의 존재가 "중단"된다는 것이다.

메이리도 이와 유사하게, 지속적인 영적 성장을 위해 노력하지 않는 사람은 죽을 것이고, 사람들의 기억 속에서 사라질 것이라고 해석했다.

라베이누 요나는 피르케이 아보트에 대한 그의 주석에서 같은 견해를 제시했다. "학식을 갖춘 사람은 배움에 대한 의지를 잃을 수도 있다. 그는 토라가 보여줄 수 있는 모든 것을 보았다 생각하고, 더 이상 난해한 구절들을 연구하는 데 시간을 낭비할 필요가 없다고 생각한다. 힐렐은 그런 사람에 대해서, 토라 연구를 중단한다는 것은 더 이상 살아가야 할 이유가 없기 때문에 지상에서 사라져야 된다고 말했다."

이것이 진정 관용과 인내의 모범인 힐렐의 메시지라고 할 수 있는가? 그렇다. 토라 연구를 소홀히 하는 자는 더 이상 살아야 할 이유가 없다.

라쉬와 라베이누 바히야는 더 나아가 이 미쉬나가 토라 연구를 하기는 하지만, 기회가 있을 때마다 연구하지 않은 사람을 가리킨다고 한다. 토라를 연구하는 것은 "네 생명이요 네 장수(長壽)이다"(신 30:20). 랍비 아키바는 '파푸스 벤 예후다'(Pappus ben Yehudah)에게 "토라 연구를 중단한다면, 물밖에 나온 물고기와 다를 바 없다"라고 말했다(베라호트 61b).

토라 연구는 원칙적으로 밤에 한다. 왜냐하면 "달은 오직 배움을 위해서 창조되었기 때문이다"(에이루빈 65a; 람밤, 탈무드 토라 3:13). 그러므로 밤이 긴 가을과 겨울밤에는 토라 연구시간을 늘려야 할 의무가 있다.

"배우지 않는 사람은 죽어야 한다."

토라 연구에 충분한 시간을 들이지 않으면 생명이 위태롭게 되기 때문에, 어떤 사람은 아예 토라를 연구하지 않는 편이 더 낫다고 생각할 수도 있다. 하지만 힐렐은 다음 절에서 "토라의 정수를 거부하는 자는 죽어야 한다."(요마 72b; 키두쉰 30b)라고 이를 반박한다.

라베이누 요나는 그런 사람을 동물에 비유한다. 사람이 창조된 이유는 "평안의 길인 토라를 이해하고 가르치기 위해서이다. 따라서 토라를 배우지 아니하거나 그럴 의도가 없는 사람은 하루도 아닌 한 시간도 살 자격도 없다." 그런 사람은 하나님을 의지하지 않고, 영적인 성장이 없으며, 그의 삶에 의미도 없게 될 것이기 때문에 이 세상에서 이룰 수 있는 것이 무엇이 있겠는가? 또한 그가 들짐승보다 더 뛰어난 면이 있다고 할 수 있겠는가?

살기 위해 무엇을 해야 하는가?

힐렐은 뼈에 사무친 심정으로 토라를 연구하지 않는 것에 대해서는 어떠한 변명도 할 수 없다고 가르친다. 토라를 배우는 것은 우리의 사명이다. 토라 없이는 진정으로 살아있는 것이 아니다.

탈무드는 랍비 엘아자르의 가르침을 다음과 같이 기록했다. "무지한 개인들은 [부활의 때에] 살아있지 않을 것이다. 성경에 의하면 '그들은 죽었은즉 다시 살지 못하겠고 사망하였은즉(refaim[레파임]) 일어나지 못할 것'(사 26:14)이라고 했다. 즉, 토라를 배우는 데 게으른 자(refa[레파])는 부활의 때에 살아나거나 일어나지 못할 것이다."

랍비 요하난은 이에 대하여 "하나님은 당신이 그들에 대하여 그런 식으로 말하는 것을 달가워하지 않으실 것입니다"라고 반박했다.

랍비 엘아자르는 "제 의견을 뒷받침할 다른 구절을 제시하겠습니다. '당신의 이슬은 빛의 이슬이기 때문에 땅이 죽은 자(레파임)를 내어 놓을 것입니다'(ibid 19). 즉, 토라의 빛은 그것을 사용한 사람은 부활시키지만, 그렇지 않는 자는 살아날 수 없습니다."라고 응대했다.

랍비 엘아자르는 랍비 요하난이 여전히 화난 것을 보고, "제가 그런 이들을 위한 해결책을 찾았습니다. 토라는 '오직 너희의 하나님 여호와께 붙어 떠나지 않은 너희는 오늘까지 다 생존하였다'(신 4:4)라고 했습니다. 물론 '하나님은 소멸하시는 불'(ibid.)이라고 하셨기 때문에 하나님께 붙어 있을 수는 없습니다. 하지만 사람이 자신의 딸을 토라 학자와 결혼시키거나, 토라 학자와 동업을 하거나, 토라 학자에게 자신의 소유 가운데 일부를 지원한다면, 이는 하나님께 붙어 있는 것이나 마찬가지입니다"(케슈보트 111b)라고 말했다.

배우지 않는 자나 가르치지 않는 자

이 미쉬나의 논리는 다소 곤혹스럽다. 토라를 배우기는 하지만 그 배움에 더하지 않는 자가 죽어 마땅하다면, 전혀 배우지 않는 사람도 똑같이 죽는다는 구절은 너무나 당연하다고 볼 수 있기 때문이다.

바르테누라의 랍비 오바댜는 전자의 사람은 하늘(하나님)의 손에 죽음을 당해야한다고 말하고, 후자는 인간의 손에 죽어야 한다고 한다(개념상으로만 해당된다).

그러나 토사포트 욤 토브는 이 미쉬나를 다르게 이해했다. 토라 연구를 중도에 그만 둔 자가 아예 배우지 않은 자보다 더 엄중한 심판을 받는다는 것이다.

라쉬의 설명은 이 난제의 해결책을 제시한다. 그는 후자가 "배운 적이 없었던 자"가 아니라 "가르친 적이 없었던 자"를 의미한다는 것이다.

티페레트 이스라엘은 이것이 현인으로서의 위신이 실추될 것을 두려워하여 자신의 지식을 나누지 않으려는 토라 현인을 가리킨다고 설명했다.

그래서 그가 향기로운 토라의 향유를 남에게 나누어주지 않았듯이, 그는 생명의 향유를 빼앗겼다.

"마땅히 받을 자에게 베풀기를 아끼지 말며"(잠 3:27)

인류의 삶을 풍요롭게 하고, 고귀한 품격을 갖추게 하며, 질병을 퇴치할 수 있는 모든 분야의 지식을 아까워해서는 안 된다.

탈무드는 랍비 요하난이 치주질환으로 오랫동안 고통을 겪다가 어느 귀족 부인에게 약초를 처방 받아 낫게 되었다고 한다. 그녀는 약재를 누구에게도 알려주지 말라고 당부했지만, 랍비 요하난은 이를 일반에 공개했다. 탈무드는 그의 행동이 윤리적·법적으로 옳은지에 대해 토론한다. 하지만 랍비 요하난은 개인적인 지식을 지키기에 급급했던 당시의 풍조와는 달리 공공의 행복에 이바지할 지식을 나누어주기로 결단을 내렸다는 것이다(요마 84a).

"면류관을 이용하는 사람"

힐렐은 이 "면류관"이 무엇을 뜻하는지 설명하지 않았다. 따라서 우리는 이것이 단 하나뿐인 영원한 토라의 면류관이라고 생각해야 한다(라베이누 요세프 벤 슈샨). 톨레도의 라베이누 이쯔학 벤 쉴로모는 이것이 토라 지식을 마치 상품처럼 다루는 자를 암시하는 것이라고 설명한다.

이 구절은 과거시제로 기록되어 있기 때문에 "면류관을 이용하는 사람은 이미 이 세상을 떠났다"라는 해석이 가능하다. 그의 존재는 더 이상 하나의 생명체가 아니라 그림자에 불과한 존재일 뿐이라는 것이다(미드라쉬 슈무엘). 왜 그는 이다지도 가혹한 심판을 받아야 하는가?

그렇게 토라를 연구하는 것은 생명을 주는 정수가 아니라, 오히려 "치명적인 독"(deadly serum)이 되기 때문이다. "토라는 불순한 의도를 가지고 연구하는 자에게는 치명적인 독이 된다."(타니스 7a).

마찬가지로, '라바 바르 바르 한나'(Rabbah bar bar Channah)도 랍비 요하난의 가르침을 인용하여, "토라의 면류관을 이용하는 자는 이 세상에서 근절 될 것이며 뿌리 채 뽑혀나갈 것이다. 벨사살은 더 이상 거룩하지 않은 성전의 그릇을 개인적인 용도로 사용한 것 때문에 벌을 받았다. 그렇다면 영원히 거룩한 토라를 개인적으로 이용하는 자는 얼마나 더 큰 심판을 받겠는가?"(네다림 62a).

야베쯔는 이 같은 운명이 토라를 이기적인 목적으로 이용하려는 사람들을 기다리고 있다고 한다. 기본적인 생활비를 벌기 위해 토라를 이용한 사람일지라도 그가 기대했던 보상을 하나도 얻지 못할 것이다. 야베쯔는 동사 '할라프'(chalaf)를 "죽다"(pass away)가 아닌 "교환하다"(exchanging)로 해석했다. 즉, "그는 내세에서 받을 보상을 오늘의 보잘 것없는 싸구려 보석과 교환한 것이다."

토라 학자를 이용하다

'레이쉬 라키쉬'(Reish Lakish)는 이 미쉬나가 토라 학자를 이용하는 것을 가리킨다고 했다(메길라 28b). 언젠가 레이쉬 라키쉬는 홍수가 난 지역을 어떤 이의 목마를 타고 건너게 되었다. 하지만 그 남자가 미쉬나의 4가지 명령에 대해 배웠다는 것을 알게 되자, 레이쉬는 토라 학자를 이용해서는 안 되기 때문에 내려달라고 정중하게 부탁했다.

람밤과 바르테누라의 랍비 오바댜는 미쉬나에 대한 주석에서 토라 학자일지라도 제자의 도움을 받을 수 있다고 한다. 랍비 요하난은 탈무드에서 "제자의 섬김을 막는 스승은 그의 친절을 막는 것"이라고 했으며, '라브 나흐만 바르 이쯔학'(Rav Nachman bar Yitzchak)은 "이는 제자로 하여금 하늘을 두려워하지 않게 하는 것"이라고 덧붙였다(케투보트 96a).

네 자신을 살리기 위해 토라 연구에 호소하지 말라

대대수의 토라 지도자들은 명성을 이용해서는 안 된다는 가르침을 설명하기 위해 매우 긴 지면을 할애했다. 탈무드 기록에 의하면, '랍비 타르폰'(Rabbi Tarfon)이 어느 날 들판을 지나가다가 땅에 떨어진 말라버린 대추야자 열매를 보았다. 그는 주인이 없다고 생각되어 몇 개를 주워서 먹었다.

그때 그 밭의 주인이 이를 보고 있었다. 그는 랍비 타르폰이 1년 내내 열매를 따먹은 자가 아닐까 의심했다. 밭주인은 곧바로 뛰어가서 랍비 타르폰을 자루에 넣어 강으로 끌고 갔다.

랍비 타르폰은 처음에는 자신이 누구인지를 밝히지 않았다. 하지만 농부가 자신을 익사시키려고 한다는 것을 깨닫고는 혼잣말을 하듯, "슬퍼하라, 타르폰이여, 이 남자가 너를 죽이려 하는구나!"라고 외쳤다. 이때 자신이 자루에 넣은 사람이 누구인지를 알아차린 농부는 자루를 놔두고 줄행랑을 쳤다(네다림 62a).

탈무드에 의하면, "랍비 타르폰은 남은 평생 '내가 토라의 면류관을 이용하다니, 참으로 애석구나!'라고 탄식했다"고 한다.

랍비 타르폰이 자신을 꾸짖은 이유는 무엇인가? 결국 그는 자신을 살리기 위해서 이름을 밝힌 것이다. 탈무드는 랍비 타르폰이 부유했기 때문에 농부에게 돈을 줘서 정체를 드러내지 않고도 풀려날 수 있었을 것이라고 한다.

유명한 '코즈니쯔의 막기드'(Maggid of Kozhnitz)인 랍비 이스라엘은 그의 하시딤 제자에게 그가 소년이었을 때 이야기를 들려주었다. 위대한 토라 학자였던 랍비 이스라엘의 아버지는 어린 이스라엘이 시간을 낭비하지 않을까 늘 노심초사 했다고 한다.

하누카의 첫째 날 저녁에 이스라엘은 공부를 위해 베이트 미드라쉬에 가기를 원했을 때, 그의 아버지는 이스라엘이 다른 아이들과 함께 하누카 놀이에 끼어들 것이라 걱정했다. 이스라엘은 "아버지께서 하누카 용돈으로 동전 3개를 주시면 저는 그 돈으로 양초를 사서 양초가 타는 동안 공부를 하고, 다 타버리면 집으로 돌아오겠습니다."라고 애원했다.

그의 아버지는 허락했으며, 이스라엘은 베이트 미드라쉬로 갔다. 하지만 그는 양초가 다 타버린 것도 알지 못한 채 연구에 몰입했다. 이스라엘은 예상 시간보다 늦게 귀가하였으며, 아버지는 그가 시간을 허튼 곳에 사용했다고 생각하여 매를 들었다. 이스라엘은 아무런 변명도 하지 않고 묵묵히 매를 맞았다.

막드의 제자들이 이야기를 듣고, "왜 아버지에게 토라를 연구하느라 늦었다"라고 밝히지 않았는지 궁금해 했다. 이에 랍비 이스라엘은 "힐렐이 '토라의 면류관을 이용하는 자는 죽을 것'이라고 했는데, 나에게 토라의 면류관을 이용하라는 것이냐?"라고 제자들을 책망했다.

미쉬나 14절

משנה יד

הוּא הָיָה אוֹמֵר:
אִם אֵין אֲנִי לִי, מִי לִי.
וּכְשֶׁאֲנִי לְעַצְמִי, מָה אֲנִי.
וְאִם לֹא עַכְשָׁיו, אֵימָתַי.

그는 말하곤 했다:

만약 내가 내 자신을 위하여 일하지 않는다면,

누가 나를 위하여 일 할 것인가?

그리고 만약 내가 내 자신을 위하여 일한다면, 나는 무엇인가?

그리고 만약 지금이 아니라면 언제인가?

미쉬나 14절

**"내가 내 자신을 위하여 일하지 않는다면
누가 나를 위하여 일 할 것인가?"**

라쉬와 바르테누라의 라브 오바댜는 힐렐이 토라를 연구하고 계명을 행함으로 얻는 유익에 대해 가르친 것으로 이해했다. 아보트 데랍비 노손(12:9)의 본문과 상응하는 기록은 이를 좀 더 분명하게 서술했다. "내 삶에서 아무것도 얻지 못한다면, 누가 나를 위해서 그리하겠는가?" 사실, "그들의 생명을 속량하는 값이 너무 엄청나서 영원히 마련하지 못할 것임이니라"(시 49:8).

각 개인이 최후의 심판대 앞에 서는 날, 조상의 공로로도 그들을 구원할 수 없다. '라브 카하네'(Rav Kahane)가 말했듯이, "그 누구도 의로운 형제나 아버지의 공로로 구원받을 수 있다고 착각해서는 안 된다. 아브라함은 자신의 아들 이스마엘을 살리지 못했고, 야곱은 형제인 에서를 구하지 못했다. '사람은 자신의 형제조차 구할 수 없는 존재'(ibid)이기 때문이다"(얄쿠트 쉬모니 테힐림 751).

미드라쉬에 의하면, "사람에게는 가족, 돈, 선행이라는 세 가지 친구가 있다. 어떤 사람이 임종을 앞두고 그의 가족들을 불러 모아 '나를 죽음에서 구해 달라'고 애원한다면, 그들은 '사람은 형제를 구원할 수 없으며, 그 어떤 사람도 죽음을 이길 수는 없다'(전 8:8). 돈을 모아 놓고 '구해 달라' 애원하면, 재물은 '진노하시는 날에 무익하다'(잠 11:4)라고 대꾸할 것이며, 마지막으로 선행을 모아서 '나를 구해 달라'라고 하면, 그들은 '당신이 우리에게 오기 전에 우리가 먼저 당신을 찾아 갈 것입니다. 당신의 선행이 앞서 걸어가(사 58:8) 죽음에서 구해내기 때문이다'(잠 11:4)라고 대답할 것이다"(얄쿠트 쉬모니, 이사야 494).

회개에 대한 영감

게론디(Gerondi)의 라베이누 요나는 이 미쉬나가 회개를 촉구하는 음성이라고 해석했다. 그는 '샤하레이 테슈바'(Shaarei Teshuvah 2:26-34)에서 "'내가 내 자신을 위하지 않는다면'(내가 내 영혼을 깨우지 않는다면), '누가 하겠는가?' 그 어떤 외적인 자극이 나의 두꺼운 육체를 뚫을 수 있겠는가?"라고 역설했다.

사람이 내적인 변화를 일으키려는 세력에 영적·정신적으로 준비되어 있으면, 그 어떤 것으로도 그를 움직일 수 없을 것이다. 훈계와 책망이 잠시 마음을 움직일 수도 있지만, 얼마가지 못해 연못에 돌이 가라앉듯 잔물결을 일으키며 조용히 사라질 것이다.

그래서 솔로몬은 "의인의 혀는 순은과 같거니와 악인의 마음은 가치가 적으니라"(잠 10:20)라고 기록한 것이다. 의인의 책망은 순은처럼 순수하지만, 악인의 마음에 미치는 영향은 거의 없다는 것이다. "네가 어찌 허무한 것에 주목하겠느냐 정녕히 재물은 날개를 내어 하늘에 나는 독수리처럼 날아가리라"(잠 23:5).

책망을 듣고 난 후 모든 것은 듣는 이의 마음에 달려 있다. 만약 그가 책망의 말들을 내면에 받아들이면 진정한 은그릇이 될 것이다. 하지만 이를 거부한다거나 아직 자신의 것으로 만들지 못했다 할지라도 반복적으로 들을 필요가 있다. 책망을 내면화 할 수 없다면 무의미한 어구의 나열에 지나지 않는다. 하지만 그가 다시 듣고자 한다면 이는 메마른 대지에 내리는 단비와 같다.

톨레도의 아베이누 이쯔학 벤 쉴로모는 하나님이 "보라 내가 오늘 생명과 복과 사망과 화를 네 앞에 두었나니 … 생명을 택했고"(신명기 30:15-19)라고 하셨기 때문에 모든 개인은 그가 걸어갈 길을 선택할 수 있는 능력을 가지고 있다고 한다. 사람이 그러한 도전에 직면하게 되면 그는 반드시 자신에게 "내가 나를 위하지 않는다면 누가 나를 위하겠는가?" 라고 물어야 한다. 내가 만약 내 자신의 영혼을 깨우지 않는다면, 내가 생명을 택하고 선을 행하기 위해, 그리고 내 인격을 고양시키기 위해 최선을 다하지 않는다면, "나를 대신해서 누가 그렇게 하겠는가?" 내가 아니면 누가 나를 깨우겠는가? 그리고 내 마음이 고물상처럼 너저분하게 되기를 원한다면 누가 나를 막을 수 있겠는가?

결국 회개할 수 있도록 영감을 불어넣을 수 있는 사람은 오직 한 사람, 그 자신뿐이다. 오직 자신만이 올바른 길에 서게 하고 올바른 방향으로 걸어가도록 할 수 있으며, 악한 성향에서 벗어나게 할 수 있다. 만약 자신이 그렇게 하지 못한다면, 거부할 수 없는 침묵의 본능을 따르는 짐승보다 나은 것이 있겠는가?

"내가 내 자신만을 위한다면, 나는 무엇인가?"

그러나 힐렐은 "내가 내 자신만을 위한다면(인격을 고양시키고, 죄를 회개하며, 하나님의 뜻을 행하기 위해 애를 쓴다한들) 나는 무엇인가?"라고 되묻는다. 내 행위의 가치는 무엇이며, 내가 얼마나 성취해 내겠는가?

하나님이 베푸신 모든 것을 사람이 갚을 수 있는가? 하나님이 내려주신 생명과 건강, 그리고 아낌없이 베푸신 모든 은혜를 사람이 자신의 의로움으로 보답할 수 있는가? "그대가 의로운들 하나님께 무엇을 드리겠으며 그가 그대의 손에서 무엇을 받으시겠느냐"(욥기 35:7).

당신에게 마땅히 기대되는 것(계명을 행하는 것과 토라를 연구하는 것)을 고려한다면, 이미 얻은 것과 앞으로 얻을 것들은 모두 태양의 빛을 따라 떠다니는 티끌에 불과하다는 것을 알아야 한다.

당신이 전심으로 하나님에게 감사할 수는 있지만, 하나님이 우리의 선조와 우리에게 베풀어 주신 은혜의 100만분의 1이라도 그에 합당한 감사를 표현할 수 없을 것이다.

최대한의 역량을 발휘하여 토라를 연구할 수는 있지만, 그렇다고 하더라도 얻을 수 있는 지혜의 양은 극히 적을 것이다. 토라는 "그의 크심은 땅보다 깊고 바다보다 넓으니라"(욥 11:9).

당신은 당신의 삶을 선한 행동과 자선을 베푸는데 헌신할 수 있다. 그렇다고 해서 창조주가 영과 진리의 세계에서 당신에게 베풀어 줄 엄청난 상급을 대체할 수 있겠는가? 창조주가 베푸실 무한한 자비와 당신의 행위를 저울에 단다면 어떻게 나올까?

탈무드에서 마르 우크바(Mar Ukva)는 막대한 재산가였지만, 가난한 이웃들을 위해 엄청난 양의 재산을 나눠주었다. 그럼에도 불구하고 죽음을 앞두고 회계장부를 보고서는 "이 얼마나 보잘 것 없고 하찮은 것을 긴 여행에 가져가겠는가!"라고 탄식했다고 한다. 그는 즉시 재산의 절반을 가난한 이들에게 나누어주었다(케투보트 67b).

네 인격을 바꿔라

라베이누 요나에 의하면, 탄생부터 심겨진 우리의 악한 성향이 하나님을 섬기는 것을 방해한다고 했다.

굳센 의지로 지혜를 얻고 하나님의 계명을 준행하기 위해 노력하지 않고 망설이거나 지레 겁을 먹는다면, 태어났을 때와 똑같이 지혜가 없는 텅 빈 그릇으로 머무를 것이다.

어떤 사람이 지혜를 얻기 위해 시간과 노력을 아끼지 않고, 하나님을 끊임없이 섬기기 위해 최선의 노력을 다하더라도 근본적인 인격의 변화가 없다면 "나는 누구인가?"라고 묻는 단계에 그칠지도 모른다.

만약 그가 타고난 본성을 극복하기 위해 몸부림을 치면서 엄청난 수고와 노력을 한다고 해도 그 업적은 미미할 뿐이다. 하나님을 섬기는 것이 그의 본성에 반대되는 한, 그는 아무리 잘 돌보아도 수확이 거의 없는 건조하고 척박한 들판과 같을 것이다. 그렇다고 절망한 나머지 그 들판마저 버린다면, 그곳에는 가시와 엉겅퀴가 무성한 들판이 될 것이다.

그러나 사람이 악한 성향을 지니고 있기 때문에 천국의 심판대 앞에서 자신을 변호할 수단을 가질 수 있게 된 것이다.

랍비 쉬므온 벤 요하이는 "이를 무엇에 비유할 수 있는가?"라고 질문한다. 이는 메마르고 척박한 땅을 소유하고 있는 왕에 비유할 수 있다. 농부들은 이 땅을 매년 밀 10쿠르에 빌렸다. 농부들은 그 땅에 비료를 뿌리고, 땅을 갈고, 물을 주고, 돌보았으나 밀 1쿠르만 수확할 수 있었다. 그들이 왕에게, '전하, 당신께서 이 땅을 저희에게 임대해 주시기 전에는 이 땅에서 아무것도 수확하지 못하셨습니다. 이제 저희가 최선을 다해 비료를 주고, 땅을 갈고, 물을 주었지만 저희는 오직 1쿠르의 밀만을 수확할 수 있었습니다.' 그래서 유대인들은 하나님에게 '세상의 주인이시여, 당신께서는 ('그가 우리의 체질을 아시며'[시 103:14]) 악한 성향이 우리가 길을 잃고 헤매게 만든다는 걸 알고 계십니다.'라고 말할 것이다. 각 사람은 하나님 앞에 서서 자신의 악한 성향이 하나님을 섬기는 것을 막았기 때문에 평생에 걸쳐서 수고하여 거둔 결실이 보잘 것 없었다고 해명할 것이다. 이와 같은 뜻으로 다윗 왕도 '우리가 단지 먼지뿐임을 기억하심이로다.'(시 103:14)라고 했던 것이다(아보트 데랍비 노손 16:4).

사람이 최선의 노력을 다했다는 것을 증명할 수 있을 때 하나님은 그의 주장을 받아들이실 것이다. 그래서 랍비 타르폰은 사역이 인간의 보잘 것 없는 능력을 초월하는 것이기 때문에 "사역을 끝마치는 것은 사람의 몫이 아니다. 그럼에도 사역을 그만 둘 자유는 그 누구에게도 없다"라고 가르쳤다(2:21).

"지금이 아니라면, 언제인가?"

바르테누라의 랍비 오바댜는 위의 구절을 다음과 같이 해석했다. "지금이 아니라면," 즉 젊었을 때가 아니라면, "언제인가?" 늙었을 때인가? 혈기가 왕성할 때 행동하지 않는다면, 나이가 들어 손이 떨리고 다리가 후들거리며, 눈이 침침하고 기억력도 흐릿해졌을 때 인생을 바꿀 열정과 인내력을 가질 수 있다는 것인가?

그래서 솔로몬 왕은 "너는 청년의 때에 너의 창조주를 기억하라 곧 곤고한 날이 이르기 전에"(전 12:1)라고 선포한 것이다. 현인들은 '곤고한 날'을 '노년의 때'라고 설명한다(샤보트 151b).

토라는 "너는 센 머리 앞에서 일어서고 노인의 얼굴을 공경하며 네 하나님을 경외하라 나는 여호와니라"(레 19:32)라고 명령한다. 조하르는 이 구절에 다음과 같이 해석했다: 머리가 하얗게 새기 전에 젊을 때 일어나서 네 창조주를 섬겨라. 그리하면 너는 하나님에 대한 경외심을 갖게 되고, 노년에 명예를 얻을 것이다. 경건하고 뛰어난 공적을 세운 자들이 성전시대 '물의 축제'(the Rejoicing of the Water)에서 "노년에 수치스럽지 않은 우리의 젊은 날은 복이 있구나."(수카 53a)라며 기뻐하고 노래할 것이다.

이는 "여호와를 경외하며 그의 계명을 크게 즐거워하는 자는 복이 있도다."(시 112:1)에 대한 탈무드의 해석이기도 하다. 악한 성향을 회개하고 극복하려는 열정을 가진 사람은 복이 있을 것이다.

혈기가 왕성할 때의 회개는 생명의 불꽃이 꺼져가고 있는 노년의 회개와는 비교할 수 없을 정도로 위대하다.

람밤도 같은 의미에서, "온전한 회개란 무엇인가? 온전한 회개는 과거에 죄를 지었던 똑같은 상황을 만났을 때 더 이상 죄를 짓지 않은 것을 말한다. 두려움이나 능력이 부족해서가 아니라, 회개했다는 이유 하나만으로 죄를 거부하는 것이다. 또한 사람이 기력이 쇠잔한 노년이 되고 나서야 회개한다면, 그것은 칭찬받을 만한 일은 아니다. 하지만 그가 진실로 회개했다면 그것만으로도 충분하다. 심지어 일생을 죄만 짓고 살다가 죽기 직전에 회개했더라도 용서받을 수 있다. '해와 빛과 달과 별들이 어둡기 전에, 비 뒤에 구름이 다시 일어나기 전에, 즉, 그가 죽는 날에'(전 12:2)라도 자신의 창조주에게로 돌아온다면 그의 모든 죄는 용서 받을 것이다"라고 가르쳤다(테슈바 2:1).

자신의 악한 성향을 언제 극복할 수 있는가?

람밤은 미쉬나 주석에서 노년이 아니라 젊었을 때 회개해야 할 다른 이유를 제시했다.

사람은 반드시 고상한 인격과 고귀한 가치를 추구하기 위해 노력해야 하는데, 그렇게 하기 위한 적절한 시기는 언제인가? 노년에 이것을 바꾸기에는 너무 늦는다. 오랜 기간의 습관이 뼛속까지 스며들고, 인성이 형태를 갖추고 굳어졌기 때문이다. 하지만 젊은이는 인성계발을 추구하는 일이 어렵고, 또한 속히 성취되는 것도 아니기 때문에 차일피일 미룬다.

그러나 젊을 때 자신의 인성을 돌아보고 자신의 약점을 고치기 위해 노력한다면, 피할 수 없는 인생의 고난들을 좀 더 쉽게 통과할 수 있을 것이다. 그래서 솔로몬은 "마땅히 행할 길을 아이에게 가르치라 그리하면 늙어도 그것을 떠나지 아니하리라"(잠 22:6)라고 말했다.

대다수의 주석가들은 이 미쉬나가 선을 행하는 것뿐만 아니라, 악에서 돌이키는 것도 그에 못지않게 절실하다는 가르침이라고 주장한다. 라베이누 이쯔학 벤 슐로모는 "내 자신이 감언이설에 저항하지 않는다면 누가 나를 위해 그럴 것인가?"(라베이누 요나 – 미쉬나 끝 절, 랍비 나프탈리 헤르즈 비셀의 야인 레바논 – 미쉬나 끝 절, 아보트 데랍비 노손 12:10을 풀이한 하가호트 하그라 참조)라고 했다.

그러나 우리는 우리의 실패(분노, 자존심, 인색함)와 맞서는 것을 미루며, 비록 지금은 부족하지만 먼 훗날에는 넉넉할 수 있다는 생각에 흐뭇해한다. 하지만 그렇게 자신을 위로한다고 해도 우리의 양심을 완전히 침묵시킬 수 없기 때문에 평안을 누릴 수는 없다.

"우리 아들들은 어리다가 장성한 나무들과 같다"(시 144:12). 젊을 때 사람은 어린 묘목과 같이 유연하다. 하지만 나이를 먹게 되면 어린 묘목은 마르고 열매가 열리지 않는 가지로 서로 꼬여서 묵묵히 하늘로 뻗은 나무가 된다. 쉽게 옮길 수 있는 묘목과는 달리 옹이가 많은 나무는 어지간해서는 옮겨 심지 않는다.

압도당하기 전에 습관을 고쳐라

다음은 필자의 스승인 랍비 엘리야후 로피안이 들려준 이야기이다.

하나님을 경외하고, 학식이 뛰어나고 정직하며, 훌륭한 성품을 가졌던 나이 많은 유대인 부자가 살고 있었다. 그의 한 가지 흠이라면 돈에 대한 욕심이 많았다는 것이다. 그는 부정을 저지르지는 않았지만 돈에 대한 탐욕은 멈출 줄을 몰랐다. "은을 사랑하는 자는 은으로 만족하지 못하고"(전 5:10)라는 성경 말씀과 같은 인물이었다.

어느 날, 그가 병에 걸려 자신이 곧 죽을 것이라 느꼈을 때, 그는 침대를 넓은 거실로 옮기고 가족들을 불러 모으라고 요구했다. 모두가 모였을 때 그는 "내 사랑스러운 가족들이여, 내가 떠날 때가 왔구나. 나는 이제 곧 죽을 것이다."라고 말했다.

"안 됩니다 아버지, 반드시 회복되고, 살 것입니다!"라고 그들은 말했다.

그러나 그는 "내 몸은 내가 잘 안다. 이제 너희들에게 중요한 것을 가르쳐주고 싶구나."라며 말을 이어갔다.

"너희들도 알다시피 나는 세상의 욕망이 없어졌단다. 식욕도 없어졌고, 며칠 전까지만 해도 맛있었던 별미도 더 이상 맛을 느낄 수가 없구나. 얼마 전까지 추구하던 명예와 존경에 대한 욕구도 사라졌단다. 겨우 실오라기 한 가닥에 의해 세상과 연결되어 있으니, 그런 즐거움들이 내 마음에 더 이상 기쁨을 주지 않는 구나. 그러나 누군가가 내 손에 동전을 쥐어준다면, 나는 마지막 남은 기력을 다해 그것을 움켜쥐고 베개 밑에 숨겨 아무도 가져가지 못하게 할 것이다. 어쨌든 나에게 돈이 부족하지는 않지만, 지금 그 돈으로 할 수 있는 것이 아무것도 없단다. 그리고 더 이상 그것으로 뭘 할 수도 없단다. 하지만 젊었을 때의 탐욕이 나를 사로잡았고, 나는 그것을 뿌리치기 위한 어떠한 노력도 하지 않았단다. 이제 그 욕망은 너무나 강하고 단단해져서 나를 장악하였고, 나는 그것의 지배 아래 놓이고 말았단다. 내 말을 명심해야 한다. 죽을 때까지 기다리지 말거라. 지금 이 순간부터, 아직 젊고 기운이 있을 때 인성을 훼손하는 것들을 뽑아내기 위해 전력을 다하도록 해라. '바로 지금'이 아니라면 언제 하겠느냐?"

초가 탈 때까지

바르테누라의 랍비 오바댜는 "지금이 아니라면, 언제인가?"에 대해서 또 다른 해석을 제시했다. 내가 만일 토라를 배우지 않고 선한 행동을 하지 않는다면, 언제 할 것인가? 내 몸이 재로 돌아간 이후에 그것이 가능할것인가? 아니다! 성경에 의하면, "죽은 자는 자유롭다"(시 88:6)라고 했기 때문에, 이미 생명이 끊어진 자는 계명을 행할 의무에서 자유롭게 된다는 것이다.

"죽은 자는 여호와를 찬양하지 않는다."(시 115:17). 즉, 내세에서는 개선의 여지가 없다. 그래서 "산 개가 죽은 사자보다 낫다"(전 9:4)라고 한 것이다.

현인들은 종말이 오면 세상 사람들이 헛된 쾌락을 쫓아 세월을 헛되이 보냈다는 것을 깨닫게 되고, 그들은 "세상의 주인이시여, 지금 우리에게 토라를 주시면 그것을 준행하겠습니다."라고 애원할 것이라고 가르쳤다. 하지만 하나님은 그들에게 "이 어리석은 자들이여! 사람이 안식일을 준비한다면 그는 안식일에 먹을 음식이 있을 것이다. 하지만 준비하지 않았다면 무엇을 먹을 수 있겠느냐?"(아보다 자라 2:3).

이 세상은 투쟁과 노력, 보상과 징벌의 세상이다. 하지만 내세는 더 이상의 노력이나 성장의 잠재력이 없는 곳이다. 하나님은 "오늘 내가 네게 명하는 명령과 규례와 법도를 지켜 행할지니라."(신 7:11)라고 명령하셨다. 랍비 여호수아 벤 레비는 '오늘날'을 '이 세상'(이승) 으로 해석했다(아보다 자라 3a).

따라서 "이 세상은 사람이 영원의 문턱을 넘어 돌아올 수 없는 세상으로 넘어가기 전에 있는 대기실에 비유할 수 있다"(4:16).

'랍비 이스라엘 살란테르'(R' Israel Salanter)는 어느 늦은 밤, 촛불을 켜고 신발을 고치는 구두 수선공 옆을 지나게 되었다고 한다. 랍비 이스라엘은 "왜 밤늦게 까지 여기 앉아 신발을 고치고 있으시오?"라고 물었다.

그 수선공은 "초가 타는 동안은 신발을 고칠 수 있기 때문입니다"라고 답했다.

랍비 이스라엘 살란테르는 구두 수선공으로부터 아주 귀한 교훈을 배웠다고 했다. 성경에 의하면 "사람의 영혼은 여호와의 등불이라"(잠 20:27)고 했다. 영혼이 우리의 몸 안에 있는 이상 인성을 계발할 수 있고, 잘못을 고칠 수 있는 것이다.

성경에 "분명히 사람은 자기의 시기도 알지 못하나니 물고기들이 재난의 그물에 걸리고 새들이 올무에 걸림 같이 인생들도 재앙의 날이 그들에게 홀연히 임하면 거기에 걸리느니라."(전 9:12)라고 기록되어 있다. 즉, 사람도 매 순간에 준비가 필요하다는 것이다. "네 의복을 항상 희게 하며 네 머리에 향 기름을 그치지 아니하도록 할지니라."(전 9:8).

잃어버린 시간을 언제 회복할 것인가?

라베이누 요세프 벤 슈샨은 힐렐이 우리를 책망한다고 이해했다. 지금 하나님을 섬기지 않고 헛된 욕망을 쫓는다면 언제 그 잃어버린 시간을 다시 회복할 것인가? 이미 지나버린 시간은 두 번 다시 돌아오지 않을 것이다. '랍비 슈무엘 디 오지다'(R' Shmuel di Ozida)는 "잃어버린 시간은 결코 다시 찾을 수 없으니, 시간을 낭비하는 것과 비교할 만한 낭비는 없다"(미드라쉬 슈무엘, 마보트 5:23)라고 강조했다.

모든 이의 시간은 정해져 있다. 추는 멈추지 않고 흔들리고, 한 번 흔들릴 때마다 무덤에 가까워지고, 이미 지나버린 시간은 되돌릴 수 없다.

초기 하시딤의 위인 가운데 하나인 프레미슐란(Premishlan)의 랍비 메이르는 같은 맥락에서 유다가 요셉에게 말한 "그 아이가 나와 함께 가지 아니하면 내가 어찌 내 아버지에게로 올라갈 수 있으리이까? 두렵건데 재해가 내 아버지에게 미침을 보리이다"(창 44:34)라고 한 말을 해석했다. 소중하고도 귀한 젊은 시기를 헛되고 사소한 것을 좇느라 낭비했는데 천국의 아버지에게 어찌 돌아가겠는가? 나는 그런 행위에 대한 처벌을 받아야 할 것이다. 왜냐하면 "주의 종이 내 아버지에게 아이를 담보하기를 내가 이를 아버지께로 데리고 돌아오지 아니하면 영영히 아버지께 죄짐을 지리이다"(창 44:32)라고 했기 때문이다. 하나님에게 내 젊음을 온전히 드리지 않는다면(젊음을 선용하고 영적인 일에 헌신하지 않는다면), 현생과 내세에서('영원히') "거룩하시고 복되신 아버지께 죄를 지은 것이다."

또 다른 하시딤의 위인 가운데 하나인 '페시샤의 랍비 심하 부넴'(R' Simchah Bunem of Peshischa)은 잇사갈 부족의 힘이 시간의 개념에 대한 감사에서 온 것이라고 주장했는데, 그 이유는 "잇사갈 자손 중에서 시세를 알고 이스라엘이 마땅히 행할 것을 아는 우두머리가 이백 명(대상 12:32)"이라고 했기 때문이다. 그들은 "범사에 기한이 있고 천하만사가 다 때가 있나니"(전 3:1)라는 것을 의식하며 살았기 때문에 매 순간을 토라를 배우기 위해 썼다고 한다. 그 덕분에 유대인들의 멘토가 되었고, 현인들은 "토라의 스승들은 레위와 잇사갈 지파에서만 배출되었다"(요마 26a)라고 말했다.

이 미쉬나는 "오늘이 아니라면"이라고 하지 않고 "지금이 아니라면"이라고 한다. 즉, 매일 매일의 삶을 적절하고 유익한 목적을 성취하기 위하여 노력해야 할 뿐만 아니라, 그것을 추구하기 위하여 최선의 노력을 다해야 한다는 것이다.

끊임없이 하나님을 섬김

라베이누 요나는 그의 샤레이 테슈바(2:26~34)에서 끊임없이 하나님을 섬기는 것이 얼마나 중요한지에 대해 열거했다.

첫째, 업무에 유용한 자기계발 프로그램을 내일로 미룬다면 무엇을 얻을 수 있겠는가? 일상적인 삶에서 벗어나 근심걱정 없는 자유로운 하루를 누리거나, 경제적인 형편에 만족하는 날이 과연 올 것인가? 그렇지 않다. 현인들은 "시간이 남으면 토라를 연구하겠다고 말하지 말라. 그런 시간은 결코 오지 않기 때문이다"(2:5)라고 말했다.

둘째, 경제적 형편이 좋아졌다고 하더라도 더 많은 돈을 모으는 것에 집중할 수도 있다. 현인들은 "100을 가진 사람은 200을 원한다."(코헬레트 라바 1:13)라고 가르쳤다. 그리고 솔로몬 왕도 "은을 사랑하는 자는 은으로 만족함이 없다"(전 5:9(한글 10절))라고 했다.

셋째, "인생은 짧고 할 일은 많다"(2:20). 따라서 매 순간 인성을 계발하고, 토라를 연구하며, 하나님을 사랑하고 경외하여 그분께 매달릴 수 있도록 자신을 훈련시켜야 한다.

넷째, "죄는 또 다른 죄를 끌어 들인다"(4:2). 자기 계발을 뒤로 미룬다면 죄의 먹이가 된다.

다섯째, 자기 계발을 미루면 항상 붙어 있는 악한 성향에 취약하게 된다. 악한 성향은 그 힘이 점차 강해지기 때문이다. "내가 게으른 자의 밭과 지혜 없는 자의 포도원을 지나며 본즉 가시덤불이 그 전부에 퍼져있었다"(잠 24:30-31). 우리 죄가 악한 성향과 섞이게 되면 타락한 습성의 덤불은 어떻게 할 수 없을 정도로 무성해 질 것이다. "거짓으로 끈을 삼아 죄악을 끌며 수레 줄로 함 같이 죄악을 끄는 자는 화 있을진저"(사 5:18). 악한 성향이 처음에는 아주 가느다란 실로 사람을 옭아매지만, 이 실은 곧바로 두꺼운 밧줄이 되어 그곳에서 빠져나올 수 없게 할 것이다.

여섯째, 우리는 얼마나 살지 알 수 없다. 사고나 질병으로 인해 젊을 때 죽을 수도 있기 때문에 잘못을 바로잡을 수 있는 미래가 오지 않을 수도 있다.

일곱째, 사람이 자신의 죄에서 돌이키지 않고 그대로 있게 되면 죄의 기억이 희미해져 그것을 바로잡을 의지도 사라지게 될 것이다.

여덟째, 사람이 나이가 들어 악한 성향이 약해졌을 때 회개했다면, 그에 대한 보상은 젊었을 때 회개했을 때의 보상보다 적을 것이다. "도둑이 더 이상 훔칠 수 없을 때 그는 자신을 정직한 사람으로 내보인다."(산헤드린 22a).

아홉째, 사람이 늙어 쇠약해지면 토라를 연구하고 선행을 통해 자신을 쇄신할 기력이 부족해진다.

마지막으로, "주의 계명들을 지키기에 신속히 하고 지체하지 아니하였나이다."(시 119:60)라고 자신을 증언한 다윗 왕을 따라야 한다.

내가 아무것도 갖고 있지 않다면

"내가 내 자신을 위하지 않는다면"이라는 것은 "내가 내 것이 아니라면"이라는 뜻도 된다. 즉, 내가 아무것도 갖고 있지 않다는 것은, 내 몸도 하나님의 선물이기 때문에 건강과 장수, 그리고 재능마저도 내 마음대로 할 수 있는 것이 없으므로 자신 있게 내 것이라 말할 수 있는 것이 없다는 말이다. 그런데도 내가 자만할 이유가 있을까?(미드라쉬 슈무엘).

티페레트 이스라엘도 이 미쉬나를 이와 유사하게 해석했다. "내가 내 것이 아니라면"(내 의식조차도 내가 조종하는 것이 아니라 자유로이 흐른다면 내 생각도 내 것이 아니다), 내가 어떻게 내 힘을 자랑할 수 있겠는가?

내 자신을 조절할 수 없다면

"너희 중에 다른 신을 두지 말라"(시 81:9), 그 '다른 신'(이방신)은 우리 안의 악한 성향을 말하는 것이다(샤보트 105b).

사람은 반드시 자신의 감정과 사고, 그리고 행동을 다스려야 한다. 악한 성향을 정복하고, 전인격이 오직 하나님을 섬기는 데에만 온전히 드려져야 한다.

그래서 힐렐은, "자아"가 내 조종 아래 있지 않고 주변 환경과 갑작스런 욕망에 쉽게 영향을 받아 바람에 흔들리는 갈대처럼 된다면 내가 성취한 것이 무슨 가치가 있겠느냐고 가르쳤다.

그러나 "내가 내 자신을 위한다면", 즉 내가 자신을 다스린다면, 내 힘은 얼마나 위대한가!

미드라쉬 슈무엘은 여기에 위대함의 의미를 가지고 있는 "무엇"(what)이라는 히브리어를 더한다. 내가 "자아"의 주인이 된다면 "나는 무엇이 되겠는가?" 즉, 나의 강함이 얼마나 위대한가!

이것을 얻기 위해 사람은 반드시 자신의 기력이 최상일 때, 중차대한 결정을 내리고 그것을 실행할 수 있을 때 곧바로 시작해야 한다. 그때가 아니라면 언제 할 것인가? 자신이 다른 사람들에게 의지할 때인가? 내가 새로운 다짐을 하거나 스스로 존재의 의미를 바꿀 수 있는 힘이 없을 때 할 것인가?

자만심에 대하여

티페레트 이스라엘은 이 가르침을 자만심에 대한 가르침으로 이해했다.

"내가 내 자신을 위한다면", 즉 토라의 가르침과 행동들을 헤아려보면 자기중심을 동력삼아 성취해낸 것이기 때문에 자만심을 가질 이유가 없다. 그렇다면 "나는 무엇인가?" 진정으로 내 성취가 갖는 가치는 무엇인가?

주변 사람들의 찬사를 한 몸에 받을지라도 "내가 내 자신을 위한다면", 자신을 꼼꼼하게 되돌아보면 자신이 얼마나 무가치한지를 깨닫게 될 것이다. "무릇 나는 내 죄과를 아오니 내 죄가 항상 내 앞에 있나이다"(시 51:3).

바알 셈 토브 또한 이 미쉬나를 자만심에 대한 주석이라고 보았다. "내 자신을 위하지 않는" 단계에 이르게 되면, 더 이상 내 자아를 의식하지 않게 될 때, "누가 나를 위할 것인가?" 즉, "누가 나를 뛰어넘을 것인가?"

그러나 "내 자신을 위한다면", 즉 나를 여전히 독립적인 존재로 여긴다면, 내가 아직도 이기적인 욕심에 사로잡혀 있다면, "나는 무엇인가?" "지금까지 성취해낸 모든 것이 무슨 가치가 있겠는가?"

이 미쉬나의 마지막 조항도 같은 맥락으로 해석할 수 있다. "지금이 아니라면, 언제라는 것인가?" 즉, 어떤 이는 겸손한 삶을 살고 있기 때문에 자만하게 될 가능성이 거의 없다고 주장할 수 있다는 것이다.

그러나 힐렐은 '지금'이 바로 자만심을 고칠 시간이라고 하며, 지금이 아니면 이 자만을 언제 고칠 것인가? 분명 그가 아첨에 익숙해지고 나서는 아닐 것이라고 했다.

내 자신만을 위해 행동한다면, 나는 무엇인가?

미드라쉬 슈무엘은 이 미쉬나를 개인의 사회적 책임이라는 면에서 설명했다.

"내가 나를 위하지 않는다면, 누가 나를 위할 것인가?" 사람은 반드시 자립하는 법을 배워야 한다. 하지만 "내가 나를 위한다면," 내가 나만을 생각한다면 "나는 무엇인가?" 내 역할을 다 하고 있는가? 내가 내 목적을 다 성취했는가?

"모든 이스라엘은 서로에 대한 책임이 있다"라고 현인들은 가르친다 (샤보트 39a).

인격이 완성되었다고 해서 사회적 책임에서 자유로운 것은 아니다. 더 나아가 주변 환경과 자신의 영향이 닿는 곳까지 개선해야 한다.

'랍비 오바댜 스포르노'(R' Ovadiah Sforno)는 "사람이 혼자 사는 것이 좋지 아니하니 내가 그를 위하여 돕는 베필을 지으리라"(창 2:18)라는 성경 구절에 대해 유사한 견해를 제시했다. 이 구절은 일반적으로 사람의 감정의 관점에서 이해되었다. 사람은 혼자 있을 때 기분이 좋지 않다. 하지만 랍비 오바댜 스포르노는 이 구절을 사람의 실존적인 본능에 대해 설명하는 것으로 이해했다. 만일 사람이 혼자 있게 된다거나 소통할 사람도 없고, 보살핌을 받거나 의지할 사람이 없다면, 그의 존재의 온전함과 선함에 빈틈이 생길 것이다. 사람은 반드시 서로 협력하고 도울 수 있는 상대가 있어야 한다.

이러한 관점에서 '슬로님의 랍비 아브라함'(R' Avraham of Slonim)은 이 미쉬나를 다음과 같이 해석했다: "내가 나를 위하지 않는다면" 거룩하시고 복되신 분의 이름이 더 커지도록 내 자신만을 위하지 않고 다른 이들을 돕고 섬기는 것이 목표라면, "누가 나를 뛰어넘을 것인가?"(앞서 언급된 바알 셈 토브의 해석을 인용함). 하지만 "내 자신만을 위한다면", "나의 가치는 진정 무엇인가?"(예소드 하아보다).

"내"가 여기에 있다면 모두가 여기에 있다

다른 탈무드의 기록에 의하면, 힐렐은 성전에서 지키는 초막절 '물의 축제'(the Rejoicing of the Water)에 대해서 "내가 여기에 있다면 모두가 여기에 있다. 하지만 내가 여기에 없으면 누가 여기에 있겠는가?"(수카 53a)라고 물었다.

주석가들은 보편적으로 힐렐이 자신이 아니라 하나님의 이름으로 말했다고 동의한다. 하나님이 우리 가운데 거하시면 모든 복 또한 여기에 있다. 하지만 하나님이 성전에 거하시지 않는다면 누가 여기에 있겠는가? 그 성전에 무슨 영광이 있으며, 누가 와서 이를 기념하겠는가?

하나님의 이름을 망령되이 부르지 않기 위해 수 세기를 거치는 동안 다양한 약어들이 등장했다. 탄나임 시대에는 한 글자만 빼고 이름을 다 썼기 때문에 '랍비 바루흐 엡스테인'(Rabbi Baruch Epstein)은 그의 '바루흐 셰아마르'(Baruch She'amar)에서 '아도나이'('אדני')[18]라는 이름에서 '달레트'('ד')라는 글자를 뺐다. 그렇게 되어 '나'(I)라는 단어인 '아니'('אני')라는 글자가 나왔다고 설명했다.

그렇다면 힐렐의 의도를 더 분명히 이해할 수 있다. "만약 내('אני')가 여기 있다면 모두가 여기 있지만 내('אני')가 여기 없다면 누가 있는가?" 여기서 내('אני')는 하나님의 약어 가운데 하나인 '아도나이'('אדני')의 축약형이다.

따라서 현재 미쉬나도 똑같이 읽을 수 있다. "내('אני')가 나를 위하지 않는다면, 누가 나를 위하겠는가?" 즉, 하나님이 나를 위하지 않으신다면 누가 나를 도울 수 있겠는가? 하나님의 도우심 없이, 내가 어떻게 성공할 수 있겠는가?

한 페이지, 한 사람, 한 날

랍비 이스라엘 살란테르는 토라 연구를 위해 자리에 앉을 때에는 3가지를 염두에 두라고 조언했다. 토라는 모두 한 페이지로 구성되어 있고, 세상에는 오직 한 연구자 밖에 없으며, 오늘이 삶의 마지막 날이라고 여기라는 것이다.

사람이 탈무드를 연구하기 위해 앉으면 그의 악한 성향이 그 구절은 너무 어려우니 다음 구절로 넘어가라고 속삭인다. 하지만 구절이 어렵다는 이유로 건너뛰게 되면 그 구절은 물론 다음 구절도 대충 넘어가게 된다. 그 대신 악한 성향이 탈무드의 방대한 양을 핑계 삼아 그를 억누르고, 마음속에 의심의 씨앗을 뿌리게 될 것이다.

그러나 이 구절이 존재하는 유일한 토라의 한 페이지라고 여긴다면, 이

---

[18] Adnus를 아도나이로 해석하고 히브리어로 표기함.

를 온전히 습득할 수 있다는 자신감이 넘칠 것이다. 그렇더라도 악한 성향은 또 다른 관점에서 공격한다. "토라의 모든 것을 배울 의무는 없다. 돈을 버느라 바쁘니 토라 연구는 학자들에게 맡겨라. 만일 정보가 필요하다면 너의 랍비에게 가면 된다. 네 소중한 시간을 낭비할 필요가 있느냐?"

따라서 토라 연구자는 자신이 세상에 남은 유일한 사람이라고 생각해야 한다. 그래야 학당에 결석하고자 하는 충동을 이길 수 있다. 탈무드(키두쉰 40b)는 세상이 날이 선 칼날 위에 서 있다는 것을 볼 줄 알아야 한다고 말한다. 이때 균형을 잡아주는 것이 선행이다.

마지막으로, 사람은 반드시 오늘이 이 세상에서의 마지막 날이라고 생각해야 한다. 그렇지 않으면 너무 피곤하고 바쁘며, 스트레스와 내일 해도 된다는 핑계로 토라 연구를 뒤로 미룰 수 있다. 하지만 그 사람의 신조가 "지금이 아니면 언제 한다는 것인가?"로 확립되어 있다면, 그는 '랍비 엘리에제르 벤 후르카누스'(R' Eliezer ben Hyrkanus)가 말하듯이 "그가 죽기 하루 전에 회개할 것이다"(2:10). 이는 매일매일 회개하는 것을 가리키는 것으로써(자신이 죽을 때를 아는 사람은 없기 때문에), 토라 연구를 그 날 뿐만 아니라 매일매일 할 것이다.

현인들에 의하면, '랍비 하니나 바르 파파'(R' Chanina bar Pappa)는 죽음의 천사의 존재를 인식할 수 있었다고 한다. 마침내 죽음의 천사가 그에게 다가왔을 때 토라를 되돌아볼 수 있도록 30일간의 유예기간을 베풀어 달라고 했다. 왜냐하면 "지금까지 연구한 것을 잊을까 두렵기도 하고, 그리고 하늘에서 '토라를 온전히 터득한 자에게는 복이 있다'라는 하늘의 목소리를 들었기 때문이다"(페사힘 50a).

그러나 죽음의 천사를 알지 못하고, 그의 계획에서 벗어날 수도 없다면, 우리는 매일 회개하고, 날마다 토라를 터득하는 데 최선을 다해야 한다.

미쉬나 15절　　　　　　　　　　משנה טו

שַׁמַּאי אוֹמֵר:
עֲשֵׂה תוֹרָתְךָ קֶבַע.
אֱמוֹר מְעַט וַעֲשֵׂה הַרְבֵּה,
וֶהֱוֵי מְקַבֵּל אֶת כָּל הָאָדָם בְּסֵבֶר פָּנִים יָפוֹת.

샴마이는 말한다:

너희의 토라 연구를 일정한 습관으로 만들어라.

보다 적게 말하고 더욱 많이 행하라.

그리고 밝은 얼굴로 모든 사람을 기쁘게 영접하라.

미쉬나 15절

할라하에 엄격한 샴마이

샴마이의 토라에 대한 적용은 타협하지 않는 엄격함이었다.

예를 들면, 어느 대속죄일(Yom Kippur)에 샴마이는 아이에게 밥을 먹이지 않았다. 식사를 하기 위해서는 손을 씻어야 했는데, 대속죄일에는 손을 씻는 것을 금하였기 때문이다. 하지만 현인들은 이런 경우는 예외로 인정했다(결국 샴마이도 동료들의 의견을 따랐다. 요마 77b).

현인들에 의하면, 샴마이의 며느리가 초막절(또는 그 전날)에 아들을 낳았는데, 샴마이는 아이들의 교육에 대한 계명을 지키기 위해 아이를 초막(succah)에서 재워야 한다고 주장했다는 것이다(일반적으로는 아이가 어느 정도 이해 할 수 있는 나이가 되어야 그런 교육을 시행한다). 하지만 갓난아이는 엄마와 함께 있어야 했으므로 샴마이는 침대 위의 천장에 구멍을 뚫고 이를 나뭇가지로 덮어 임시로 초막을 만들었다(수카 2:9).

샴마이와 힐렐이 세운 학파

샴마이와 힐렐은 삶에 대하여 다른(또는 상호 보완하는) 관점에서 접근했지만, 할라하 문제에 대해서는 단 3가지 경우를 제외하고는 놀라울 정도로 일치했다(샤보트 15a, 에두요트 1:1-3을 인용).

심지어 그들의 의견이 서로 달랐을 때에도 "이 모든 것을 영원히 보전할 천국을 위해 논쟁했다"고 현인들은 말했다(5:20). 즉, 토라를 영원히 보전하기 위한 논쟁이었다는 것이다.

그래서 샴마이와 힐렐은 "세상의 아버지"(에두요트 1:4)로 불렸다. 그들이 확립하고 전수한 토라 유산과 학구적 전통은 수 세기를 거치면서 이스라엘 민족의 눈을 토라의 빛으로 밝혀주었기 때문이다.

그들이 죽고 나서야 그들의 이름을 딴 학파가 다양한 논쟁을 불러일으키기 시작했다. "곁에서 샴마이와 힐렐을 섬기지 못한 제자들의 수가 늘어났을 때 논쟁도 더불어 증가했으며, 결국 토라는 두 개로 나눠지고 말았다"(산헤드린 88b).

물론 두 학파가 토라의 원리에 견해가 달랐다는 뜻이 아니다. 그들은 계명 이면의 추론에 대한 견해를 달리 했고(힐렐과 샴마이의 서로 다른 관점에 기초하여), 그로 인해 자연스레 계명을 지키는 방식에서 차이를 보였다.

그러나 어느 계층의 사람들이 결혼에 적합한지를 포함하여 많은 이견들이 있었음에도 불구하고, "샴마이와 힐렐 학파는 자신의 자녀들을 서로 결혼 시키는 것에 주저하지 않았다. 두 학파는 서로를 큰 애정과 우애로 대함으로써 '진리와 화평을 사랑하라'(슥 8:19)라는 말씀을 실천했다"(예바모트 14b).

"영원토록 토라를 연구하라"

현인들의 가르침에 의하면, 사람이 천상의 재판정에 섰을 때 두 번째로 대답해야 할 질문이 "토라 연구를 위해 하루에 일정 시간을 떼어 두었는가?"라고 한다(샤보트 31a).

이를 보면 샴마이의 지침인 "영원토록 토라를 연구하라"가 이 질문과 연관성이 있어 보인다. 토라를 연구하기 위해 일정한 시간을 할애하지 않는다면, 너무 분주하기 때문에 그의 존재의 핵심목적인 토라 연구를 위한 시간이 아예 없을지도 모른다. 만일 세상의 걱정이 침범할 수 없는 '시간의 섬'(an island of time)이라도 있다면, 토라를 연구할 수 있는 여유가 있다고 확신할 수 있을 것이다.

그러나 대부분의 주석가들은 샴마이가 이 문제에 대해 논하는 것이 아니라고 한다. 샴마이의 뜻은 토라를 영원한 것으로 '만들라'고 요구했다는 것이다. 즉, 토라를 삶의 중심이자 존재의 핵심에 두고, 이를 마음 판에 새겨야 한다는 것이다.

시간이 남을 때 토라를 연구하겠다는 생각을 해서는 안 된다. 토라를 연구하는 것은 삶의 최우선 순위가 되어야 하며, 연구하지 않을 때 다른 의무를 수행해야 한다. 오직 이렇게 해야만 토라 연구에 전념할 수 있으며 시간을 낭비하지 않을 것이다.

토라는 "너희는 이 말씀을 강론해야 할 것"(신 6:7)이라고 명령하는데, 현인들은 "말씀만 강론해야 할 뿐 그 외에는 허락되지 않는다."(요마 19b)라고 이해했다. '랍비 아하'(Rabbi Acha)는 "말씀을 강론하되 이를 정기적으로 계속하라"고 덧붙였다(ibid).

토라를 연구하고자 하는 열정이 자신의 중심이 되어야만 토라를 제대로 연구하고 학문적 진보도 기대할 수 있다. 하나님은 여호수아에게 "이 율법책을 네 입에서 떠나지 말게 하며 주야로 그것을 묵상하며 그 안에 기록된 대로 다 지켜 행하라 그리하면 네 길이 평탄하게 될 것이며 네가 형통하리라"(수 1:8)라고 말씀하셨다.

한 사람의 삶의 의미를 정하는 것은 토라에 투자한 시간이 아니라 연구와의 관계가 정하는 것이다. 토라를 삶의 목적으로 삼는다면 그 외에 삶에 필요한 모든 것들은 자연히 뒤 따를 것이다.

본업과 부업

물론 이러한 기대를 수용하는 것은 쉽지 않다. 자신의 본업을 겨우 부차적인 중요성을 가진 노력으로 간주한다는 것이 쉽지 않은 일이기 때문이다. 하지만 이를 인식하고 실천하고자 한다면 토라뿐만이 아니라 자신과 자신의 가족을 먹여 살릴 경제적인 능력까지 얻게 될 것이다.

'랍비 예후다 버랍비 일라이'(Rabbi Yehudah BeRabbi Ila'i)는 "전 세대들은 토라를 영구적인 천직(본업)으로 삼고, 생업을 부수적인 것(부업)으로 여겼지만 둘 다 성공했다. 하지만 후대에 와서는 생업이 삶의 중심이 되었고, 토라 연구가 부차적인 것으로 바뀌자 둘 다 성공하지 못했다"(베라호트 35b)라고 가르쳤다.

토라를 성취하는 것을 목표로 삼아 이 세상에서의 일을 하는 사람은 거룩한 빛을 보게 될 것이다.

그들은 토라의 신성을 흡수하여 하나님을 예배하는 데로 나아가는 고리가 되기 때문이다. "너는 범사에 그를 인정하라. 그리하면 네 길을 지도하시리라"(잠 3:6). 현인들에 의하면, 이 가르침은 "토라의 모든 원리가 담겨 있는 작은 가르침"(베라호트 63a)이라고 한다. 랍비 요시는 사람의 모든 행동은 반드시 "천국을 위한 것이어야 한다."(2:11)고 말했다.

토라를 영원히 네 것으로 만들어라

모든 사람이 자신의 시간 대부분을 토라 연구에 바칠 수 있는 것은 아니다. 그럼에도 불구하고 사람은 반드시 토라에 대한 열정적인 정신으로 자신의 삶에 빈 공백들을 제거하기 위한 노력을 해야 한다. 이를 위해 정해진 시간에 토라를 연구하겠다는 각오를 다지는 것도 쉽고 확실한 방법이 될 수 있다.

자신의 삶의 모든 것들을 토라의 보조 수단으로 여긴다면, 찰나의 시간일지라도 그것을 선용하여 토라 연구에 많은 시간을 헌신할 수 있다.

이 세상에 토라 연구에 대한 의지적 결단보다 더 우선하는 것은 없다. "사람은 반드시 토라를 연구할 시간을 남겨놓아야 한다."라고 슐한 아루흐는 강조한다. "토라 연구는 일평생 계속되어야 하며, 설령 그 시간에 억만금을 벌 수 있다고 하더라도 이를 바꿔서는 안 된다"(오라흐 하임 155a).

이 점에 관해서 라쉬는 "매일 시간을 정해 4-5장씩 연구하라"고 충고했다(라쉬의 미쉬나 본문 주석).

람밤은 다음과 같이 주장한다. "모든 개인은 빈부나 건강, 그리고 노소를 막론하고 토라를 연구해야 할 의무가 있다. 동냥을 하거나 처자식이 있을지라도 주야로 시간을 정해 토라를 연구해야 한다. 이는 성경에 '주야로 말씀을 연구하라'(수 1:8)라고 했기 때문이다. 위대한 유대인 현인들 가운데는 시각 장애가 있거나 나무꾼, 혹은 물을 길어 생활하는 이들도 있었지만, 그들은 자신의 조건을 탓하지 않고 주야로 토라를 연구했기 때문에 모세로부터 이어진 전통을 그대로 전수 할 수 있었다."

람밤은 더 나아가 연구 프로그램을 제시하기도 했다. "토라 연구는 세 부분으로 나눠야 한다. 성문 토라와 구전 토라에 각각 3분의 1씩 할애하고, 나머지 3분의 1은 지적인 성찰에 할애하라"(탈무드 토라 1:8-12). 람밤의 가르침을 통해서, 하루의 3분의 2는 각각 생업과 그 외에 다양한 의무를 행하는 데 사용하고, 나머지 3분의 1은 토라를 연구하는 데 써야 한다는 교훈을 얻을 수 있다.

네 자신만의 토라로 만들어라

다윗 왕은 '시편'의 서두에서 "복 있는 사람은 여호와의 율법을 즐거워하여 그의 율법을 주야로 묵상하는 자"(시 1:1-2)로 시작하고 있다. 여기서 우리는 후반절을 "(그 사람)의 그 율법을 주야로 연구한다."라고 해석할 수 있다. 우리는 후자의 구절을 "그가 그의 토라를 주야로 연구하는 자"라고 해석할 수도 있다.

그래서 샴마이는 "네 토라를 만들라"고 요구한다. 토라 연구를 시작하는 사람은 아직 토라를 터득하지도 않았고, 토라와 일체를 이루지도 않았기 때문에 여전히 '여호와의 토라'에 불과하다. 하지만 쉬지 않고 토라를 연구하며, 이를 자신의 삶에 특징적인 것으로 만든다면 토라 연구는 그의 인격과 존재의 일부분이 되어 그 자신만의 토라가 될 것이다.

토라가 네 것이 되기를 원하고, 네 재산이 되길 바란다면 토라를 영원한 대상으로 간주하라. 주야로 토라를 연구하고 이를 네 존재의 지침으로 삼으라. 토라는 그것을 습득한 사람이 죽은 뒤에도 그에게 남아 있기 때문에 사람의 재산 가운데 수명이 가장 오래 가는 것이다.

할라하는 일관성 있게 하라

바르테누라의 랍비 오바댜에 따르면 이 미쉬나는 할라하를 가르치는 '교사'를 가리키는 것이라고 한다.

교사는 반드시 할라하에 대한 관점에 있어서 일관성이 있어야 한다. 자신에게 관대하고 다른 이들에게 엄격하거나, 그 반대인 경우는 잘못된 행위이기 때문에 받아들일 수 없다. 이는 진리의 토라이자 "영원한 토라"에는 그러한 계명이 없기 때문이다.

성경은 "에스라가 여호와의 율법을 연구하여 준행하며 율례와 규례를 이스라엘에게 가르치기로 결심하였더라."(스 7:10)라고 증언하고 있다.

에스라는 자신이 준비한 것을 유대인에게 정확하게 가르쳤다.

라쉬바츠(Rashbatz)가 소유한 미쉬나 버전도 이것을 명백하게 밝히고 있다. "네 자신에게는 관대하면서 남에게는 엄격하거나 또는 그 반대의 경우가 되지 않도록 주의하며 하며, 너와 다른 사람들을 위해 토라를 영원히 너의 것으로 만들어라."

이는 할라하를 판단하는 샴마이의 관점과도 일치한다. 즉, 한 가지 법이 모든 사람에게 적용된다는 것이다. 하지만 토사포트 욤 토브의 저자에 의하면, 힐렐의 관점은 이와는 달랐다고 한다. 왜냐하면 힐렐의 제자들이 "자신들에 엄격했지만 이웃에게는 관대했다"는 것을 우리가 알기 때문이다(에두요트 3:10).

토라를 네 마음에 새겨라

많은 주석가들이 이 미쉬나가 토라를 연구하는 태도에 대해 말하는 것이라고 한다. "오직 너는 스스로 삼가며 네 마음을 힘써 지키라 두렵건대 네가 그 목도한 일을 잊어버릴까 하노라"(신 4:9). 우리는 토라에 대해 연구한 것을 기억할 의무가 있다. 그렇게 되면 토라 연구는 우리에게 영원한 것이 된다.

이 미쉬나와 대응되는 아보트 데랍비 노손(13:2)은 "네 토라를 영원히 가지라고 했는데, 어떻게 그럴 수 있는가? 만약 학당에서 현인이 무언가를 가르치고 있다면 집중해서 듣고 그것을 기억하라." 누군가가 감사하고 가치 있다고 생각하는 것에 대해 듣게 되면, 그는 그것을 자신의 정신과 마음에 새겨질 때까지 반복하여 되새길 것이다.

이것에 성공하기 위해서는 반드시 세 단계를 실천해야 한다. 첫째, 규칙적으로 시간을 정해놓고 집중력을 다해 연구해야 한다. 둘째, 명확히 이해할 수 있도록 연구해야 한다. 셋째, 이미 연구한 것에 대해 복습해야 한다.

토라를 영원한 재산으로 가지려면, 부지런히 수고하며 연구해야 한다. "토라의 말씀은 오직 그 말씀들을 위해 자신의 목숨을 거는 사람들 속에만 영원히 남는다."(베라호트 63b, 등등).

미쉬나에서 '영원하다'(카부아)로 번역되는 단어는 다른 곳에서는 기계적인 암기(rote)를 의미한다. 특별히 '랍비 쉬므온 벤 네타넬'(Rabbi Shimon ben Nesanel)은 "네 기도문을 기계적으로 암기하지 마라"(2:18)라고 가르쳤다. 이는 탈무드에서 "부담이 되는 기도"라고 규정한 것이다(베라호트 29b).

이 의미를 미쉬나에 적용하면 토라 연구가 부담이 된다는 뜻이다. 그렇다면 이 구절이 의미하는 것은 무엇인가?

'아트쇼코브의 랍비 아론'(R' Aaron of Atshokov)에 의하면, 최상의 기도는 자연스럽고 억지스럽지 않은 마음의 표현이라고 했다. 하지만 토라는 자신의 마음의 욕구와 반대되는 것이고, 아무리 힘이 들며, 즐겁기보다는 고생이 된다하더라도 '반드시' 연구해야 한다. 현인들은 "보상은 노력에 비례한다."라고 가르쳤다(5:21, '미마야네이 하네짜흐'[Mimayanei HaNetzach]에서 인용).

이것이 "사람은 멍에를 멘 소와 짐을 진 당나귀처럼 토라의 말씀에 가까이 나아가야 한다."(아보다 자라 5b)라고 현인들이 가르치는 이유이다.

그래서 샴마이는 "네 토라를 카부아로 만들라"라고 한다. 카부아가 부담이자 의무를 뜻하는 것이기 때문에 의무를 받아들여서 애정과 일관성을 갖고 의무를 감당하라는 것이다.

"보다 적게 말하고 더욱 많이 행하라"

자신에 대해서 장황하게 늘어놓는 사람들이 있는데, 그렇게 하면 자신뿐만이 아니라 다른 사람들에게 많은 것을 이루었다는 인상을 줄 것이라고 여기겠지만, 사실 그의 업적은 보잘것없는 것일지도 모른다.

스스로를 다스리는 적절한 방법은 보다 적게 말하고 더욱 많이 행동하는 것이다. 하나님은 이런 행동에 대해 모범을 보이셨다. 하나님은 유대인들이 이집트에서 구원될 것이라고 아브라함에게 약속하셨을 때, 간단하게 "내가 [유대인들이] 종노릇하는 나라를 심판할 것이다"라고 하셨다. 하지만 하나님은 단순히 '심판'만 하시지 않고 더 많은 것을 이루셨다. 이에 대하여 성경은 "어떤 신이 와서 시험과 이적과 기사와 전쟁과 강한 손과 편 팔과 크게 두려운 일로 한 민족을 다른 민족에게서 인도하여 낸 일이 있느냐? 이는 다 너희 하나님 여호와께서 애굽에서 너희를 위하여 너희 목전에서 행하신 일이라"(신 4:34)라고 증언한다.

이것이 하나님의 방법이었기 때문에 현인들이 가르치는 것처럼 '하나님을 닮기 위해' 이 방법을 우리 자신의 것으로 만들어야 한다.

사실 "의로운 자들은 적게 말하고 많이 행동하는데 반해, 악한 자들은 말은 많지만 성과는 미미하다"(바바 메찌아 87a; 아보트 데랍비 노손 13:3).

아브라함은 이 방법의 실제 사례였다. 아랍인 여행객으로 꾸민 세 천사가 그의 천막으로 왔을 때, 아브라함은 달려 나가 "내가 떡을 조금 가져오리니 당신들의 마음을 상쾌하게 하신 후에 지나가소서."(창 18:5)라고 간단한 말로 그들을 맞이했다. 하지만 그는 급히 장막으로 달려가 기름진 송아지 셋을 잡아서 하인에게 요리를 맡기고, 사라에게는 고운 가루로 빵을 준비해 달라고 했으며, 준비된 요리와 빵과 함께 버터와 우유를 여행객들에게 대접했다.

악한 자들은 말은 많지만 성취하는 것은 미미하다

아브라함과 극명한 대조를 보이는 자는 히타이트족의 '에프론'(Efron)이다. 아브라함이 사라를 위해 매장지를 사려고 했을 때 에프론은 "내가 그 밭을 당신께 드리고 그 속의 굴도 내가 당신께 드리오니"(창 23:11)라고 거들먹거렸다.

그러나 아브라함이 땅 값을 지불하겠다고 하자 마침내 에프론은 "내 주여 말을 들으소서 땅 값은 은 사백 세겔이나 그것이 나와 당신 사이에 무슨 문제가 되리이까?"(창 23:15)라고 본심을 드러냈다.

'에프론'(עפרון)이라는 히브리어 단어의 각 글자를 재배열하면 '라 아인'(עין רע, '악한[인색한] 눈')이 된다. 또한 글자의 숫자를 모두 합하면 400이 되는데, 이는 그가 요구한 400세겔과도 일치한다(버레이쉬트 라바 58:7). 솔로몬 왕은 "악한 눈이 있는 자는 재물을 얻기에만 급하고 빈궁이 자기에게로 임할 줄은 알지 못하느니라."(잠 28:22)라고 기록했다.

한 일이 거의 없다고 말하라

야베쯔는 한 인간이 이룰 수 있는 것이 하나님의 위대한 유산과 비교해 볼 때 얼마나 보잘것없는지를 깨달은 사람은 자연스럽게 적게 말하고 많이 행동할 수밖에 없다고 가르쳤다. 그런 사람은 자신이 성취한 것이 얼마가 되었든지간에 여전히 부족하다고 느끼며 부끄러워할 것이다.

그래서 샴마이는 "말을 아끼라"라고 요구한다. 지금까지 성취한 것이 어떻든지 간에 기대한 수준에 턱없이 부족하다고 생각한다면 "더 많이 행동"하게 된다는 것이다.

반면에 "악한 자는 말이 많다." 악한 자는 자신이 이룬 것에 만족하기 때문에 오히려 "성취한 것이 거의 없다." 이는 오래전에 그들의 의무를 다했다고 믿기 때문이다.

말을 아낀다면 더 많은 것을 성취할 것이다

'랍비 슈무엘 디 오지다'(R' Shmuel di Ozida)도 말을 아낄 때 더 많은 것을 성취할 수 있는 이유를 제시했다. 그는 샴마이가 '앞으로 하고자 하는 선행에 대해서 말하지 않아야 한다고 가르쳤다'고 이해했다.

선행에 대해서 미리 말해버리면 선행에 방해가 되는 악한 영의 세력을 깨울지도 모르기 때문이라는 것이다. 따라서 말을 아끼면 더 많은 것을 성취할 수 있을 것이다(미드라쉬 슈무엘).

말을 아끼면 불필요한 맹세를 하지 않을 것이다

현인들은 일찍 일어나 토라를 연구하겠다고 말하는 사람은 "이스라엘의 하나님 앞에서 아주 진지한 맹세를 한 것"(네다림 8a)이라고 가르쳤다.

만약 그가 그 맹세를 지키지 않는다면 토라의 계명을 어긴 것이다. 그래서 샴마이는 "말을 아끼라"라고 요구한 것이다. 왜냐하면 "서원하고 갚지 아니하는 것보다 서원하지 아니하는 것이 낫기 때문이다"(전 5:5).

"모든 사람을 기쁘게 영접하라"

모든 사람을 기쁘게 영접하라. 그들에게 환영한다는 뜻을 보여주어라. 악한 자에게도 그런 친절을 베풀어라. 그리하면 그의 마음에 회개의 불꽃을 피울 수도 있다(야인 레바논[Yayin Levanon]).

또한 유대인과 이방인 사이에 차이를 두지 마라. '아담'(Adam)이라는 단어는 특별히 유대인을 가리키지만, 이 미쉬나에 있는 '하아담'(Ha'adam)이라는 말은 유대인만이 아닌 모든 인간을 가리킨다(토사포트 예바모트 61a 베인).

현인들은 "아무리 좋은 선물을 준다고 해도 인상을 쓰면서 준다면, 주지 않은 것이나 마찬가지이다. 하지만 즐거운 표정으로 맞이한다면 선물을 주지 않았다 해도 제일 좋은 보화와 재물을 준 것과 마찬가지이다"(아보트 데랍비 노손)라고 가르쳤다.

선한 행동의 핵심은 그것으로 인해 일어나는 좋은 감정이다. 현인들은 누군가에게 미소를 띠는 것은 그에게 음식을 주는 것보다 더 위대한 것이라고 했다(케투보트 111b).

그와 같은 관대한 호의를 보이지 않는다면, "아들이 아버지에게 꿩을 대접할 때에도 그는 아버지에게 고통을 줄 것이고, 하나님은 그를 세상에서 내쫓을 것이다."

반면에 아들이 기쁘고 즐거운 마음으로 아버지를 대한다면 "아버지에게 맷돌을 돌리게 한다 하더라도 그는 내세를 유업으로 받을 수 있을 것이다"(키두쉰 31a-31b).

이런 의미에서 솔로몬 왕은 "채소를 먹으며 서로 사랑하는 것이 살진 소를 먹으며 서로 미워하는 것보다 나으니라"(잠언 15:17)고 했다.

엄격한 율법 조문

흥미롭게도, 다른 사람들을 친절하게 맞이하는 것에 대한 중요성을 널리 알린 인물은 율법을 엄격하게 해석하기로 유명한 샴마이였다. 우리는 이같은 관행이 엄격한 율법의 조항을 넘어선 것이 아니라 사람의 기본적인 의무라고 볼 수 있다.

이 의무는 너무나도 기본적인 것이기 때문에 현인들은 "누군가 너를 맞이한다면 '악을 버리고 선을 행하며 화평을 찾아 따를지어다'(시 34:14)라는 말씀을 따라 그를 먼저 맞이하라"(베라호트 6b)라고 가르쳤다.

그리고 '랍비 엘리야후 데슬러'(R' Eliyahu Dessler)는 상대방이 반갑게 맞이할 때 화답하지 않는다면 그는 도둑과 같다고 했다(미흐타브 메이엘리야후[Michtav Mei'Eliyahu] 4:246).

모두를 맞이하라—어떤 상황에서든

다른 이들을 맞이하는 의무는 특정 자격이 따른다. 앞서 샴마이는 유대교로 개종하려던 세 사람이(1:12) 자신을 찾아와 그들의 욕구에 맞도록 토라를 변개해달라는 부탁을 거절하였다.

그와는 달리 힐렐은 율법의 조항을 넘어 그들을 정중하고 친절하게 맞이했다.

그러나 이 격언을 다르게 이해하는 학자들도 있다.

그들에 의하면, 샴마이가 개종을 원하는 자들을 쫓아내고 난 후, 힐렐이 그들을 맞이하면서 토라의 정신이나 율법의 조항 하나 바꾸지 않고 그들 본연의 모습을 받아들이면서도 그들의 품위를 높여주는 것을 보았다.

어떤 이는 샴마이가 자신의 행동과 그 행동에 영향을 끼친 사상을 후회했다고 추측했다. 그래서 샴마이는 모든 사람을 언제나 반갑게 맞이하라는 의견을 밝혔다고 해석했다('루바비치의 랍비 메나헴 멘델 슈니어손'[R' Menachem Mendel Schneersohn of Lubavitch]에 근거한 '밀레이 데하시두사'[Milei DeChasidusa]).

현인들은 다른 이들을 친절히 맞이하지 않을 때 그 결과가 얼마나 절망적인가에 대해 가르친다. 딤나(Timna)는 족장시대에 살았던 공주였다. 족장들의 위대함을 알아본 공주는 결혼을 통하여 족장의 가문에 편입되고자 했다. 하지만 족장들은 그녀의 성실성을 의심하고 청을 거절했다. 그럼에도 그녀는 다른 곳에서 공주로 살기보다는 차라리 족장의 '첩'(concubine)이 되는 것이 더 낫다고 생각했다. 그래서 그녀는 에서의 아들인 엘리바스(Elifaz)의 첩이 되었고, 이는 결국 무자비한 악의 상징인 아말렉이라는 민족의 시조를 태어나게 했다.

현인들에 의하면, 이 일화는 족장이 딤나를 거절하지 말았어야 했다는 것을 가르치기 위하여 하늘이 정한 사건이라고 한다. 왜냐하면 그녀는 진정으로 하나님의 날개 밑으로 들어오기를 원했기 때문이다.

할 일이 많더라도 모든 이를 기쁘게 맞이하라

이 미쉬나에서 샴마이는 토라 연구의 중요성을 처음으로 우리에게 각인시킨다. 하지만 랍비 메이르가 말하듯이, 토라 연구의 중요성을 강조함으로써 그것이 삶의 유일한 의무라고 오해한 사람들이 많았다는 것이다. "적게 말하고 많이 행동하라"(즉, 선행을 많이 해야 한다)라는 샴마이의 가르침이 있으니 오해할 수도 있지만, 그의 다른 가르침을 살펴보면 그렇지 않다는 것을 알 수 있다.

혹자는 샴마이의 가르침에 따라 토라를 연구하고 선행을 하기 위해 이웃들과의 관계를 단절해야 한다고 결론지을 수도 있지만, 결코 그렇지 않다. 샴마이는 오히려 사람들을 기쁘게 맞이하라고 했기 때문이다. 여러 의무들을 수행해야 하지만, 이웃을 기쁘게 맞이하는 것도 중요한 의무 가운데 하나가 되어야 한다.

간단히 말해서, 이웃을 친절하게 대하는 것은 토라를 연구하는 것이나 선행을 하는 것만큼이나 중요하다는 것이다. 따라서 토라 학자들은 잠과 휴식을 줄임으로써 자신의 연구 시간을 빼앗기지 않고 공동체의 여러 행사에 적극적으로 참여한다.

기쁨의 모범

'벤딘의 랍비 쯔비 하노흐 하코헨 레빈'(Rabbi Tzvi Chanoch HaKohen Levin of Bendin)은 이웃을 기쁘게 맞이하는 모범으로 기억되는 인물이다. 그의 사위이자 하시딤 랍비인 '구르의 랍비 아브라함 모르드개'(R'

Avraham Mordechai of Gur)가 그의 자녀들과 손자들과 함께 피르케이 아보트를 연구하다가 이 미쉬나를 읽게 되었다. 이때 그는 "랍비 쯔비 하노흐와 같이"라는 말은 '기쁘게'라는 의미라고 가르쳤다.

어느 날 랍비들이 회의를 하기 위해 그의 집에 모였다. 한참 회의가 진행되고 있을 때 어떤 남자가 들어왔다. 랍비 레빈은 그를 따뜻하게 맞아들이고 아내에게 먹을 것을 가져다주라고 했다. 얼마 후 회의가 끝나고 모두가 떠났을 때 레빈의 아내는 남자의 정체를 물었다. 레빈은 "나도 모르는 사람이오. 손님이겠지!"라고 대답했다(미마야네이 하네짜흐).

미쉬나 16절 משנה טז

רַבָּן גַּמְלִיאֵל הָיָה אוֹמֵר:
עֲשֵׂה לְךָ רַב, וְהִסְתַּלֵּק מִן הַסָּפֵק,
וְאַל תַּרְבֶּה לְעַשֵּׂר אֳמָדוֹת.

라반 감리엘(Rabban Gamliel)은 말한다:
너희 자신을 위하여 (토라) 스승을 찾아라.
불확실성으로부터 너희 자신을 돌이켜라.
그리고 [측정에 의해서가 아닌] 어림짐작에 의해
십일조의 양을 결정하지 말라.

미쉬나 16절

장로 라반 감리엘

힐렐의 뒤를 이어 산헤드린의 나시가 된 인물은 힐렐의 아들인 '쉬므온 벤 힐렐'(Shimon ben Hillel)이었다.

그러나 피르케이 아보트에는 그에 대해 알려진 것이 매우 적었기 때문에 그의 가르침들이 기록되어 있지 않다. 사실, 오직 한 바라이사(Baraisa)에서만 그가 언급되는데(샤보트 15a), 이는 그가 나시로 재직한 기간이 짧았기 때문에 공적인 역할이 한정적일 수밖에 없었기 때문이다(라쉬 바츠는 장로 라반 감리엘이 힐렐의 아들이자 쉬므온의 형제였다는 견해를 인용하기도 했다).

랍비 쉬므온의 아들인 장로 라반 감리엘이 뒤이어 나시가 되었다. 그는 주로 "장로 라반 감리엘"이라고 불리지만 이 미쉬나는 간단히 라반 감리엘이라고 지칭한다. 장로 라반 감리엘의 등장으로 쉬므온 하짜디크의 제자들로부터 시작된 2인 지도자 시대가 막을 내렸다. 토라는 더 이상 공식적인 위계질서 순서에 의해 전수되지 않았고, 그 대신 토라를 연구하기 위해 모든 현인들이 모였다. 이때부터 산헤드린의 나시는 당대의 유일한 지도자로 활동했다. 그래서 그는 "라반"이라는 호칭으로 불리기 시작했으며, 그 뜻은 "우리의 랍비", 즉 우리 모두의 지도자라는 뜻이다. 이 것이 라반 감리엘이 그렇게 불리게 된 시초였다.

역사적 배경

라반 감리엘이 나시로 활동을 시작한 시기는 제2성전 시대의 막을 내릴 때인 성전이 파괴되기 60년 전인 것으로 추정된다.

당시 헤롯의 아들인 아르켈라오스는 왕좌에서 쫓겨났으며, 유다는 시리아에 귀속됨으로써 행정관의 시대가 시작되었다. 그들은 시리아의 중앙 정부와 로마의 보호 아래에 있었던 지역의 지도자들이었다. 그들은 그 땅의 주민들에게는 관심이 없었으며, 오직 재산을 늘리는 것에만 혈안이 되어 있었다. 이를 위해 행정관들은 주민들에게 엄청난 세금을 부과하는 동시에 토라 지도자들을 무자비하게 공격했다.

이런 와중에 사두개파는 더 큰 권력을 얻어 토라에 충실한 유대인들을 억압하고 동화정책을 계속 추진했다. 행정관들은 사두개파에게 재정적 지원을 하면서 그들을 로마 시민으로 만들어 보호했기 때문에 산헤드린은 그들을 기소할 수 없었다.

현인들의 기록에 의하면, "성전이 파괴되기 40년 전에 산헤드린은 추방을 당해(반석의 방[Chamber of Stone]을 떠나) 하누스(성전 지역에서 벗어나 외곽에 있는 예루살렘의 한 구역)에 모였다"라고 한다. 이곳에서 산헤드린은 권한이 사라져 더 이상 중요한 사건에는 관여할 수 없었다.

새로운 왕

행정관들은 33년간 유다를 잔혹하게 통치했지만 헤롯의 손자(아리스토불루스의 아들)인 아그립바가 유다의 왕으로 임명되면서 그들도 종말을 고했다. 아그립바는 랍비들이 그에게 가르쳐준 대로 토라와 계명을 지켰다. 그는 공공정책의 일환으로 백성들을 위해 구제 사업을 실시하였으며, 이를 위해 세금을 감면하였다. 그는 라반 감리엘을 나시로 예우하였으며, 그의 결정과 가르침을 받아들였다.

아그립바는 랍비들을 기쁘게 하는 겸손한 태도를 갖고 있었다. 어느 바라이사는 할라하에 "장례식은 반드시 결혼식을 위해 길을 내어줘야 하고, 두 예식은 이스라엘의 왕을 위해 길을 내어주어야 한다." 그러나 "아그립바 왕이 결혼식을 위해 길을 내어주었다고 하며, 이를 보고 현인들이 그를 칭송했다고 한다."(케투보트 17a).

백성들은 아그립바의 선행을 그들의 사랑으로 보답했다. 미쉬나에 의하면, "셰미타 주기의 첫 해, ['콜 하모에드'(Chol Hamoed)가 시작되는 초막절]의 첫 날 이후에 공터에 왕이 앉을 수 있도록 나무로 만든 단상이 세워졌다. [성전 산에 있는] 회당 관리인이 두루마리로 된 토라를 회당의 감독에게 주었고, 감독은 대제사장을 보좌하는 세간(segan)에게, 세간은 대제사장에게 토라 두루마리를 넘겼으며, 대제사장은 왕이 신명기에 기록된 할라하에 따라 읽을 수 있도록 왕에게 두루마기를 건넸다. 왕은 자리에서 일어나 [그것을] 받았다. [왕은 일반적으로] 토라를 앉아서 읽었지만, 아그립바 왕은 서서 토라를 읽었기 때문에 현인들의 칭송을 받았다. 그가 '네 형제 아닌 타국인을 네 위에 세우지 말 것이며'(신 17:15)라는 구절을 읽게 되었을 때 그의 눈가는 촉촉이 젖었다[아그립바는 혈통으로는 왕이 될 자격이 없었기 때문이다]. 그때 [백성들은] 그에게 '아그립바 왕이여, 두려워하지 마십시오. 당신은 우리의 형제입니다! 당신은 우리의 형제입니다!'"(소타 7:8)라고 외쳤다고 한다. 하지만 현인들은 백성들이 그런 말을 하지 말았어야 한다고 말한다. 할라하에 의하면, 아그립바는 왕이 될 자격이 없었기 때문이다.

아그립바의 통치로 유다가 누렸던 평화는 얼마가지 않아 끝났다. 황제에게 경의를 표하기 위해 가이사랴에서 열린 만찬에서 아그립바는 그 도시의 그리스 주민들에 의해 독살되었다. 이로써 그의 통치는 겨우 3년 만에 끝나고 말았다. 행정관들은 또 다시 유다에 마수를 뻗치기 시작했고, 그들은 처음보다 더 잔인해지고 더욱더 부패해졌다. 그들의 잔인함과 부패는 곳곳에서 폭동이 일어나게 하였고, 결국 반란으로 이어졌으나 제2성전이 파괴되면서 이 반란은 막을 내렸다.

라반 감리엘의 행적

비록 산헤드린의 권한이 약화되었더라도 백성들은 여전히 산헤드린을 존중했으며, 라반 감리엘은 나시로서의 권한을 적극적으로 행사했다. 라반 감리엘이 권한을 행사한 것에 대한 증거는 그가 공포한 수많은 법률에서 찾을 수 있다.

그가 제정한 법의 많은 부분에서 당시의 혼란과 많은 유대인들이 고통을 견디다 못해 결국 피난처를 찾아 해외로 떠나게 되었다는 사실을 반영하고 있다. 예를 들면, 라반 감리엘은 "[남편이 타국에서 사망했다는] 사실을 증언할 수 있는 증인이 한 명만 있어도 여성이 재혼할 수 있다"(예바모트 16:7)라는 법을 제정하기도 했다.

라반 감리엘은 또한 이혼 과정에서 여성을 보호하기 위한 법도 제정했다(기틴 4:2). 본래 남성은 아내에게 대리인을 통해 이혼장을 줄 수 있었고, 증인 없이도 그 대리인의 권한을 박탈할 수 있었다(대리인에게 알리지도 않고). 그래서 때로는 권한이 없어진 대리인이 이혼장을 전달한 경우가 생기곤 하여 장로 라반 감리엘은 이런 관행을 금지시켰다.

그에 더하여 남성이나 여성이 이혼증서를 발행한 도시에서 사용되는 이름과 다른 도시에서 사용되는 이름이 다를 경우가 있었다. 이때 다른 도시에서 부르는 이름을 이혼장에 기록하지 않았기 때문에 이혼의 적법

성 여부가 문제가 되었다. 이에 라반 감리엘은 두 이름을 모두 기재해야 한다고 판결을 내렸다. 더불어 라반 감리엘은 여성이 진위를 증명하기 위하여 그들 스스로 증인을 찾아야 하는 부담을 덜어주기 위하여 증인도 이혼증서에 서명하는 법을 제정하였다.

라반 감리엘과 동시대를 살았던 사람들은 그를 이전 세대의 위인들과 비교해도 전혀 부족하지 않는 인물로 평가했다. 그래서 그가 세상을 떠나자 온켈로스는 재산의 일부(70 시리아 마네)를 불태우며 그의 죽음을 애도했다(토세프타, 샤보트 8:9). 이 행위는 왕이나 나시를 애도할 때 허용되던 관행이었다. 라반 감리엘의 죽음과 함께, 한 시대도 끝이 났다. 현인들에 의하면, "모세로부터 라반 감리엘까지 토라는 오직 서서 연구했다. 하지만 라반 감리엘의 죽음과 함께 전 세계로 질병이 전파됨으로써 토라를 앉아서 연구하게 되었다"(메길라 21a). 또한 미쉬나는 "장로 라반 감리엘의 죽음과 함께 토라의 영광 또한 끝을 맺었고 순수함과 절제 또한 사라졌다"(소타 9:1)라고 덧붙였다.

랍비의 호칭

이 미쉬나는 두 가지 중요한 변화가 눈에 띈다. 이 구절 이후로 나타나는 거의 모든 미쉬나들의 특징적인 변화에 관한 것이다.

첫째, 지금까지는 현인들의 이름으로만 기록되었지만, 여기서부터는 이름 앞에 호칭이 붙게 된다.

둘째, 여기서부터 더 이상 제자들이 토라를 "받았다"라고 하지 않는다. 초기에 현인들의 이름은 그들이 너무나도 위대하였기 때문에 호칭이 오히려 그들의 진정한 가치를 손상시킬 수 있어서 호칭을 생략한 것이다.

람밤에 의하면, "[라베이누 하코데쉬]는 특별히 더 위대하다고 여겨지는 인물들은 이름으로만 불려야 한다고 했다. 예를 들면, 힐렐, 샴마이, 슈마야와 아브탈욘 등이 있다. 이름은 그들의 위대함을 드러내기 위한 증표였는데, 이는 그들을 진정으로 명예롭게 할 특별한 호칭이 없었기 때문이었다. 이들은 이름으로만 표시되는 예언자와 같았다." 더불어 람밤은 "서열이 좀 더 낮은 현인들에게는 라반 감리엘이나 라반 요하난 벤 자카이와 같이 '라반'이라는 호칭을 붙였다. 그보다 더 낮은 서열의 현인들에게는 랍비(rebbe) 메이르와 랍비(rebbe) 예후다 같이 '랍비(rebbe)'라는 호칭을 붙였다"고 한다(미쉬나에 대한 주석, 7장).

산헤드린의 나시에게 붙여진 호칭은 '라반'("우리의 랍비", 즉 "우리의 스승이며 안내자"라는 뜻이다)이었다. 또한 대부분의 '탄나임'(Tannaim)은 "나의 랍비"이자 안내자를 뜻하는 '랍비(rebbe)'라는 호칭을 붙였다.

람밤에 의해 정의된 3개의 호칭 외에 '라브'(Rav)라는 네 번째 호칭이 있었다. 랍비(rebbe)는 지명된 현인이 서임을 받았다는 것을 가리키지만 라브는 그렇지 않다. 이는 라브가 서임을 받을 자격이 없었다는 것은 아니다. 하지만 서임식을 거행할 수 있는 자격은 모세로부터 이어진 계보를 통해 서임 받은 현인들에게만 있었다.

이는 바벨론의 아모라임(Amoraim)[19]이 '라브'라는 호칭으로 불리는 것으로도 알 수 있는데(랍비(rebbe) 예후다 하나시의 위대한 제자도 라브라고 불렸다. 아바 아리하; 훌린 137b), 바벨론에서는 서임식을 거행할 수 있는 적격자가 없었기 때문에 랍비(rebbe)라는 호칭을 부여할 수가 없었다. 하지만 이스라엘에서는 서임식이 몇 세대 더 가능했기 때문에 아모라임에게 랍비(rebbe)라는 호칭을 부여할 수 있었다. 그래서 '랍비 제이라'(Rebbe Zeira)와 같은 몇몇 랍비들은 바벨론에서 이스라엘로 건너와서

---

19 3-6세기에 Palestine이나 Babylonia에서 활약한 유대교 율법학자들을 가리키는 용어이다.

서임을 받기도 했다.

토세프타(에두요트 3:4)의 몇몇 문헌들에는 "랍비(rebbe)가 라브보다 더 위대하고, 라반은 랍비(rebbe)보다 더 위대하며, 현인의 이름은 라반보다 더 위대하다"라고 명시했다.

토라를 "받은" 사람은 누구인가?

어떠한 점에서 우리는 더 이상 이름만으로 사람을 평가하는 것이 충분하지 않기 때문에 호칭을 붙여야 한다는 것인가? 그 답은 미쉬나 안에서 찾을 수 있으며, 그것은 토라를 더 이상 '받을' 수 없을 때를 말한다.

모세로부터 2인 지도자 시대에 이르기까지 구전 토라는 "거대한 홀의 입구만큼이나 마음이 넓은" 이들에게 온전히 전수되었다(에이루빈 53a).

마지막 2인 지도자 힐렐과 샴마이가 죽은 이후로 제자가 토라의 논리와 그 아래 기초한 개념을 포함하여 모든 토라를 "받았다"고 할 수 없게 되었다. 그 대신 모든 제자는 그의 스승이 토라를 이해한 만큼, 그리고 제자가 스승을 이해한 만큼 토라를 배우게 되었다.

반면에 '라베이누 아브라함 프리쫄'(Rabbeinu Avraham Pritzol)은 "아마도 현인들이 토라 지식을 여러 스승을 통해서 습득했기 때문에 '받았다'고 말할 수 없을지도 모른다."라고 했다. 이제 어느 한 랍비가 모든 토라를 제자들에게 전해주는 것이 불가능해졌기 때문에 제자들은 다양한 스승에게서 배워야만 했다.

"네 안의 의심으로부터 벗어나라"

라반 감리엘의 시대 이후로 각 랍비의 관점이 서로 다르다면 제자는 누구를 따라야 하는가? 이에 대해 라반 감리엘은 "한 명의 스승을 모셔라!" 즉, 한 명의 스승으로부터 일관된 가르침을 받으라는 것이다.

그는 한 명의 스승으로부터 배우게 되면 "네 안의 의심으로부터 벗어나게 될 것"이라고 말했다.

어떤 이는 의심(개념이 명확하지 않은 것)이 한탄스러워 할 것만은 아니라고 한다. 토라의 규정을 엄격하고 꾸준히 적용한다면 할라하의 울타리를 벗어나지 않을 수 있기 때문이다. 하지만 라반 감리엘은 "어림짐작만으로 내는 십일조를 자주 해서는 안 된다"라고 훈계하며 이를 반박했다. 할라하의 진정한 한계를 모르면서 율법을 엄격하게 해석하는 것은 적절하지 못하기 때문에 일반적인 관행이 되어서는 안 된다는 것이다.

현인들은 "샴마이와 힐렐의 제자들은 온전히 '서브'(serve)하지 못했다"고 한다(산헤드린 ibid.). 여기서 중요한 의미를 담고 있는 '서브'(serve)라는 동사는 '배웠다' 또는 '섬겼다'라는 의미가 아니라 제자들이 스승에게 질문을 하는 대신에 스스로 추론했기 때문에 스승을 인정하지 않았다는 뜻이라고 한다.

라반 감리엘은 그런 상황이 재발을 방지하기 위해 할라하에 대해 미심쩍은 부분이 생겼을 때 이에 대해 질문할 수 있도록 "[스스로] 랍비를 찾아야 할" 필요성에 대해 가르쳤다(메이르 네시브).

할라하의 스승을 모셔라

라반 감리엘이 "스스로 스승을 찾으라."고 하는 지침은 이미 여호수아 벤 프라흐야(1:6)가 언급한 것인데, 라반 감리엘의 지침은 어떤 새로운 교훈을 주는 것인가?

몇몇 주석가들은 라반 감리엘이 본래 가르침을 다시 되풀이한 것이라고 믿는다. 하지만 분명 차이가 있다. 여호수아 벤 프라흐야가 토라를 배우는 가장 좋은 방법에 대해 가르친 것이라면, 라반 감리엘은 할라하를 결정하는 올바른 방법에 대해 가르치고 있기 때문이다.

본래 스승은 토라를 배우는 방법론을 가르치는데, 이때 제자가 당연히 토라에 대한 명확한 지식과 이해를 갖췄다고 여긴다. 하지만 라반 감리엘 시대에는 제자들이 할라하에 대한 규정을 온전히 이해하지 못했기 때문에 할라하를 결정하는 것에 대한 불안감이 있었다. 그래서 라반 감리엘은 이런 제자들의 불안감을 해소하기 위해 질문할 스승을 찾으라고 한 것이다.

판사는 특히 자신의 추론과 판례에 의존해서는 안 된다. 그가 내리고자 하는 판결에 대해 확신이 서지 않는다면, 그는 먼저 스승을 찾아가 사건에 대해 논의해야 한다. 그렇게 하지 않으면 현인들이 지적했듯이 "단지 그가 알고 있는 할라하에만 의존하는 사람"에 비할 수 있다(예바모트 109b, 라쉬).

스스로 스승을 찾아라 - 너보다 낮은 자라도

판결의 근거가 명확하지 않을 때에 할라하를 판결하는 것은 금지되어 있다. 현인들은 "할라하가 너에게 한낮의 햇빛처럼 명확하지 않다면, 그에 대해 말해서는 안 된다"라고 가르쳤다(산헤드린 7b).

할라하의 대가라도 때로는 그를 인도할 명확한 지침이 없는 까다로운 사건을 접할 수 있다. 그런 경우에는 자신보다 지식이나 예리한 통찰력이 부족할지라도 조언을 들어봐야 한다. 그렇게 한 뒤에야 (비록 미심쩍은 면이 여전히 남아 있더라도) 판결을 내릴 수 있다.

때때로 모세가 여호수아의 지식을 받아들인 것처럼(메이리) 랍비는 제자의 도움이 필요할 때가 있다. 물론 자신보다 더 나은 사람과 상담하는 것이 바람직하다. "레위 사람 제사장과 당시 재판장에게 나아가서 물으라 그리하면 그들이 어떻게 판결할지를 네게 가르치리니 여호와께서 택하신 곳에서 그들이 네게 보이는 판결의 뜻대로 네가 행하되 그들이 네게 가르치는 대로 삼가 행할 것이니"(신 17:9-10).

할라하에 정통한 학자라도 실수했을 때 하나님의 심판을 피하기 위해 자문을 구할 수 있다. '라브 아쉬'(Rav Ashi)는 카슈루트(Kashirus, 식사에 관한 규정)에 관련된 사건에 대해 판결을 내릴 때 현지 도축 업자들을 모아 그들과 함께 사건을 판결했다고 한다. 혹시라도 그가 실수할 경우 그 책임이 관련자들 모두에게 돌아갔기 때문이다. "각자가 기둥의 한 조각씩만 나눠 가질 것"(산헤드린 7b)이라고 한 탈무드의 기록과 같이 라브 후나는 하나의 사건에 대해 10명의 현인과 논의한 뒤에야 판결을 내렸다.

한 명의 스승을 찾아라

본래 모든 현인들이 토라를 똑같이 받았고 할라하의 특성에 대해서도 논쟁하지 않았으므로 할라하를 둘러싼 문제들에 대해 자문을 구할 랍비를 찾아야 할 필요가 없었다.

그러나 오늘날에는 좀 더 엄격한 율법의 해석을 따르기 위해서라고 할지라도 율법의 여러 권위자들에게 자문을 구해서는 안 된다. 어떤 한 분야에서 한 랍비의 자문을 받았다면, 다른 분야에서는 또 다른 랍비에게 자문을 받아야 한다는 것이다.

그래서 탈무드는 "샴마이 학파의 판결을 따라도 좋고, 힐렐 학파의 판결을 따라도 괜찮다. 하지만 두 학파의 관대한 판결만 따르고자 하는 사람은 악한 반면, 두 학파의 엄격한 판결을 따르고자 하는 사람은 '흑암을 걷는 우매자'와 같다"(전 2:14)라고 가르친다. (이는 힐렐과 샴마이 학파의 판결에 대해 "살아있는 하나님의 말씀이지만, 할라하는 힐렐 학파의 판결을 따른다."라는 천상의 선포가 있기 전이다)

미드라쉬 슈무엘은 여러 랍비에게서 할라하를 배워선 안 된다고 했는데, 이는 각자 자신의 관점에 따라 판결을 내리기 때문이다. 만약 동시에 여러 랍비의 견해를 따르고자 하는 사람은 캄캄한 어둠 속에서 길을 찾는 사람처럼 헤매게 될 것이다.

여러 랍비들에게 배우면서 다양한 그들의 관점을 섞어 놓고도 토라의 의도를 헤아릴 수 있다고 생각해서는 안 된다. 이는 한 사람이 동시에 여러 길을 걸을 수 없기 때문이다. 그런 사람은 토라를 합당하게 이해할 수도 없으며, 스승의 방법론 가운데 겨우 10분의 1 정도만 습득하게 될 것이다.

그래서 미쉬나는 "어림짐작으로 내는 십일조를 자주 하지 말라"라고 결론을 내리는 것이다. 즉, 여러 랍비들에게 자문을 구했지만, 그들 각자로부터 얻은 고작해야 10분의 1에 불과한 통찰력을 가지고 할라하를 이해해서는 안 된다는 것이다.

"어림짐작에 의해 십일조의 양을 결정하지 말라"

정확한 십일조보다 더 내길 원하는 관대한 마음 때문에 어림짐작으로 십일조를 하는 사람이 있다. 또한 농작물이 하나님의 복을 받을지도 모른다는 생각에 정확히 계산하지 않고 십일조를 하는 사람도 있다. 이에 대해 탈무드는 "저장해둔 곡식을 계산하면서 하나님의 복을 구하는 사람은 헛된 기도를 하는 것과 같다. 하나님의 복은 측량할 수 있는 것이 아니라, 눈에는 감추어져 있는 것에 의해 결정되기 때문"이라고 한다(정확한 양을 측량할 수 없다는 뜻이다. 타니스 8b, 라쉬). 여기에 근거한다면 자신의 농작물이 하나님의 복을 받기를 원하는 마음에서 어림짐작으로 내는 십일조를 선호할 수도 있다.

그럼에도 불구하고 이 미쉬나는 우리에게 정확히 계산하여 십일조를 하라고 가르친다. 그 이유는 무엇인가? 정확하게 십일조를 계산해서 내지 않는 사람은 십일조를 바치지 않은 수확물인 '테벨'(Tevel)을 먹음으로써 계명을 어길 수 있다. 현인들에 의하면, "어떤 이가 지나치게 많은 십일조를 냈다면 그의 수확물은 적절히 취급받겠지만, 그의 십일조는 효력이 없는 것"이라고 한다(에이루빈 50a 등). 즉, 정해진 십일조에 추가한 것은 '테벨'이 되기 때문에 그 십일조를 먹는 사람은 금지된 테벨을 먹게 된다는 것이다.

그러나 이 해석은 두 가지 문제가 있다.

첫째, 어림짐작으로 십일조를 하는 것이 그토록 잘못된 것이라면 철저하게 금지하는 것이 옳은 처사다. 그럼에도 왜 미쉬나는 이 행위를 "자주"하지 말라고 하는 것일까? 아예 이런 행동을 해서는 안 된다고 못 박아야 하지 않겠는가!

둘째, 피르케이 아보트는 품행을 바르게 개선하는 것과 도덕적인 가치를 높이는 것을 논의하는 책이다. 따라서 그와 같이 기술적인 담론을 논하는 것은 어울리지 않는다.

프라하의 마하랄은 이 미쉬나를 '아바 엘아자르 벤 고멜'(Abba Elazar ben Gomel, 일명 '벤 감라'[Ben Gamla]라고도 알려져 있다; 기틴 30b, 메나호트 54b, 등)의 의견에 따라, 어림짐작에 근거한 십일조를 허용하는 것이라고 해석했다. 하지만 이 해석도 소수의 견해를 따랐다는 것과 두 번째 반박에 대한 언급이 전혀 없기 때문에 문제가 있다.

토사포트 욤 토브(야인 레바논 참조)는 어림짐작으로 십일조를 하는 것이 문제가 될 때는 소유주가 십일조로 낸 수확물 전부를 '마세르'(Maaser)라고 지칭할 때 만이라고 해석했다. 하지만 그가 정확하게 10분의 1만 마세르라고 정하려고 의도했다면 문제가 되지 않기 때문에 추가한 양도 허용되는 것으로 여겼다(참조: 기틴 31a에 대한 토사포트, 크쉬엠, 메나호트 ibid.).

　이 두 해석에 의하면, 이 미쉬나는 어림짐작으로 내는 십일조가 할라하적으로 허용되지만, 그렇다고 해서 너무 자주 해서는 안 된다는 것을 가르치고 있다.

　그럼에도 이런 할라하적인 진술이 여기에 놓여있는지는 여전히 의문으로 남는다. 어떤 이는 이 할라하는 어림짐작이나 애매한 논리가 아닌 반드시 정확성을 갖고 결정해야 하는 원리를 설명하기 위해 인용되었다고 한다. 하나님이 인류에게 지혜의 복을 주셨기 때문에 우리는 그것을 사용할 의무가 있다. 마하랄은 "의심의 여지가 없는 분명한 행동만 받아들여져야 한다. 지혜의 복을 받은 존재로서 어둠 속을 헤매지 않아야 되기 때문이다"라고 했다.

　"사람은 자신의 행동에 영향을 받는다"(세페르 하히누흐[Sefer HaChinuch])
야베쯔는 어림짐작으로 십일조를 자주 하게 되면 집중력이 떨어져 결국에는 쉽게 죄에 빠지게 될 것이라고 덧붙였다.

　세페르 하히누흐는 토라의 수많은 계명들이 정해진 근본적인 이유가 우리의 행동이 우리의 됨됨이를 결정한다는 원리에 호소하는 것이라고 설명한다. 우리의 영혼과 생각, 그리고 정신은 우리의 습관에 영향을 받아서 인격의 중심을 형성하게 된다는 것이다. 불확실한 길을 걷는 것은 자신의 인생에 있어서 도전과 기대, 그리고 가능성에서 자기 자신을 숨기는 것이며, 두려움으로 가득 찬 삶을 선택하는 것은 의미도 없으며, 성취감과 완전함도 없는 막장을 택하는 것과 마찬가지이다.

　따라서 우리는 명확하지 않은 뜻과 모자란 생각을 반드시 물리치고, 애매한 것도 부인해야 하며, 걸림돌과 도전을 회피하는 길에서도 돌아서야 한다.

속단하지 말라

라베이누 요세프 벤 슈샨은 "누가 후하게 십일조를 내려고 했더라도, 그 십일조가 어림짐작으로 계산 된 것이라면[10분의 1보다 적을 수 있기 때문에] 자신을 속이는 것이 될 수도 있다"라고 가르쳤다. 그렇게 되면 의무적인 십일조보다 더 냈다는 것으로 이득을 보는 것이 아니라, 오히려 십일조를 하지 않았다는 더 큰 죄를 저지르게 되는 것과 동시에 테벨 법을 어기는 죄까지 범하게 되기 때문이다.

네 자신을 스승으로 모셔라

라반 감리엘 시대에는 랍비의 권위가 약화되고 토라가 온전히 전수되지 않았기 때문에 그는 스스로 토라 연구하는 것을 독려했다. 그렇게 하면 랍비의 권위에 의존하지 않고도 스스로 문제를 해결할 수 있다고 생각했기 때문이다(미드라쉬 슈무엘).

따라서 "네 자신을 스승으로 모셔라"가 의미하는 바는 스스로 토라를 깊이 있게 연구하여 모든 할라하의 근본적인 개념을 명확히 깨우침으로써 자신을 위한 랍비가 되라는 것이다. 만약 그렇게 한다면 너는 "네 안의 의심으로부터 벗어날 수 있으며", 모든 할라하의 고민을 해결할 능력과 자신감을 얻을 수 있을 것이라고 라반 감리엘은 약속했다.

더불어 라반 감리엘은 토라를 있는 그대로 이해하고 아는 것이 의무라고 가르쳤다. "어림짐작으로 십일조를 자주 하지 말라." 즉, 단지 지식이 부족하다고 엄격한 태도를 취하지 말라는 것이다. 이는 올바른 행동을 하는 데 필요한 지식이 충분하지 않은 사람들을 위한 배려이다.

같은 맥락으로 현인들은 할라하 논쟁에서 "관대함의 힘이 더 강하다"(베이짜 2b)라고 판결을 내렸다. 관대하게 판결하는 현인은 할라하에 대한 권위가 있어 부지중에 짓는 죄를 두려워하지 않는다.

또한 이 미쉬나는 앞의 절과도 자연스럽게 연결된다. 토라 연구를 일정한 시간을 정해놓고 영원히 연구한다면 명확한 할라하적 판결을 내리는데 필수적인 폭넓은 지식과 예리한 통찰력을 겸비할 수 있을 것이며, 날카로운 정신을 얻을 수 있을 것이다. 이로 인하여 이 세상의 삶에서 많은 열매를 맺을 것이고, 내세에서도 지식과 명확한 판단력에 대한 보상을 받을 것이다(홀린 44b, 라베이누 니심의 가르침).

네 자신을 심판하라

랍비 '아브라함 갈란티'(Avraham Galanti, '아리'[The Ari]와 동시대 인물)는 그의 즈후트 아보트에서 "네 자신을 스승으로 모셔라"라는 지침과 내세 사이의 개념적인 연결고리를 찾았다.

사람이 죽은 이후에 그가 생전에 지은 죄들에 대해서 어떠한 처벌을 받아야 할지 질문을 받게 된다고 한다. 그가 자신의 소견을 밝히고 난 뒤에야 그가 사실 자기 자신을 심판했다는 것을 알게 된다는 것이다.

이 미쉬나는 우리에게 "네 자신을 스승으로 모셔라"라고 했다. 즉, 스스로를 네 자신의 랍비로 모시라는 것은, 네 자신이 네 운명을 결정한다는 것을 명심하라는 뜻이다. 그렇게 하면 "네 안의 의심으로부터 벗어날 수 있으며", 확실하지 않은 모든 잘못된 행동을 거절하게 될 것이다. 동시에 "어림짐작으로 십일조를 자주 해서는 안 된다"라는 것은 자신의 능력과 성취를 비현실적으로 평가하지 말라는 뜻이다.

결과적으로 선한 행동의 필요성을 인식하고 있다면 언제나 하나님의 계명을 준행하기 위해 최선의 노력을 할 것이다.

미쉬나 17절　　　　　　　　　　משנה יז

שִׁמְעוֹן בְּנוֹ אוֹמֵר:
כָּל יָמַי גָּדַלְתִּי בֵּין הַחֲכָמִים,
וְלֹא מָצָאתִי לַגּוּף טוֹב אֶלָּא שְׁתִיקָה.
וְלֹא הַמִּדְרָשׁ הוּא הָעִקָּר, אֶלָּא הַמַּעֲשֶׂה.
וְכָל הַמַּרְבֶּה דְבָרִים, מֵבִיא חֵטְא.

그의 아들 쉬므온은 말한다:
나의 일생에서 나는 현자들 가운데서 자라났고,
침묵보다 스스로에게 더 좋은 것이 없다는 것을 발견했다.
연구가 아니라 행함이 더 중요한 일이다.
과도하게 말하는 사람은 죄를 가져온다.

미쉬나 17절

파괴의 전야

'요세푸스 플라비우스'(Josephus Flavius)가 가장 풀기 어려운 문제들을 해결할 수 있는 위대한 지도자로 극찬한 장로 라반 쉬므온 벤 감리엘은 역사적으로 유대인에게 가장 비극적인 시기(두 번째 성전의 파괴)에 산헤드린의 수장이 되었다.

그 이전에는 외국의 군대가 유대 땅을 지배하는 행정관들의 지원과 비호 아래 유대인에게 폭행을 저질러 왔다. 이들의 폭력이 극에 달했을 때, 예루살렘의 순례자들이 학살을 당하고 수많은 갈릴리 주민들도 살해당했다.

동시에 사두개파는 대제사장을 임명할 유일한 권한을 가질 때까지 성전에 대한 지배를 공고히 했는데, 오직 성전의 보물을 강탈하는 것에만 혈안이 되어 있었다. 현인들은 대제사장이 된 사두개파 가문을 가리키며 다음과 같은 탄식을 토하여 애통해 했다. "'뵈두스'(Boethus) 가문에 화가 있으라, 그들의 무리 때문이다! '하닌'(Chanin) 가문에 화가 있으라, 그들의 악한 조언 때문이다! '카트로스'(Kathros) 가문에 화가 있으라, 그들의 비방하는 글귀 때문이다! '이스마엘 벤 뵈뵈'(Ishmael ben Phoebe, 피아헤[Piache]) 가문에 화가 있으라, 그들의 주먹 때문이다! 그들은 대제사장이고, 그들의 자녀는 성전의 보물을 관리하고, 그들의 사위는 성전의 감독관이고, 그들의 종은 무리와 합하여 백성들을 공격했기 때문이다"(페사힘 57a).

또 다른 위협은 무장한 유대인들의 단체로부터 왔다. 대부분이 반로마 열성당원들이었는데, 현인들은 이들을 바리오님[Baryonim]이라 불렀다. 그들은 갈릴리의 '구쉬 할라브의 요하난'(Yochanan of Gush Chalav)과 예루살렘의 엘아자르 벤 쉬므온의 통솔 아래 조직되었다. 이때 '쉬므온 바르 기오라'(Shimon bar Giora)라는 자가 두목이 되어 '시카리'(sicarii, 라틴어로 망토 안에 숨겨둔 단검이라는 뜻)라는 폭력조직을 이끌었다. 이상주의자나 또는 범죄자들로 구성된 이 단체들은 활동을 억제하기 위한 현인들의 노력을 무시했고, 공공연한 반란의 결과에도 관심이 없었다.

열성당원들과 시카리의 여러 분파는 서로 치열하게 싸웠으며, 강도와 살인을 일상으로 저지르는가 하면 백성을 공포에 떨게 했다. 그들은 예루살렘에서 가장 부유한 세 사람('칼바 사부아'[Kalba Savua], '요세프 벤 구리온'[Yosef ben Gurion], '벤 찌찌트 하케세트'[Ben Tzitzis Hakeses])가 곡식을 쌓아둔 창고에 불을 지름으로써 예루살렘 포위에 대비한 계획에 심각한 차질을 가져왔다(기틴 56a).

이러한 갈등과 혼란으로 얼룩진 심각한 위기 속에서 라반 쉬므온 벤 감리엘은 부친인 장로 라반 감리엘의 죽음 이후에 나시로 임명되어 산헤드린의 수장이 되었다. 순교로 끝난 그는 그의 짧은 재위 기간에 정부의 도발적인 행위와 열성당원들의 활동을 억제하기 위해 최선의 노력을 다했다.

라반 쉬므온 벤 감리엘은 유대인들이 결성한 여러 파벌 사이에 평화를 조성하고, 그들의 고통을 줄여주며, 로마의 예루살렘 포위를 끝내는 3가지 목표가 있었다.

한편, 이처럼 어려운 시국에도 라반 쉬므온은 성전의 즐거운 분위기를 유지했다. 탈무드에서는 "라반 쉬므온이 [초막절] 물의 축제를 즐거운 마음으로 지키면서 '주의 종들이 시온의 돌을 즐거워했다'(시 102:14)라는 말씀을 이루기 위해 여덟 개의 횃불을 공중으로 던지는 묘기를 부렸으며, 몸을 구부려 땅에 두 엄지를 박고, 무릎을 굽혀 바닥에 입을 맞추었다. 그런 다음에 몸을 일으켜 똑바로 섰다"(다른 사람은 결코 할 수 없었던 일이었다)(수카 53a, 라쉬).

라반 쉬므온 벤 감리엘 – 10대 순교자 가운데 첫 번째

대제사장이었던 라반 쉬므온 벤 감리엘과 '랍비 이스마엘 벤 엘리샤'(Rabbi Yishmael ben Elisha)는 성전이 무너진 시점의 전후로 순교한 10대 현인들 가운데 첫 번째였다.

수년 전에 '슈무엘 하카탄'(Shmuel Hakatan)은 죽기 전에 "쉬므온과 이스마엘, 그리고 우리의 동료들은 죽임을 당할 것이다. 나라는 약탈을 당할 것이고 세상에는 크나큰 고통이 닥칠 것이다"(산헤드린 11a, 소타 48b)라고 그들의 순교를 예언했다고 한다.

10대 지도자들의 죽음은 유대인에게 있어 엄청난 충격을 주었으며, 이러한 재앙의 시기에 토라도 더 이상 전수가 될 수 없었다. 현인들은 그들의 죽음이 열 명의 형제가 요셉을 노예로 판 일에 대한 대가를 지불한 것이라고 한다. 열 명의 형제를 대신하기에 적당한 열 명이 등장했을 때 비로소 그 대가를 지불하게 된 것이다(미드라쉬 미슐레이 1:13; 미드라쉬 엘리에 에즈크라).

"그의 아들 쉬므온"

이 미쉬나는 쉬므온에게 라반이라는 호칭을 사용하지 않고 이름으로 지칭한다. 리쇼님(참조. 마흐조르 비트리, 라베이누 바흐야[Rabbeinu Bachya] 등)은 라반 쉬므온이 나시의 직임을 행하기 전에 이 구절을 기록했다고 주장한다. 하지만 만일 그것이 맞는다면 살만큼 살고 난 노년에나 할 법한 "평생"이라는 말을 한 것일까? 라쉬바쯔는 라반 쉬므온 벤 감리엘이 노년에 나시로 임명되었다는 점을 들어 이 문제를 해결했다. 우리가 알고 있듯이 랍비 쉬므온은 "그의 아들"(미쉬나에서는 흔치 않은 표현이다)로 불리고 있는데, 이는 그의 부친인 장로 라반 감리엘이 당시에 살아 있었으며, 나시로서 섬기고 있었다는 것을 암시하고 있다.

티페레트 여호수아는 다른 견해를 제시한다. 라반 감리엘이 전 세대의 위대한 지도자인 힐렐과 샴마이와의 연결고리라는 점을 보여주기 위해 호칭 없이 불렸다는 것이다. 이는 그가 10대 순교자 가운데 첫 번째가 된 덕분에 그런 영광을 얻게 되었다. 현인들은 10대 순교자들의 위대함은 그 누구와도 비할 수가 없다고 주장한다(바바 바스라 10b; 얄쿠트 쉬모니 버레이쉬트 20).

"나는 평생을 현인들 속에서 자랐다"

"나는 평생을 현인들 속에서 자랐다"라는 구절은 개인의 영적 성장과 겸손에 대한 중요한 가르침을 담고 있다.

사람은 매순간마다 주변의 환경과 함께 할 동료를 선택해야 한다. 숭고한 영적 성장을 원하는 사람은 평생 지혜로운 이들과 함께 해야 한다. 영적 성장은 순식간에 완성되는 것이 아니라 일생에 걸친 지속적인 진보를 통해 이루어진다.

더불어 이 구절은 겸손함의 정신이 깃들어 있다. 라반 쉬므온 벤 라반은 성숙한 사람이 되었음에도 여전히 자신을 현인들 앞에서 성장하고 있는 사람으로 보았다. 같은 맥락에서, 토라 학자를 "탈미드 하함"(talmid chacham, '현명한 학생')이라고 부르는데, 이는 자신을 조수로 여기는 사람을 이르는 말이다.

"침묵보다 스스로에게 더 좋은 것이 없다는 것을 발견했다"

언어는 사람과 짐승을 구분하는 척도가 된다. 온켈로스는 "사람이 생령이 되니라"(창 2:7)를 "사람이 언어의 영을 받았다"(타르굼)로 옮겼다. 고전적인 유대 문헌에서는 사람을 언어를 구사한다는 의미인 '므다베르'(m'dabe)라고 기록했다. 언어는 인간의 정신을 외부로 구체화시키는 표현이기 때문에 생각과 감정, 그리고 사상을 전달하기 위해 쓰는 도구이다.

언어는 형태가 있으며, 영혼의 욕망을 외부로 나타낸 결과이다. 그런 이유 때문에 마하랄은 가능한 한 침묵할 것을 요구하는 것이다. 왜냐하면 언어로 표현되지 않은 생각은 추상적이고 순수하게 유지되어 자신의 의지에 순응하는 '가소성'(malleability)이 있기 때문이다. 하지만 생각이 말로 표현되면 그 가소성은 사라질 것이다.

그래서 라반 쉬므온 벤 감리엘이 침묵보다 몸에 더 좋은 것을 찾지 못했다고 하는 것이다. 육체는 영혼의 외적인 표현이다. 육체는 영혼에 비해 열등함과 불완전한 성향이 있기 때문에 영혼을 언어로 표현하는 것을 제한해야 한다. 그 대신 육체 안에서 온전한 상태로 영을 보호하라는 것이다.

침묵 예찬

레겐스버그(Regensberg)의 '랍비 예후다 하하시드'(Rabbi Yehudah Hachasid, 세페르 하시딤의 저자)는 "말을 하면 후회할 일이 생긴다. 하지만 침묵하면 후회할 일이 없다. 말하기 전에는 말의 주인이지만 말이 입 밖으로 나가는 순간 그 말이 나를 지배하게 된다."(미마야노트 하네짜흐).

이 사상의 핵심은 미드라쉬에서도 확인이 가능하다. "랍비 레비에 의하면, 사람에게는 여섯 개의 부위가 있는데, 셋은 그가 조종할 수 있지만 셋은 그렇지 않다는 것이다. 그가 조종할 수 있는 부위는 입과 손, 그리고 발이다"(버레이쉬트 라바 67:3, 얄쿠트 쉬모니 115).

한 사람의 말을 억제하는 것은 매우 어렵기 때문에 하나님은 벽을 이룬 볼과 입술, 그리고 치아 뒤에 혀를 위치시켰다(얄쿠트 쉬모니 테힐림 777). 그리고 침묵을 유지하는 것도 어렵기 때문에 그에 상응하는 보상이 따른다는 것이다. 바알 셈 토브가 가르쳤듯이(혹자는 '아리'가 가르쳤다고 한다), 사람이 40일간 침묵을 지킨다면 그에게는 하나님의 영감이 임할 것이다.

그를 비롯한 다른 현인들도 침묵을 예찬했다. 아래는 격언 가운데 일부를 발췌한 것이다:

"침묵은 지혜로운 자에게 유익하지만, 특히 어리석은 자에게 더욱 유익하다"(페사힘 99a).

"말은 한 셀라의 가치가 있지만, 침묵은 두 셀라의 가치가 있다"(메길라 18a).

"침묵은 지혜를 둘러싼 울타리이다"(아보트 3:13).

"이 세상에서 사람의 능력이란 무엇인가? 벙어리처럼 행동하는 것이다"(훌린 89a).

잠잠할 때와 말할 때(전 3:7)

일반적으로는 침묵이 유익을 주지만, 토라를 연구할 때는 어떻게 할 것인가? 어떤 주석가들은 특정한 상황에서는 침묵이 더 유익하다고 한다.

예를 들면, 메이리와 라쉬바쯔가 가르친 것처럼 제자는 스승 앞에서 그를 존중하는 겸손함으로 침묵을 해야 한다. 솔로몬 왕도 "너는 귀를 기울여 지혜 있는 자의 말씀을 들으며 내 지식에 마음을 둘지어다"(잠 22:17)라고 충고했다.

그래서 라반 쉬므온 벤 감리엘이 스승 앞에서 침묵을 지키는 것이 유익하다는 것을 깨달았다고 고백한 것이다. 성경에도 "지혜의 근본은 침묵이다"(잠언에서 인용)라고 기록되어 있다.

그러나 티페레트 이스라엘은 이 미쉬나에 대한 자신만의 해석을 증거로서 제시하며 이에 동의하지 않았다. 그는 "현인들 속에서 자라날 때 침묵을 통해서 얻을 수 있는 유익을 얻지 못했다"고 말했다. 제자가 아무 말도 하지 않으면 스승은 제자를 어리석게 여길 것이며, 침묵이 기억을 무디게 하고 이해력도 떨어뜨릴 것이다. 토라를 연구하는 것은 열정적인 토론을 전제로 하기 때문이다. "수줍은 제자는 아무것도 배우지 못하기 때문에"(2:6) 제자는 반드시 질문을 해야 한다. 더불어 토라를 습득하는 48가지 방법 가운데 하나는 "동료들을 분석하는 것과 제자들의 열정적인 토론"(6:6)인데, 제자가 침묵을 지킨다면 어떻게 이를 성취할 수 있겠는가?

이는 메이리의 해석과 모순되지 않는다. 지식에 목마른 제자는 반드시 질문을 해야 하지만, 칭찬을 받기 원하는 사람은 침묵하는 것이 더 낫기 때문이다. "미련한 자라도 잠잠하면 지혜로운 자"(잠 17:28)로 여겨지기 때문이다.

마지막으로, 어떤 주석가들은 이 미쉬나의 침묵에 대한 권고가 토라의 신비와 메시아의 오심에 대한 예상을 가리키는 것이라고 해석한다.

침묵은 몸에 유익하다

그러나 대부분의 주석가들은 토라를 습득하기 위해서라면 말을 하는 것을 칭찬해야 한다고 한다. 이는 라반 쉬므온 벤 감리엘이 "침묵보다 몸에 더 좋은 것을 찾지 못했다"라고 한 것에서 추론했을 수도 있다. 즉, 몸에 관해서만 침묵이 유익하다는 것이다. 물론 세속적인 본성을 가진 자의 말은 비방이나 쓸데없는 수다, 그리고 욕설 같은 금지된 언어가 되기 십상이다.

빌나 가온이 성지순례를 하는 도중에 그의 가족에게 보낸 서신을 통해 "내세에서는 헛된 말을 하게 되면 우주의 한 끝에서 다른 끝에 매달리는 형벌을 받게 될 것이다. 이는 그저 불필요한 말에 대한 처벌이다. 하지만 (특히 안식일을 비롯한 각 절기 때 회당에서) 남을 욕하거나 조롱하는 것, 헛된 맹세를 하거나 갈등을 일으키고 저주를 한다면 깊은 스올로 내려갈 것이다. 그리고 이미 토해낸 말은 모두 기록되어 있다"라고 훈계했다.

그래서 가능한 한 말을 적게 해야 하기 때문에 빌나 가온은 다른 사람들을 피하라고 했으며, 심지어 그의 아내에게는 회당에 가기보다 집에서 기도하라고 했을 정도이다.

이웃에 대해 좋은 말을 할 때에도 주의해야 한다. 누군가에 대한 칭찬이 다른 사람의 비방을 가져올 수도 있기 때문이다. 그래서 현인들은 "네 친구에 대해 좋게 말하지 말라. 그 결과로 친구의 평판이 훼손될 수도 있기 때문이다"(아라힌 16a, 바바 바스라 164b). 또한 솔로몬 왕은 "입과 혀를 지키는 자는 자기의 영혼을 환난에서 보전하느니라."(잠 21:23)라고 했다.

그러나 토라를 연구할 때는 말을 하는 것이 장려되고, 말을 할 수 있도록 분위기를 조성해야 한다. 현인들은 "우렁찬 목소리로 토라를 낭송하는 사람에게는 말이 곧 생명이다"(데바림 라바 8:4)라고 했다. 그렇게 함으로써 기억에 큰 도움이 되기 때문이다. 실제로 토라를 습득하는 48가지 방법 가운데 하나가 "정확히 발음하는 것"이다(6:6).

침묵을 지키는 능력을 배우는 것이 사람의 의무라는 것에 앞서 인용된 구절에 대해 탈무드는 "토라의 말씀에 관해서도 침묵해야 하느냐?"라고 묻고는 "아니다. 토라에 대해서는 말하는 것이 옳다"라고 답한다(시편 58b).

헛된 말은 비속어와 금기시된 발언으로 이어질 뿐만 아니라, 토라 연구에 사용될 시간을 낭비하는 것이 되기 때문에 헛된 말 자체도 문제가 된다. 라바는 "대화를 즐기는 자는 계명을 어기는 것과 같다"라고 했다. 성경에서 "그것을 말할지어다."(그 외에 다른 것을 말해서는 안 된다는 것이다. 신 6:7)라고 했기 때문이다. 그리고 '라브 아하 바르 야코브'(Rav Acha bar Yaakov)는 그가 "피곤하게 하는 문제를 거론해서는 안 된다"(전 1:8)라는 명령을 위반한다고 했다(요마 19b).

현인들은 토라와 연관이 없는 대화는 하지 않았다. 예를 들면, 라반 요하난 벤 자카이(라반 쉬므온 감리엘 뒤에 나시가 됨)는 "평생에 단 한 번도 세속적인 대화를 한 적이 없었다."(수카 28a)라고 하며, 그의 제자인 랍비 엘리에제르도 스승과 똑같았다고 한다.

모욕당할 때의 침묵

라쉬바쯔는 이 미쉬나가 모욕을 당한 사람들을 가리키는 것이라고 말했다. 모욕에 대한 이상적인 답변은 침묵이라는 것이다(마겐 아보트, 바르테누라의 랍비 오바댜, 마흐조르 비트리, 라베이누 바흐야 등). 같은 맥락에서 솔로몬 왕은 "미련한 자의 어리석은 것을 따라 대답하지 말라"(잠 26:4)라고 충고했다. 모욕을 당하고도 보복하지 않는 사람이나 저주하는 말을 들었어도 대응하지 않은 사람은 힘차게 돋는 태양에 비유될 수 있다(참조. 삿 5:31). 이에 비해 의인은 일반적으로 별에 비유된다(참조. 단 12:3) (기틴 36b; 샤보트 88b, 등).

침묵의 금식

라반 쉬므온 벤 감리엘은 "침묵보다 몸에 더 좋은 것을 찾지 못했다"라고 주장한 것은 침묵이 금식보다 더 위대하기 때문이다.

'미쉬나 베루라'(Mishnah Berurah)에 의하면(571:2), 자신의 죄를 회개하기 위해 금식하고자 하는 이는 침묵의 금식을 하는 것이 더 좋다. 음식을 먹지 않으면 몸에 힘이 빠지고, 하나님을 섬기고 토라를 연구하는 힘도 약화된다. 하지만 말을 하지 않으면 부정적인 결과는 나타나지 않기 때문이다. 빌나 가온도 가족에게 보내는 서신에서 "침묵이 금식이나 고행보다 더 낫다"라고 같은 견해를 밝혔다.

"중요한 것은 연구가 아니라 실천이다"

공동체의 문제를 해결하고자 할 때 랍비와 교육자들은 주로 모임을 소집하여 토라를 기준으로 삼아 판단을 내린다. 이는 당면한 과제를 해결하기 위한 실제적인 계획을 만드는 데 좋은 기회가 될 수도 있다. 하지만 불행히도 이 지도자들은 가슴을 후비는 말을 전달하는데 만족할 뿐 근본적으로 문제를 해결할 구체적인 계획을 제공하는 것에는 게을렀다.

이에 대해 라반 쉬므온 벤 감리엘은 "중요한 것은 미드라쉬를 가르치는 지식(여기서는 '말'이라는 의미)이 아니라 그것의 실천이다." 공동체 지도자들은 말에 만족할 것이 아니라 적극적으로 실천해야 한다.

더불어 "말이 많으면 죄를 짓게 된다." 말이 많은 자는 유대인들의 죄는 지적하면서도 그것을 개선할 방법은 제시하지 못하는데, 이는 잘못된 것이다. 이에 대해 현인들은 "고의로 죄를 짓는 것보다는 부지중에 짓는 것이 더 낫다"라고 비꼬았다(샤보트 148b; 베이짜 30a, 미드라쉬 슈무엘).

결과적으로, 유대 민족의 부정부패의 죄상을 비난하는 자는 이스라엘 민족을 적대시하는 이방 민족들도 볼 수 있도록 문을 열어둔 채 더욱 더 통렬하게 그들을 비난할 것이다.

새로운 습관을 들여라

어떤 주석가들은 "중요한 것은 연구가 아니라 실천이다"라는 구절을 삶에 침묵을 불어넣는 가르침으로 이해했다(그래서 "침묵보다 몸에 더 좋은 것을 찾지 못했다"라는 구절이 바로 뒤에 온 것이다).

현실적으로 모욕을 당하고도 반박을 하지 않는다는 것은 결코 쉬운 일이 아니다. 금지된 형태의 대화(험담, 욕, 수다)에서 절제하는 것 또한 어렵다. 그래서 라반 쉬므온 벤 감리엘은 침묵에 익숙해진다면 그러한 목표를 실천할 수 있을 것이라고 했다.

학문과 지식만으로는 새로운 방식으로 행동할 힘과 비전을 충분히 얻을 수 없다. 오직 반복된 경험만이 그것을 이룰 수 있다.

"과도하게 말하는 사람은 죄를 가져온다"

대부분의 주석가들은(람밤을 제외하고) 미쉬나의 마지막 구절('과도하게 말하는 사람은 죄를 가져온다.')이 토라를 암시한다고 이해했다. 사람은 반드시 침착하고 신중해야 하며, "말이 많으면 허물을 면하기 어려우나 그 입술을 제어하는 자는 지혜가 있느니라"(잠 10:19)라는 말처럼 생각 없이 말해선 안 된다. 이 원칙은 실수나 오해를 피하기 위해 말을 조심해야 하는 교육자들과 직접적인 연관이 있다.

람밤은 다음과 같이 가르쳤다. "침묵하는 것이 좋지만, 지혜나 자신의 안녕에 필수적인 문제에 관한 말은 해야 한다. 토라와 지혜의 말씀들이 그렇듯이 현인들도 말은 적게 했지만 그 말은 의미가 깊었다. 현인들은 '제자를 언제나 간단명료하게 가르쳐야 한다.'고 강조했다(페사힘 3b). 의미 없는 수다는 어리석은 것이다. 성경에도 '말이 많으면 우매한 자의 소리가 나타나느니라.'(전 5:3)라고 기록되어 있다"(데이오스 2:4-5).

가르치는 자는 조용히 말을 줄여서, 침착하게, 핵심을 가르쳐야 한다. 이는 "지혜자의 말은 고요함 속에서 들린다."(전 9:17)라고 하기 때문이다.

"위엄을 떨어뜨리는 자"(산헤드린 29a)

기도를 할 때에도 말을 절제하는 것이 바람직하다.

하나님에 대한 지나친 찬사는 그분의 위엄을 떨어뜨린다. 현인들은 "거룩하시고 복 되신 분을 찬양할 때 [공회에서 규정된 것 이상의 말을] 덧붙여서는 안 된다. '라바 바르 바르 한나'(Rabbah bar bar Channah)는 랍비 요하난의 가르침을 인용하여 거룩하시고 복 되신 분을 지나치게 찬양하는 자는 이 세상에서 뿌리 뽑히게 될 것이라고 경고했다. 이는 침묵이 가장 훌륭한 약이기 때문이다"(메길라 18a, 그리고 라쉬).

또한 지나친 요구는 좋지 않은 결과를 가져올 수 있다. "너는 하나님 앞에서 함부로 입을 열지 말며 급한 마음으로 말을 내지 말라 하나님은 하늘에 계시고 너는 땅에 있음이니라 그런즉 마땅히 말을 적게 할 것이라"(전 5:2).[20]

---

[20] 원본에는 전도서 5:1로 나와 있다.

라반 쉬므온 벤 감리엘과 이교도(메시아 종파)

라반 쉬므온 벤 감리엘의 시대에 정치적 상황은 놀라울 정도로 타락했다. 유대인들에 대한 로마 정부의 태도는 여전히 적대적이었기 때문에 오랫동안 고통에 신음하던 백성들은 구원을 간절히 염원하게 되었다. 이 염원은 너무나도 강하여 백성들은 '다니엘서'에 있는 신비로운 단서들에 대한 연구에 기초하여 천국의 계시와 구원의 날짜를 찾기 위해 전력을 다했다. 그 결과로 일어난 여러 메시아 단체들은 종말을 앞당기기 위해 노력했지만 허사였다.

라반 감리엘의 첫 번째 발언은 그러한 메시아니즘에 대한 반박으로 볼 수 있다. 구프(Guf, 몸)는 하늘에 있는 영혼의 방을 의미하기도 하는데, 메시아가 오기 전에 모든 영혼이 그곳을 떠날 것이다(예바모트 62a). 라반 감리엘은 "평생을 현인들 속에서 자랐고, 침묵보다 몸(구프)[종말을 계산하는 것과 방을 떠나는 영혼]에 더 좋은 것을 찾지 못했다"(미드라쉬 슈무엘)"

다양한 메시아 종파 가운데 하나는 기독교였고, 당시의 다른 종파들과 마찬가지로 추종자들에게 극단적인 금욕과 비현실적인 성화를 요구했다.

이 미쉬나는 불안정한 기독교의 사상의 기초에 대한 언급이기도 하다. '랍비 메이르 레흐만'(Rabbi Meir Lehman)은 메이르 네시브에서 "이 신흥 종파는 인간의 능력 이상의 도덕적 요구를 하며, 그것이 마치 토라의 계명인 것처럼 백성들을 현혹한다. 라반 쉬므온 벤 감리엘은 '중요한 것은 연구가 아니라 실천이다'와 '말이 많으면 죄를 짓게 된다.'라고 했다. 즉, 인간의 능력을 벗어난 지침이 의무가 된다면 사람들은 결국 자신의 능력으로 가능한 지침들조차 지키지 않게 될 것이다. 그에 반해 성경에 의하면, 토라의 길은 '즐거운 길이요, 그 지름길은 다 평강'(잠 3:17)"이라고 주장했다.

미쉬나 18절 משנה יח

רַבָּן שִׁמְעוֹן בֶּן גַּמְלִיאֵל אוֹמֵר:
עַל שְׁלֹשָׁה דְבָרִים הָעוֹלָם עוֹמֵד:
עַל הַדִּין וְעַל הָאֱמֶת וְעַל הַשָּׁלוֹם,
שֶׁנֶּאֱמַר (זכריה ח) אֱמֶת וּמִשְׁפַּט שָׁלוֹם
שִׁפְטוּ בְּשַׁעֲרֵיכֶם.

라반 쉬므온 벤 감리엘은 말한다:
  성경에서 말하고 있는 바와 같이
  세상은 세 가지 것을 간직하고 있다:
  정의, 진실, 그리고 화평.
  "너희 성문에서는 진실하고 화평한 재판을 베풀고"(슥 8:16).

미쉬나 18절

토라의 원리를 재확인하라

대다수의 주석가들에 의하면, 이전 미쉬나의 저자에게는 야브네(Yavneh)의 라반 감리엘이라는 아들이 있었고, 그의 아들이 이 미쉬나에 등장하는 라반 쉬므온 벤 감리엘이라고 한다.

라반 쉬므온 벤 감리엘은 산헤드린의 나시였으며, '바르 코흐바'(Bar Kochba) 폭동 이후의 탄나임 네 번째 세대였다. 이 세대는 성전의 파괴를 목도하고 로마 정부의 무자비한 박해 속에서도 살아남기 위해 투쟁했던 세대였다. 이 끔찍한 시기에 라반 쉬므온 벤 감리엘은 토라의 기본 원리와 토라를 후세대에 전수할 방법을 재확인했다.

메이리는 이 미쉬나를 쓴 저자의 신분에 대해 동의하지 않으며, 이전의 미쉬나도 장로 라반 쉬므온 벤 감리엘이 기록했다고 주장했다. 그에 의하면, 이전의 미쉬나는 나시가 되기 전의 가르침을 인용하는 것이기 때문에 이름만 언급했다는 것이다. 하지만 이 미쉬나의 가르침을 전수할 때에는 이미 나시로 임명된 후였기 때문에 "라반 쉬므온"으로 소개된 것이라고 한다.

야브네에서 셰파람까지

성전이 파괴된 직후에 산헤드린은 야브네로 추방되었다. 처음에는 라반 요하난 벤 자카이의 지도를 받았지만, 그 후에는 야브네의 라반 감리엘의 지도하에 수십 년간 그곳에서 기능을 유지하고 있었다.

바르 코흐바의 폭동이 실패한 이후 하드리안 황제는 살인적인 폭정으로 많은 유대인들을 희생시켰고 학자들을 잡아들였다. 그 결과 산헤드린은 활동을 멈추었으며, 공회원들은 박해를 피해 달아났다. 라반 쉬므온 벤 감리엘도 피신해야 했기 때문에 윤달을 결정하기 위해 갈릴리의 '비카아스 리몬'(Bika'as Rimon)에 모인 사람들의 명단에는 없었다. 윤달을 결정할 때에는 반드시 나시가 참석해야 했지만(산헤드린 11a), 당시의 정황상 어쩔 수 없이 그 조건은 보류되었다.

몇 년 후, 박해가 수그러들기 시작했을 때 현인들은 갈릴리에서 또 다른 모임을 소집해 산헤드린을 재구성했으나 라반 쉬므온 벤 감리엘은 여전히 참석할 수 없었다('쉬르 하쉬림 라바'[Shir HaShirim Rabbah] 2:3). 비록 그 강도가 약해졌지만 박해는 여전히 계속되고 있었기 때문에 산헤드린은 야브네와 우샤(Usha) 사이에서 옮겨 다니다가 셰파람에 자리를 잡게 되었다(로쉬 하샤나[Rosh Hashanah] 31b). 로마의 반 유대인 정책들이 약화되고 산헤드린이 셰파람에서 반영구적인 지위를 얻고 나서야 라반 쉬므온 벤 감리엘은 은신처에서 나와 나시로 활동하였다.

탈무드에 기록된 그의 가르침에는 고난의 시대를 반영하는 내용을 담고 있다. 라반 쉬므온 벤 감리엘은 앞선 현인들이 기록한 비극적인 나날들에 대한 문헌들을 거론하며, "시련이 우리의 죄를 씻어주고, 하나님을 찬양할 수 있는 기적을 일으켰으며, 해방의 기쁨을 주었기 때문에 고통을 감사하게 여길 수 있다. 하지만 이제 우리가 무엇을 할 수 있겠는가? 우리가 겪은 시련을 쓰기 시작한다면 끝이 없을 것"(샤보트 13b; 라쉬)이라고 기록했다.

라반 쉬므온은 성전이 소실된 것을 깊이 슬퍼하며, "백성들에게 조금은 부담스러운 규정을 강요한다면 유대인들은 더 이상 고기를 먹거나 포도주를 마셔서는 안 된다." 그리고 그는 티샤 베아브(Tishah B'Av, 성전이 파괴된 아브월 9일)에 하는 식사를 욤 키푸르(대속죄일)의 식사에 비유했다(타니스 30b).

라반 쉬므온 벤 감리엘은 앞선 시대에 지켜졌던 의식의 다양한 전통들을 물려받았으며, 그것들은 그의 이름으로 기록되었다.

강함과 겸손

라반 쉬므온 벤 감리엘은 그의 아버지와 동일하게 '나시'가 유대인 삶의 중추적인 요소라고 보았다. 그래서 그는 나시의 지위를 강화하기 위해 "나시가 학당을 들어설 때 모두가 일어나고, 그가 허락할 때까지 앉지 않는다. 하지만 아브 베이트 딘과 다른 고위 성직자들에게는 그렇게 하지 않아도 된다."(호라요트 13b)라고 정했다.

이는 라반 쉬므온 벤 감리엘의 겸손함을 부정하는 암시는 아니다. 오히려 그 반대로 그는 겸손함의 대명사였다. 그는 '랍비 쉬므온 바르 요하이'(Rabbi Shimon bar Yochai)와 랍비 쉬므온 바르 요하이의 아들인 랍비 엘아자르를 사자에 비유하며, 자신은 여우에 불과하다고 한없이 낮췄다. 또한 자신의 아들인 랍비(rebbe) 예후다 하나시를 "여우가 낳은 사자"라고 불렀다(바바 메찌아 84b).

랍비(rebbe) 예후다 하나시는 '아버지'를 겸손함으로 잘 알려진 세 명 가운데 하나로 꼽았다. 다른 두 사람은 '브네이 베세이라'(힐렐에게 지도자 직위를 양보함)와 왕위 계승권을 다윗에게 양보한 요나단(사울의 아들)이다. 비록 브네이 베세이라와 요나단이 과연 겸손한 위인인가에 대해서는 논란의 여지가 있지만, 라반 쉬므온 벤 감리엘에 대해서는 의심의 여지가 없다(ibid. 85a).

라반 쉬므온 벤 감리엘은 탄나임 중에서도 가장 위대한 인물로 간주되며, 그가 남긴 할라하 판례 가운데 수백 가지가 미쉬나와 토세프타, 그리고 바라이사트(baraisas)에 인용되어 있다. 할라하는 세 가지 경우를 제외하고는 언제나 그의 견해와 일치했다(케투보트 77a).

세상이 존재하는 이유

미쉬나 2절에서 쉬므온 하짜디크는 세상이 세 가지 기둥(토라와 예배, 그리고 선행) 위에 서있다고 밝혔다. 2절에서의 그 가르침과 라반 쉬므온 벤 감리엘의 표현의 차이에 대해서는 이미 논의했다.

여기서 '세상'이라는 단어는 "세상 사람들이 말하듯"이라는 관용구처럼 우주 혹은 사람들을 의미하는 것으로 쓸 수 있다.

이를 볼 때, 미쉬나 2절에서 쉬므온 하짜디크는 토라와 예배, 그리고 선한 행위를 위해 창조된 세상을 총괄하여 언급하는 것이라고 할 수 있다. 반면에, 라반 쉬므온 벤 감리엘이 미쉬나 18절에서 거론한 것은 공동체 조직의 세 가지 기초(정의와 진실, 그리고 평화)에 대해 말하는 것이다.

"세상은 세 가지 것을 간직하고 있다"

하나님은 창조의 세 번째 날에 "땅은 풀을 내어라"(창 1:11)라고 명령하셨다. 초목이 없으면 땅 위의 생명은 존재할 수 없다. 풀을 일컫는 말인 히브리어 '데쉐'(דשא)는 각각 정의(דין[딘]), 평화(שלום[샬롬]), 진실(אמת[에메트])의 첫 글자를 조합한 단어로 볼 수도 있다. 초목이 땅 위의 생명을 유지하기 위해 필수적인 요소라면 '정의, 평화, 그리고 진실' 또한 그러하다.

"정의"

정의는 현실의 천에 꿰어진 금색 실이며 방대한 타나흐(구약성경)를 관통한다.

현인들은 홍수 세대에는 죄악이 관영했지만, 그들이 정의의 규정을 어겼을 때에만 심판을 받았다고 한다(산헤드린 108a, 참조. 창 6:11).

몇 세대 후에 하나님은 아브라함에게 그의 자손들이 정의에 충실했기 때문에 보상을 받을 것이라고 약속했다. "내가 그로 그 자식과 권속에게 명하여 여호와의 도를 지켜 의와 공도를 행하게 하려고 그를 택하였나니, 이는 나 여호와가 아브라함에게 대하여 말한 일을 이루려 함이니라."(창 18:19).

훗날 모세가 시내 산에서 내려왔을 때 그가 제일 먼저 한 것은 정의를 집행하는 것이었다. "모세는 백성을 재판하느라고 앉아 있었다."(출 18:13).

모세의 후계자 여호수아는 유대인들을 위해 "율법과 정의"('율례와 법도, 수 24:25)를 제정했다. 그를 뒤이은 유대 민족의 지도자들을 가리켜 "사사"(judges, '판관') 라고 했으며, 사사시대의 말미에 선지자 사무엘은 "평생 이스라엘을 다스렸다(judged)"(삼상 7:15-16).

다윗 왕 또한 "온 이스라엘을 다스려 모든 백성에게 정의와 공의를 행했으며"(삼하 8:15), 그의 아들 솔로몬은 특별히 하나님에게 정의를 수행할 능력을 달라고 간구했다. "듣는 마음을 종에게 주사, 주의 백성을 재판하여 선악을 분별하게 하옵소서."(왕상 3:9).

이와는 달리, 백성들이 본국에서 추방당하고, 예루살렘 성전이 무너진 것은 정의의 부재로 인한 것이었다. 이에 대해 이사야는 온 백성을 다음과 같이 책망했다. "네 고관들은 패역하여 도둑과 짝하며 다 뇌물을 사랑하며, 예물을 구하며, 고아를 위하여 신원하지 아니하며, 과부의 송사를 수리하지 아니하는도다. 그러므로 주 만군의 여호와 이스라엘의 전능자가 말씀하시되 슬프다, 내가 장차 내 대적에게 보응하여 내 마음을 편하게 하겠고 내 원수에게 보복하리라"(사 1:23-24).

그럼에도 이사야는 제일 먼저 정의가 구현되는 구원의 날이 올 것을 예언하며 유대 민족을 위로하였다. "내가 네 재판관들을 처음과 같이, 네 모사들을 본래와 같이 회복할 것이라. 그리한 후에야 네가 의의 성읍이라, 신실한 고을이라 불리리라 하셨나니. 시온은 정의로 구속함을 받고 그 돌아온 자들은 공의로 구속함을 받으리라"(사 1:26-27). 그리고 이사야에 의하면, 메시아는 "공의로 가난한 자를 심판하며 정직으로 세상의 겸손한 자를 판단할 것"(사 11:4)이라고 한다.

정의를 찬양하며

현인들은 "판사가 진정한 정의를 구현하면, 유대 민족에게 하나님이 임재하실 것"이라고 가르쳤다(산헤드린 7a). 이에 랍비 엘아자르는 "의와 정의를 행하는 자는 온 세상에 자비를 채울 것"이라고 덧붙였다(수카 49b).

하나님은 유대인들을 사랑하시는 만큼 동일하게 정의를 사랑하신다. "거룩하시고 복되신 하나님이 말씀하시기를, '내가 창조한 모든 민족 가운데 나는 오직 이스라엘만을 사랑한다. 내가 창조한 모든 것 가운데 나는 오직 정의만을 사랑한다. 그러므로 내가 사랑하는 것을 내가 사랑하는 민족에게 줄 것'이라고 하셨다. 그리고는 '네 하나님 여호와께서 네게 주시는 각 성에서 네 지파를 따라 재판장들과 지도자들을 둘 것이요, 그들은 공의로 백성을 재판할 것이니라.'(신 16:18)라고 명령하셨다." 유대인들이 정의를 집행했을 때 하나님은 "내가 즉시 너희를 온전히 구원하리라. '정의를 지키고 의를 행하라. 나의 구원이 가까이 왔고 나의 공의가 나타날 것이기 때문이다'(사 56:1)라고 약속하셨다(데바림 라바 5:7).

"진실"

현인들에 의하면, "거룩하시고 복되신 하나님의 인장은 진실"이라고 한다(샤보트 55a). 하나님의 존재는 절대불변의 진리이다. 람밤이 자신의 걸작인 미쉬나 토라의 서두에서 밝혔듯이, "하늘과 땅에 있는 모든 것, 즉 만물을 창조하신 하나님이 계시며, 그분이 존재하신다는 진실로 인해 모든 피조물이 존재하고 있는 것이다. 모든 피조물은 하나님을 필요로 하지만, 그분은 그렇지 않다. 따라서 하나님의 존재에 대한 진실은 비교할만한 그 어떤 것도 없다. 예레미야 선지자는 '여호와는 참 하나님이시요'(렘 10:10)라고 기록했다. 오직 하나님만이 참되시며, 어느 누구도 하나님만큼 참되지 못하다. 하나님은 십계명(열 마디 말씀)의 서두에 '나는 너의 하나님 여호와니라'(출 20:2)라는 말씀을 통해서 이를 믿으라고 명하셨다"(예소데이 하토라 1).

이 진실에 대한 인식은 신앙과 모든 종교적 의무의 근간이 된다. 이를 위해 수만 명의 유대인들이 역사의 현장에서 자신의 목숨을 바쳤다(메이르 네시브).

다윗 왕은 하나님을 찬양할 때 "당신의 말씀은 처음부터 진리입니다"라고 고백했다. 현인들은 이 고백이 하나님은 진리이시기 때문에("여호와, 너의 하나님은 참이시다"[렘 10:10]) 그가 하나님의 참되심을 찬양했다고 이해했다(탄나 데베이 엘리야후 라바 7).

하나님이 진실하게 행하시듯이 그분이 주신 토라 역시 우리를 진리의 길로 인도한다("당신의 토라[율법]는 진리로소이다"[시 119:142]). 우리가 매일 아침 토라 연구로 인한 복을 기대하면서 드리는 기도처럼 "하나님은 우리에게 진리의 토라를 주셨다"(메이르 네시브).

진실을 찬양하며

하나님은 진리이시고 세상을 진리로 인도하시니 진실한 사람은 누구나 세상의 진리를 밝히는 데 있어서 하나님의 동역자가 된다.

현인들에 의하면, "사람들이 땅 위에서 진실할 때 거룩하시고 복되신 하나님은 그들에게 공의를 베푸시고, 고통에서 구원하시며, 세상에 선함을 내릴 것"이라고 가르쳤다(얄쿠트 쉬모니, 테힐림 834)."

반면에 진실의 부재는 예루살렘의 파괴를 가져온 원인이었다. "예루살렘은 진실한 자가 없어졌기에 파괴되었다(상업적인 분야에만 해당되며, 토라의 영역에서는 진리에 대한 확신이 변함없었다)."

구원의 때가 오면 진리는 다시금 충만한 영광의 빛을 환히 비출 것이다. "내가 시온에 돌아와 예루살렘 가운데에 거하리니, 예루살렘은 진리의 성읍이라 일컫게 되리라"(슥 8:3).

거짓을 멀리하라

진리는 여호와의 장막에 거하기 위한 필수조건이다. 현인들은 "거짓말쟁이들은 하나님의 눈에서 은혜를 발견하지 못할 것"(소타 42a)이라고 경고했다.

'랍비 이스라엘 메이르 하코헨 카간'(R' Israel Meir HaKohen Kagan, '하페쯔 하임'[Chafetz Chaim]의 저자)은 "사람은 거짓을 말하지 않기 위해 반드시 크나 큰 고통을 감내해야 한다. 이는 거짓이 매우 나쁜 습관이기 때문이다. 말에 거짓이 조금 스치기만 해도 하나님을 찬양하기 위해 만들어진 도구인 입술이 더러워지게 된다. 거짓은 하나님과 그분을 섬기는 사람들이 바라는 것과는 상극이다"라고 가르쳤다. 솔로몬 왕 또한 "의인은 거짓말을 미워하라."(잠 13:5)라고 기록했다.

그래서 토라는 "거짓 일을 멀리하라"(출 23:7)라고 훈계한 것이다.

랍비 카간은 진실에 대한 교육은 어릴 때부터 시작해야 한다고 덧붙였다. 솔로몬도 "마땅히 행할 길을 아이에게 가르치라"(잠 22:6)라고 기록했다. 그래서 현인들은 아이에게 말뿐인 약속을 하지 말라고 충고한다(수카 46b).

람밤은 "누군가를 기만하기 위해 말해서는 안 되며, 이것을 말하며 저것을 의도해서도 안 된다. 의도와 말은 반드시 일치해야 한다. 유대인이든 이방인이든 상대방을 기만하는 것은 금지된다. 예를 들면, 비유대인에게 부정한 고기를 팔면서 정결한(kosher) 것이라고 해서는 안 되며, 도축하지 않은 소의 가죽으로 만든 신발을 도축한 소(가죽이 품질이 더 뛰어난)의 가죽으로 만들었다고 속임수를 써서 팔아도 안 된다. 또한 상대가 받아들이지 않을 것을 뻔히 알면서도 음식을 대접하겠다고 초대한다거나, 받지 않을 것을 알면서도 선물을 주어서도 안 된다. 이미 개봉하기로 작정한 포도주 통을 마치 손님을 위해 개봉하는 것처럼 생색을 내는 것도 역시 금지된다. 이러한 언행은 단 한 마디라도 해서는 안 된다. 사람은 반드시 올바른 정신과 거짓이 없는 마음을 가지고 정직하려고 노력해야 한다."고 가르쳤다.

사라와 남자로 변장한 세 천사들과의 일화에서, 사라가 자신이 웃었다는 사실을 부인했을 때 "그들은 그곳에서 일어났다"(창 18:15-16). "일어났다"라는 뜻의 히브리어 동사 '쿰'(קום)은 빠른 움직임을 뜻한다. 천사들은 조금의 거짓도 용인할 수 없는 영적인 존재이기 때문에 사라의 거짓말을 들었을 때 그곳에 있을 수 없었던 것이다(하페쯔 하임 알 하토라, 57).

진실의 힘

탈무드는 진실과 거짓이 가지는 힘을 보여주는 일화가 기록되어 있다. 라바는 "어떤 랍비가 들려준 이야기"라는 전제를 달고 이야기를 시작했다. "누군가 그에게 세상의 모든 보물들을 다 주겠다고 제안했더라도 그는 결코 거짓말을 하지 않을 것이라고 했네. 그리고 그는 다음의 이야기를 나에게 전해 주었다네. 언젠가 그가 쿠쉬타(Kushta, 아람어로 진실을 의미함)라고 하는 마을에 갔는데, 그 마을의 주민들은 오직 진실만을 말했다네. 그래서 아무도 제 명이 다하기 전에 단명한 사람이 없었다고 하더군. 그는 쿠쉬타에 정착하여 그 마을의 여자와 결혼을 해서 두 아들을 낳았다네. 어느 날 그의 아내가 머리를 감고 있을 때 그녀의 친구가 찾아 왔는데, 그는 아내의 친구를 집으로 들여도 좋을지, 혹은 아내가 무엇을 하고 있는지에 대해 말하는 것이 실례가 되지는 않을지 고민하다가 아내가 집에 없다고 말했다네. 그런데 얼마 후에 그의 두 아들이 죽었다네. 쿠쉬타의 주민들은 지금껏 겪어보지 않았던 비극이 어떻게 일어났는지 그에게 물었고, 그는 자초지종을 들려주었다네. 그러자 주민들은 '우리 마을을 떠나시오, 그리고 우리에게 죽음을 불러오지 마시오!'라고 애원했다네"(산헤드린 97a).

'코쯔크의 랍비 메나헴 멘델'(R' Menachem Mendel of Kotzk)은 '랍비 이쯔하크 메이르 로텐베르그 알테르'(R' Yitzchak Meir Rothenberg Alter, '히두셰이 하림'[Chiddushei HaRim]의 저자)에게 성경은 "'진리가 땅에서 솟을 것이다'(시 85:12)라고 했습니다. 그렇다면 진리는 어떤 씨에서 솟는다(싹이 튼다)는 것입니까?"라고 질문한 적이 있다.

랍비 알테르는 "거짓이 썩을 때까지 땅에 깊이 파묻혀 있다면, 진리는 땅 밖으로 솟아날 것이라는 뜻입니다"라고 대답했다.

진실의 인장

현인들은 진실이 거룩하시고 복되신 하나님의 인장이라고 말했다. 랍비 카간은 하나님의 인장이 될 만한 다른 속성들이 많이 있음에도 왜 굳이 진실이 꼽혔는지 의문을 가졌다. 이는 다른 속성들은 흉내 낼 수 있지만, 진실은 흉내를 내게 되면 거짓이 되기 때문이라고 한다.

랍비 카간은 다른 설명을 덧붙였다. 인장에 박힌 문양이 뒷면에 있듯이 하나님의 진실 또한 그렇다는 것이다. 혹자는 하나님의 정의에 대해 궁금해 할 수도 있다. 하지만 세상의 현상을 돌이켜 연구할 때 종이에 찍힌 인장이 보이듯, 우리는 그 현상 속에 심겨진 진실을 본다. 그래서 하나님이 가진 진리의 인장은 돌이켜 봐야 그것을 알아볼 수 있기 때문에 "뒤에 있는" 것과 마찬가지이다('하페쯔 하임 우파알로'[Chafetz Chaim Ufa'alo], 3권, p. 1,144).

"평화"

세상을 받쳐주는 세 번째 기둥은 평화이다. 평화 없이는 우리의 손으로 하는 일이 크든 작든 성공을 얻을 수 없을 것이다. 그래서 라반 쉬므온 벤 감리엘은 평화를 마지막에 두었다. 평화가 없으면 앞서 언급된 두 가지 덕목은 가치가 없기 때문이다(야베쯔).

"거룩하시고 복되신 하나님이 세상에 평화를 주지 않으셨다면 칼과 짐승들이 세상을 학살할 것"(데레크 에레쯔 주타[Derech Eretz Zuta], 페레크 하샬롬[Perek HaShalom])이라고 역설했다.

사람들 사이에 평화가 있을 때 가장 악한 죄일지라도 심판을 받지 않았다.

분산의 세대(바벨탑 세대)가 하나님에게 직접적으로 도발한 적이 있었다. "우리가 창공으로 올라가 하나님과 전쟁을 하자"(창 11:4, 라쉬)라고 했지만, 하나님은 그들을 지면에서 흩으셨을 뿐이다. 왜냐하면 "그들이 하나의 민족이기 때문이다"(창 11:6). 즉, 그들은 한 마음으로 평화를 유지하고 있었던 것이다.

랍비(rebbe)는 유대인들이 우상을 숭배한다 하더라도 "그들 사이에 평화가 있다면 하나님은 (굳이 말하자면) 그들을 지배할 수 없었다고 말씀하실 것이다. 하나님은 '에브라임이 우상과 연합하였으니 버려두라'(호 4:17)라고 하셨다. 하지만 '그들이 두 마음을 품었으니 이제는 벌을 받을 것'(호 10:2)이라고 심판을 선포하셨으므로, 평화의 위대함과 분쟁의 악함이 얼마나 큰 위력을 가지고 있는지를 알 것이다"라고 가르쳤다(버레이쉬트 라바 38:6).

이와는 달리 "제2성전 시대에 유대인들이 토라를 배우고, 계명을 행하고, 선을 행했음에도 불구하고 성전이 파괴된 것은 근거 없는 증오가 있었기 때문이다. 여기서 우리는 근거 없는 증오가 세 가지 큰 죄(우상숭배와 성(性)금령 및 살인)와 같음을 알 수 있다"라고 현인들은 이해했다(요마 9b).

평화는 개인으로부터 시작된다. "사람이 평화를 사랑할 때 거룩하시고 복되신 하나님은 그에게 이승에서의 삶과 내세에서의 삶을 보상으로 주신다."(데레크 에레쯔 주타, 페레크 하샬롬).

정의와 진실, 그리고 평화

티페레트 이스라엘은 정의와 진실, 그리고 평화는 상호보완적인 특성을 가지고 있으며, 이것이 우주의 지속적인 존재를 위한 근간을 이루는 것이라고 했다. 이 세 가지 특성은 사람 안에 내재되어 있으며, 각각 행동과 말, 그리고 생각에 반영된다.

정의는 타인의 권리를 빼앗아서는 안 된다고 명령한다. 우리는 재난으로부터 다른 사람들을 보호해야 한다. 따라서 정의는 행동에 해당된다.

진실은 이웃을 거짓과 비방으로 해를 입혀서는 안 된다고 조언하기 때문에 말에 해당한다.

평화는 모든 관계를 친밀함과 사랑으로 채운다. 타인과 사이가 좋지 않다면 평화를 회복하는데 최선을 다해야 한다. 이웃을 도우며 평화의 정신을 이웃의 정신과 마음, 더 나아가 전 인류의 정신과 마음에 심어주어야 한다. 따라서 평화는 긍정적인 생각에 해당한다.

선한 행동을 하고 진실 되게 말하는 것만으로는 충분하지 않다. 우리는 가슴 속의 분노, 복수심, 그리고 다른 악한 특성을 버려야 한다.

우리가 평화롭게 살기 위해서는 타인을 긍정적으로 생각하고, 호의적으로 대하기 위해 노력해야 한다. 그렇게 한다면 우리 자신뿐만이 아니라 주위 환경과도 평화를 이룰 수 있다.

피르케이 아보트 1장은 힐렐부터 시작되는 나시의 계보가 기록되어 있는데, 그 명단이 완전하지 않아 급하게 마무리한 것처럼 보인다. 하지만 피르케이 아보트의 편집자는 "평화"라는 말로 이 장을 끝내는 것이 옳다고 보았다(라쉬바쯔).

평화가 우주의 지속적인 유지를 보장하기 때문에 '슈모네 에스레이'(Shemoneh Esrei)와 탈무드 전권의 마지막("하나님이 당신에게 평화를 베푸시기를 원하노라"[May He grant you peace])이 모두 "평화"로 마무리하고 있다. "'랍비 쉬므온 벤 할라프타'(Rabbi Shimon ben Chalafta)에 의하면, '여호와께서 자기 백성에게 힘을 주심이여, 여호와께서 자기 백성에게 평강의 복을 주시리로다[May Hashem give His people strength, may Hashem bless His people with peace]'(시 29:11)라고 기록된 것처럼, 거룩하시고 복되신 하나님은 유대 민족에게 복을 주기 위한 가장 좋은 도구로 평화를 택하셨다고 한다."(우크찐[Uktzin] 3:12).

에필로그 לאחר הלימוד

다음은 피르케이 아보트의 각 장을 마치고 낭독한다.

(마코트 3:16)

רַבִּי חֲנַנְיָא בֶּן עֲקַשְׁיָא אוֹמֵר:
רָצָה הַקָּדוֹשׁ בָּרוּךְ הוּא
לְזַכּוֹת אֶת יִשְׂרָאֵל,
לְפִיכָךְ הִרְבָּה לָהֶם תּוֹרָה וּמִצְוֹת,
שֶׁנֶּאֱמַר:
יְיָ חָפֵץ לְמַעַן צִדְקוֹ, יַגְדִּיל תּוֹרָה וְיַאְדִּיר.

'랍비 하난야 벤 아카슈아'(Rabbi Chanania ben Akashia)는 말한다:
 복 받으실 거룩한 자가 이스라엘 위에 가치 있는 것을 수여하시기를 희망하셨다.
그러므로 그는 그들에게 토라와 미츠보트를 풍부하게 주셨다.
'하쉠임께서 자기의[이스라엘의] 의로우심을 인하여
 기쁨으로 그 교훈[토라]을 크게 하며 존귀케 하려 하셨으나'(사 42:21)